XINMEITI BEIJINGXIA
GAOXIAO SIXIANG ZHENGZHI JIAOYU DE JIEDU YANJIU

新媒体背景下
高校思想政治教育的解读研究

肖 昊 著

经济日报出版社

图书在版编目(CIP)数据

新媒体背景下高校思想政治教育的解读研究/肖昊著. --北京 : 经济日报出版社,2023.2

ISBN 978-7-5196-1247-4

Ⅰ. ①新… Ⅱ. ①肖… Ⅲ. ①高等学校-思想政治教育-研究-中国 Ⅳ. ①G641

中国版本图书馆 CIP 数据核字(2022)第 248810 号

新媒体背景下高校思想政治教育的解读研究

作　　者	肖　昊
责任编辑	陈　悦
责任校对	徐建华
出版发行	经济日报出版社
地　　址	北京市西城区白纸坊东街 2 号 A 座综合楼 710(邮政编码:100054)
电　　话	010-63567684 (总编室)
	010-63584556 (财经编辑部)
	010-63567687 (企业与企业家史编辑部)
	010-63567683(经济与管理学术编辑部)
	010-63538621 63567692(发行部)
网　　址	www.edpbook.com.cn
E-mail	edpbook@126.com
经　　销	全国新华书店
印　　刷	北京九州迅驰传媒文化有限公司
开　　本	787 * 1092 毫米 1/16
印　　张	11.5
字　　数	228 千字
版　　次	2023 年 2 月第 1 版
印　　次	2024 年 1 月第 2 次印刷
书　　号	ISBN 978-7-5196-1247-4
定　　价	48.00 元

前言

随着科学信息技术的迅猛发展，以移动互联网为代表的新媒体迅速渗透到了社会生活的方方面面，并对人们的生活、行为和思维方式产生了深刻而广泛的影响。当前，新媒体已经深入高校的各个层面，改变着大学生的生活方式和学习方式，对他们的思想观念和行为产生了显著的影响。在高校教育教学工作中，大学生思想政治教育是不可忽视的一个重要环节，搞好大学生思想政治教育是高校必须要全力推进和实践的，而新媒体时代的到来也给大学生思想政治教育带来了全新的机遇和挑战。中共中央办公厅、国务院办公厅印发的《关于加强和改进新形势下高校思想政治工作的意见》也指出，要加强互联网思想政治工作载体建设，加强学生互动社区、主题教育网站专业学术网站和“两微一端”建设，运用大学生喜欢的表达方式开展思想政治教育，进一步扩大高校主流思想舆论，充分发挥新媒体在大学生思想政治教育中的作用。

大学生思想政治教育应与时俱进，深入研究新媒体在大学生思想政治教育中的影响和作用，积极探讨新媒体视角下大学生思想政治教育创新的思路、策略和途径，进一步提高大学生思想政治教育的教育实效性。

本书将新媒体与大学生思想政治教育有机融合，探讨新媒体环境下开展大学生思想政治教育的新机制、新航向、新平台、新实践等一系列问题，是高校思想政治教育工作者主动适应时代发展的新特点、主动把握大学生思想政治教育的新动向、主动探索“立德树人”的新规律而形成的学术研究专著，具有一定的理论与实际应用价值。

创新永远在路上，大学生思想政治教育创新任重道远。正如本书所强调的，高校思想政治教育工作只有以创新为动力，积极探索新时代新形势下大学生思想政治教育的新变化新规律，不断提高大学生思想政治教育的时代性、创造性和实效性，才能够承担起历史赋予的重任，为大学生思想政治教育的创新发展和大学生的健康成长发挥其应有的作用。因而，笔者希望在大学生思想政治教育工作中，能涌现出更多的创新者、开拓者、引领者，在推进思想政治教育创新的道路上，不松劲、不停步、不懈怠，努力在立德树人的崇高事业中做出更大的成绩。

作　者

2022 年 2 月

目录

第一章　新媒体背景下高校大学生与思想政治教育

在新媒体环境下，大学生的生活与网络息息相关。网络为大学生获取知识、购物、娱乐、聊天、交友等提供了新的方式，对当代大学生思想、道德和文化理念、文化认同等方面产生了重要影响。在新媒体环境下，高校网络思想政治教育既迎来了发展的机遇，又面临着巨大的挑战。了解新媒体环境下网络思想政治教育的变化发展特点，能够为高校思想政治教育提供新的方法和途径，因此，提高高校网络思想政治教育的实效性势在必行。

第一节　新媒体在高校学生群体中的广泛应用

在众多的新媒体内容形态中，大学生普遍使用的是网络媒体和手机媒体。中国互联网络信息中心于2021年9月发布的《第48次中国互联网络发展状况》统计报告中提到，目前互联网和手机是高校学生接触频次最高的媒体。截至2021年6月，我国网民规模达10.11亿，普及率达71.6%；我国手机网民规模达10.07亿，而网民通过手机接入互联网的比例却高达99.6%；另外，使用台式电脑、笔记本电脑和电视上网的比例分别为34.6%、30.8%和25.6%。在互联网普及率方面，高中和大专以上学历人群占据较大的比例，特别是大专以上学历人群上网比例接近饱和。由此可以看出，随着网络技术、手机移动技术的飞速发展，其强大的便捷性、即时性的特点，使他们迅速在新媒体发展中脱颖而出，手机媒体的使用，更成为当代大学生生活中不可或缺的一部分，对大学生的生活方式产生了重要的影响。相比社会中的其他群体，大学生具备一定的知识水平，对新的媒介技术的应用和操作具有较强的学习能力和较高的熟练程度。

在学习中，大学生可以通过网络来查找学习资料，查找过程方便、快捷。如若在学习中遇到了疑惑、难题，这时搜索引擎就成为主要的使用工具；在生活中，用QQ、微信等与同学朋友聊天，已成为众多学生业余生活的重要组成部分；而“逛微博”、上淘宝网俨然成为大多数学生周末休闲的一部分；到了寒暑假时间，网上订票更成为大学生购票的首选方式。各种新媒体进入校园虽然只有短短的十几年，但无论是在深度上，还是在广度上，早已成为大学生生活中很重要的一部分，越来越多的大学生已经与各种新媒体有了越来越密切的关系。

在以交友为主的各大网站中，目前大学生使用较多的有QQ、微信、微博等，这充分说明了新媒体交往方式的虚拟性，使用新媒体交往已经成为主要的交往方式，也成为大学生娱乐休闲、保持人际关系、学习知识、了解世界的新平台。在未来，新媒体将会更加深刻地嵌入人们的生活、学习和工作中，使大学生在政治思想、伦理道德、法治观念等方面发生新的变化，并且产生越来越深刻的影响。

第二节　新媒体环境下高校网络思想政治教育的新变化

在新媒体环境下，网络在改变和影响当代大学生思想、道德和价值观念等方面产生了重要影响。网络为高校思想政治教育带来发展机遇的同时，也使其面临巨大的挑战。因此，分析新媒体环境下网络思想政治教育的发展变化特点，准确把握网络思想政治教育的内在规律，是提升思想政治教育实效性的必然要求。

一、新媒体环境给高校网络思想政治教育带来的维度变化

（一）新媒体环境下高校网络思想政治教育的技术维度

1．自主性的学习生活方式改变

对大学生来说，网络技术不仅是信息交流的手段和载体，而且创造了以网络环境为载体的新型学习生活方式。在学习方面，大学生的课前预习、课堂学习、课后复习、课后作业等，都可以借助网络和计算机多媒体技术的便利性来完成；教师的教学课件、参考资料都可以从网上下载，以供随时阅读学习；大学生的选课、借阅图书、结课作业，甚至考试都可以通过计算机来完成；网络还为师生交流提供了便利的通道，大学生与教师的交流在时间和空间上的范围更加宽广，可以通过社交软件进行文字、语音或者视频聊天，使得师生交流更加快捷方便，这为营造和谐的师生关系开辟了新道路。在日常生活方面，大学生可以通过校园网络查询学校的各种信息，如行政办公、后勤服务、勤工助学、学术讲座、校车时刻表、停水停电等最新的校园资讯。在大学生的课余生活中，网络成为学生休闲娱乐的主要阵地，例如聊天交友、游戏驰骋、观看电视电影、聆听音乐、浏览新闻资讯、网络视听学习等。由此不难看出，新媒体环境下的网络已然成为大学生新的学习和生活方式。

但不容忽视的是，新媒体对大学生的全面发展而言，不全是积极影响，消极影响同样存在。在虚拟的网络生活中，大学生有可能接收到各种各样的信息，特别是那些含有暴力、色情、反动等不良信息，对大学生的健康成长极其不利。大

学生由于媒介素养不高，容易受到这些反面信息的侵蚀，从而严重影响大学生的思想观念和价值判断；同时，在学习过程中也容易对网络产生过度依赖，利用网络完成作业而不加以辨析和思考。长此以往，会导致学生的学习能力下降，学习兴趣减退；更有甚者，利用网络进行作弊，严重违反了相关规定，破坏了学校考试纪律。在日常生活方面，大学生热衷于网络聊天交友，这在无形中减少了与同学、朋友、家人在现实社会中的交流时间，久而久之，人际交往能力会有所下降，人际关系也会受到波动，这种缺少现实情感体验的交流不利于人际关系的和谐发展。有的同学在网上能言善辩、幽默风趣，但是在现实生活中却沉默寡言、呆愣死板，这很容易形成多重人格，不利于大学生人格的完善和健康成长。虚拟化的网络环境不仅给人们提供广泛交友的平台，其潜在的危险性，也是大学生不容易发现的。更值得人们警惕的是与网友见面的行为，网络中的很多东西都具有不真实性和欺骗性，新闻中也频繁报道过网友会面受到侵害的消息，这些都是虚拟网络呈现给人们的弊端，需要高校网络思想政治教育努力克服。

2. 创设独具特色的网络话语

网络话语的指向，不仅仅是单纯的网络语言符号，还是一套有意义的体系，作为一种独具特色的社会文化现象，话语超出了传统语言的范畴，成为一种政治、经济、社会、文化的综合构建[①]。

在新媒体环境下，大学生的思想交流方式发生了变化。网络话语随着新媒体的广泛应用，在大学生群体中，形成了区别于传统话语习惯、独具特色的新网络话语体系。网络话语凭借其多样性、创造性、多变性、生活化、不规范性等特点，逐渐成为大学生之间新的沟通媒介。网络话语作为网络技术与青年亚文化相结合的产物，不仅成为网络社群传递信息、表达情感的载体和工具，同时也是网络社会交往中的身份标志物和维系社群存在的重要纽带。网络语言必然随着网络技术的创新和网络交往活动的发展而不断丰富与完善，并逐步渗透于网络社会的日常生活中。

语言作为人与人之间思想交流的信息手段，是主体之间交往的主要中介。对网络话语这种中介符号的把握，就是对独立于现实空间的网络技术世界的理解，就是对新型的网络生活和网络文化的理解。因此，网络技术不仅创造了一个新型的生存空间，而且创造了一种新型的意义符号，可以说，技术不仅创造了生活，也创造了生活的话语。但是，网络话语带来的一些问题也不容忽视。大学生广泛应用网络话语，而教师的网络话语应用相对较少，教育者传统的话语体系和受教育者新型的话语之间产生需求矛盾，这就造成了师生之间思想政治教育的语言鸿

① 冯刚，郑永廷. 思想政治教育学科 30 年发展研究报告［M］. 北京：光明日报出版社，2014.

沟。思想政治教育者只有真正融入受教育者的生活体验之中，才能了解他们的生活习惯、语言风格、学习情况等，消除一些不利的影响因素，从而让教育者与受教育者之间的关系更加自然、融洽，消除教育者与受教育者之间的话语需求矛盾成为思想政治教育面临的紧迫任务。

在网络话语中，暴力化、低俗化、庸俗化为特征的网络语言容易传播扩散，如同学们经常使用的文字符号、图画表情、数字化语言、字母化语言中，有些文字和传统文字的意义相差甚远、脱离本意，甚至大相径庭，这势必对我国先进主流文化的传播造成一定的冲击，也对大学生产生消极的影响，因此急需教育者正确的引导和教育。除此之外，大学生群体中带有攻击性的网络谣言、网络语言暴力造成网络环境恶化，由此衍生出的网络犯罪、网络道德滑坡等问题，也是高校思想政治教育必须正视并竭力解决的课题。

3. 利用多样化的教育资源

在新媒体环境下，网络中海量的信息可以共享，这为思想政治教育内容的丰富和完善创造了条件。各项方针政策可以在很短的时间内传送到各个相关部门，以供大家即时浏览了解，有效的信息传达提升了工作效率。对教育者来说，这不仅能够极大地丰富课件资料来源，充分挖掘与之相关的知识，拓展知识面，而且能够使得教学课件更加充实，提升自身学识、扩大其视野。

新媒体的发展，使得思想政治教育内容从单一转向多样、从静态转向动态、从平面转向立体，丰富多彩的表现形式更能吸引同学们的注意力，引起他们的求知欲望，对提升思想政治教育的教学效果也有重大意义。

新媒体的发展，为思想政治教育者走进大学生的生活，倾听大学生内心需求拓展了渠道，如教育者可以通过网站、微博、微信、QQ等软件，发布思想政治教育相关知识，同学们可以实现即时浏览、沟通交流，使得大学生在潜移默化中受到教育。同时，这也有利于老师与学生进行交流沟通，关注学生思想动态，及时发现问题，有针对性地帮助学生化解现实生活中遇到的各种困扰。这既增进了师生感情，也进一步强化了思想政治教育的人文关怀。对受教育者来说，多媒体的发展，给予学生更多的学习通道，不必受专业限制，只须遵循自己的兴趣爱好，自主学习，达到提升自身的综合素质、促进全面发展的目的。

但是，多样化的教育资源也存在一定的弊端。大学生热衷于上网，乐于接受各种新鲜事物，他们是网络使用的主力军。相对来讲，大部分的教育者由于各种原因，在网络的相关应用上还未及大学生群体，这就造成了教育者和受教育者获取信息的差异。若是思想政治教育者老生常谈，那就不可能调动大学生学习的积极性，相反容易让大学生产生强烈的抵触情绪，思想政治教育效果也会收效甚微。

教育者要紧跟时代发展的步伐，及时更新观念，视野要与时代发展的前沿相搭配，只有比学生走得更远，看得更明白，并结合身边的例子发掘教育元素，才能使学生从内心认同教育的真实性，并乐意接受、消化教育者传递的信息。新媒体时代的到来，也给网络管理方面带来了困难。网络的开放性使得每个人都有可能成为信息的制造者和传播者，网络的即时性使得各类良莠不齐的信息充斥在网络空间，如何强化信息甄别和控制机制，成为高校思想政治教育需要面对的一项重要任务。

（二）新媒体环境下高校网络思想政治教育的社会维度

1. 虚拟的网络社区

网络社区问题是网络思想政治教育实践研究的一个基本问题。网络从最初的信息工具逐渐发展成为一种交往方式和生活环境，形成了以“网络社区”为形态的新型时间空间。社会的本质是人们交互作用的产物，网络社区形成的是“网络社会”围观架构，改变了人们的交往方式和生活观念，构建出新的话语体系和互动模式，衍生出新的思维方式、道德伦理和价值观念。网络社区的研究领域，是网络思想政治教育基本理论建构最为重要的实践认识来源。在新媒体环境下，为思想政治教育的宣传提供了更多的渠道。例如，各种“红色网站”的建立就是思想政治教育宣传的主要阵地，对宣传我国的指导思想、各项方针政策、最新的新闻事件的分析等提供了良好的分享方式。大学生的思想政治教育理论课的学习也可以从网站上获得帮助，为同学们更好地掌握思想政治教育的基础理论课提供了便捷的网络平台。

但是，虚拟的网络社区也给思想政治教育带来了一些挑战。网络的开放性使得每个人都可以在网络上发出自己的声音，表达自己的观点，发泄自己的情绪，由此看来，网络的社会环境可谓是异常复杂。大学生在使用网络时容易在复杂的网络环境中迷失，受到其中不良信息的诱惑，个别人有的变得悲观、颓废，有的变得仇视社会，甚至走上违法犯罪道路。高校思想政治教育工作者的作用日趋减弱，对于纷繁复杂的网络社会显得“心有余而力不足”。因此思想政治教育工作者的任务任重而道远。

2. 大众的网络舆论

网络舆论指公众（或网民）以网络为平台，通过网络语言或其他方式，对某些公共事务或焦点问题所表现出的意见的总和。在新媒体环境下，每个网民都有可能成为信息的制造者和传播者，信息如潮水般涌现，大量的信息在网络中传播发展。在大学生中，只有极少数是网络中的活跃分子，他们积极参与舆论讨论，传播网络舆论或是直接发起网络舆论；而大多数则是保持沉默的观望者，他们只是随意浏览，几乎不参与舆论评论。虽然大多数大学生是网络中的沉默者，但是他们在浏览信息时也在潜移默化中受到了网络舆论的影响。

同时，大众的网络舆论也给思想政治教育带来了严峻的考验，一些西方发达国家对我国虎视眈眈，试图通过网络对我国进行文化入侵和意识形态渗透。因此，针对网络舆论问题的思想政治教育工作，首先，要做好网上思想政治教育的宣传和引导工作；其次，对有害和虚假的舆论，应该加强防御，进行必要的监管，减少其传播数量、缩小其传播范围；最后，了解网络舆论动态，对社会热点、焦点问题、突发事件等给予积极的回应，引导舆论的正确走向，让主流声音占领舆论阵地。

3. 必要的网络管理

网络管理问题伴随着网络的产生逐步发展完善。政府、社会、学校都提倡对网络进行监管，网络思想政治教育的管理已经成为高校思想政治教育的重要任务。网络的开放性、共享性、平等性等特征促使网络信息迅速发展，每个网民都有可能成为网络信息的使用者、传播者和制造者。网络信息数量巨大、良莠不齐，为了净化网络环境，必须对海量的信息进行筛选，对网络进行必要的管理，防止有害信息的肆意传播，从而减少传播数量，提高主流文化的主导地位。网络管理问题已经成为高校网络思想政治教育的重要研究内容和社会实践活动，高校校园要对网络中的一些信息进行筛选，坚持原则，弘扬主旋律。

网络社会的延伸发展，已经渗透和融入了大学生生活和学习的各个方面。各种各样的社会思潮不断冲击着社会主义的思想文化，特别是西方的信息技术走在时代的前沿，很多信息的传播受到西方发达国家主流媒体的影响和控制，他们打着“自由”“民主”的口号对其他国家进行文化入侵，一些不发达的国家面临着文化同化的危险。因此，高校网络思想政治教育应积极进行网络管理，谨防各种文化入侵，加强主流文化的宣传，推动主流文化的传播发展，让主流文化占领网络的主阵地。

（三）新媒体环境下高校网络思想政治教育的文化维度

互联网是人类技术的创造物，它同时也是一种人类的文化创造物，它的广泛渗透推动了人类社会文明的发展变迁。在新媒体环境下，高校思想政治教育的文化环境发生了一些变化，具体表现在以下几个方面。

1. 强烈的文化冲击

在新媒体环境下，各民族间的文化相互交融，有利于各民族之间的相互交流和文化发展，促进了世界文化的繁荣。但是由于各国科学技术和综合国力的发展不平衡，使得发达国家与发展中国家之间还存在着很大的差距，发展中国家容易受到发达国家对其文化的入侵。在吸收各国优秀文化成果时，要“取其精华，去其糟粕”“以我为主，为我所用”，为本国的文化创新接收养料，提升文化软实力。在我国，一方面，外来文化为我国文化的发展提供了新的养料，繁荣和发展了我国的优秀文化；另一方面，外来文化也对我国的文化造成了强烈的冲击。例如，美国的好莱坞大片、韩国的偶像剧、日本的动漫等都对大学生的思想观念、价值取向、生活方式等产生巨大影响，长此以往，对我国文化的发展是不利的。网络的开放性是没有国家和民族的界限的，各种各样的信息肆意传播，广泛流传，对心智不是很成熟的大学生来说，正确地判断信息还是有一定难度的，他们容易受到信息的干扰和诱惑，形成错误的认识和观点，与思想政治教育的目标背道而驰。

在高校文化环境中，青年亚文化一直与主流文化是相伴相生的。新媒体为青年亚文化提供了成长的温床，同时也促成了一种新的文化形态，即新媒体环境下的青年亚文化。这种亚文化有别于传统的表达方式，大学生群体在张扬个性、宣泄情绪的同时，尤其显示出一种对主流文化、精英文化的抵抗。近几年来，在高校流行的网络游戏、网络文学、网络音乐、网络恶搞、网络事件等形式，已成为高校学生所追求的与主流文化、精英文化有偏离性差异价值观的生存方式[①]。

2. 新的权威力量

网络是开放的，信息的发布和传播是无约束的。充满朝气的大学生不再满足于教师教的、书本学的，对教师的依赖在不知不觉中减弱。在传统思想政治教育工作中，思想政治教育工作者在思想理论上占有绝对的优势，再加上岁月沉淀的人文历史知识和多年的人生积累，对大学生来说是望尘莫及的，享有一定的知识权威和地位。但是在新媒体环境下，这种情况发生了变化。大学生正处于精力充沛、勇于探索、好奇心强的阶段，乐于接受各种新鲜事物，探索未知的新鲜领域，他们成为新媒体的使用者和推动者。大学生自发自觉地在网络上寻求自己感兴趣的知识，对各类信息进行选择、归纳、分析、接受。随时浏览各类国际国内重大新闻，密切关注身边的热点事件和突发事件，跟踪各种舆论走向，探求各种奇闻逸事，对世界的认识更宽广、更深入。而思想政治教育者却存在新媒体技术意识淡薄、网络技术水平差、缺乏接受新鲜事物的敏锐性、固守陈规等不足，处于获取信息和使用信息的劣势。这就使得思想政治教育者的权威性被打破了，思想政治教育的进程更加困难。思想政治教育工作者如何在信息时代重新拿回主动

① 季海菊. 新媒体时代高校思想政治教育的解构与重塑［M］. 南京：东南大学出版社，2014.

权，是思想政治教育工作者需要深思和提升的关键。

二、新媒体环境给高校网络思想政治教育带来的创新

（一）新媒体环境下高校思想政治教育的内容创新

在新媒体环境下，高校思想政治教育的内容既得到了极大的丰富，也受到了来自新媒体的冲击。因此，高校思想政治教育的内容应该根据新媒体和大学生的需求加以创新，以符合大学生和新媒体环境的特点，完善思想政治教育的内容，促进高校思想政治教育的发展。

1. 注重内容指导性

在新媒体环境下，各种信息在网上传播，让人防不胜防，这对涉世未深的大学生很容易产生有害影响。大学生由于自身知识储备和社会经验的欠缺，很难科学地分析和判断信息的真假，被所看到的信息迷惑，产生错位的认识和思想，这对大学生的成长是极为不利的。另外，新媒体提供的网络空间是一个不分民族、国家和地区的无边界的领域。网络上不同民族、不同国家和地区的价值观念、思维方式、文化形态的思想观念相互碰撞和融合，向大学生展示了世界各地多元化的文化。大学生正处于世界观、人生观、价值观的形成时期，辨别是非和抵御干扰的能力相对较弱，这样无疑会对大学生原有的思想观念、价值取向产生冲击，出现两难的局面。因此，他们特别需要正确的思想引导。高校思想政治教育工作者对此应该积极响应，提供正确的指导，培育大学生正确的价值判断和理想信念；坚持用社会主义先进文化引领网络文化的前进方向，优化新媒体环境下的文化环境；加大对社会主义核心价值观的传播，发挥思想政治教育的主流引领作用，加强大学生分辨、抵制有害信息的能力。

2. 注重内容的时效性

在新媒体环境下，信息的数量和更新速度非常快。大学生作为新媒体的广泛使用者和有力的推动者，对新媒体的关注非常密切。由于新媒体的便捷性，使得大学生随时随地都可以上网浏览信息，关注国际国内的发展动态、热点问题和焦点问题、突发事件、娱乐八卦等，他们接受各种信息，享受信息快餐。在传统的思想政治教育工作中，思想政治教育者大多是按教学大纲提前准备好教学内容，备课的内容大多是照本宣科，所用的例证也经常是老生常谈，听上去乏味枯燥，容易引起大学生的厌烦和抵触心理。在新媒体环境下，网络提供了大量及时有效的信息供人们选择，因此高校思想政治教育工作者应该转变思想，注重加入时效性强的内容，以便丰富大学生思想政治教育的内容。世界各地的最新资讯、国内外的时事热点、突发事件等都可以实现瞬时传递，对思想政治教育的内容是极大

的丰富。高校思想政治教育者要把这些时效性强的内容与思想政治教育理论结合起来，充分调动同学们的积极性，营造良好的教学氛围，提升思想政治教育的教学效果。

3. 注重内容的服务性

思想政治教育是塑造人、教育人的。因此，思想政治教育的内容就应该是为人服务的，而高校思想政治教育的内容就应该是为大学生的成长与成才服务的。在新媒体环境下，新媒体既给大学生的生活学习、生活方式和思维方式等方面带来了积极的影响，同时也给大学生的生活学习带来了一些不利的影响，使得他们对现实社会产生困惑。思想政治教育者在选择思想政治教育内容时，应该从当代大学生的实际需要和困惑入手，选择与他们实际生活相关的内容，切实为大学生服务，为他们的健康成长助力。如果思想政治教育的内容只是选读课本上抽象的理论知识，大学生就会感觉到离自己的生活很遥远，没有多大关系，对思想政治教育产生厌烦和抵制情绪，教学效果肯定不会很理想。每个大学生都是充满个性、独一无二的，要想使思想政治教育受到每个大学生的欢迎，教育者就必须深入大学生的生活中，利用新媒体融入大学生的思想世界，了解他们的生活困惑、思想动态、情感状况和就业需求等，结合思想政治教育理论，为他们排忧解惑，解决他们的实际问题，获得他们的尊重和信任；肯定每个人的个人价值，尊重个体差异，因人而异、因材施教，让每个人都享受到思想政治教育者的人文关怀，自觉接受思想政治教育的内容和形式，提高思想政治觉悟；并结合当前的主流思想，分析当下大学生中普遍存在的思想问题，科学地分析解读，帮助他们树立正确的世界观、人生观和价值观，做好为社会主义事业不懈奋斗的思想准备。

（二）新媒体环境下高校思想政治教育的方式创新

在新媒体环境下，高校思想政治教育要积极寻求方式创新，从思想政治理论课教学入手，积极建设思想政治教育主题网站，开发用于思想政治教育的新媒体平台，以应对日益复杂的思想政治教育环境。

1. 改进思想政治理论课教学模式

思想政治理论课是高校普遍开设的课程，它是由我国的国情所决定的，它承担着对大学生进行系统的马克思主义理论教育的任务，是对大学生进行思想政治教育的主渠道。然而，在新媒体环境下，思想政治理论课传统教学方式已经跟不上时代前进的步伐，思想政治教育的收效并不理想。因而，改进思想政治理论课教学模式就显得尤为重要了。目前，思想政治理论课教学存在的问题主要有以下两个方面：一是大部分学生觉得思想政治理论课内容枯燥，偏离生活和抽象的理论讲授过多，难以产生兴趣。二是思想政治理论课教学照本宣科，方式单一，导致了很多学生的厌烦和排斥情绪的产生。

为了解决这些问题，思想政治理论课教学应该顺应新媒体时代的新要求，采取新的措施，增强高校思想政治教育的实效性和吸引力：第一，积极应用多媒体进行课堂教学。教师把书本上的内容，用文字、图片、照片、声音（包含音乐、语音旁白、特殊音效）、动画、影片等多媒体课件的形式向大家展示出来，使得理论知识变得生动活泼、具有立体化特征，便于同学们理解掌握，激发同学们的学习兴趣。在课堂教学中，教师还可以应用电脑与同学们进行交流沟通，调动同学们参与的积极性和学习的主动性。第二，尝试推进案例式教学。案例式教学实质上是理论联系实际的一种具体表现形式。这种教学方法是在理论课教师的指导下，围绕着一定教学目的，把实际生活中的实例引入课堂，有利于提高学生分析问题、解决问题的能力，从而使学生在不知不觉中学到知识。在案例式教学法中，可以结合新媒体技术进行教学，易于大学生接受，并能深刻体会教学内容。第三，鼓励体验式实践教学。理论来源于实践，思想政治理论课教学要大力开展体验式实践活动，例如社会调查、生产实践、志愿服务、勤工俭学、社区劳动等，寓教于行，使大学生亲身体验生活百态，深化对社会的认识，领略理论的真谛，提高思想政治觉悟。总之，思想政治理论课教学方法要灵活多样，切实提升思想政治教育的实效性和吸引力。

2. 建立和完善思想政治教育主题网站

高校思想政治教育主题网站又称“德育”网站、红色网站，是高校按照网络运行规律和法则，有目的、有计划、有组织地对以学生为主体的网民进行思想政治教育的阵地。首先，主题网站具有主题鲜明、思想性强的特点，传播的是马克思列宁主义、毛泽东思想、邓小平理论、“三个代表”重要思想、科学发展观、习近平新时代中国特色社会主义思想以及党的各项方针政策等。其次，主题网站内容丰富，知识性强，网站设置的内容包含时事、政治、经济、文学、历史、哲学、心理、法学等多方面内容，能满足不同层次、不同类型的大学生需求。最后，主题网站范围广泛，服务性强，绝大多数网站具备了教育、服务、娱乐功能，出现了一批有特色、服务性强、深受网民喜爱的网站。但也有一些主题网站在实践中的建设和推广却是不太理想，存在学生知晓率、关注度、认可度都不高等问题。为了使主题网站发挥它的功效，高校思想政治教育者和管理者应该积极采取一些有效措施，如提高主题网站的知名度，增加宣传，由辅导员和班委负责，由点及面，逐渐扩大影响力；增加网站中时效性强的内容，扩大吸引力，牢牢把握住同学们的关注度；构建网站科学的管理体系，使之规范化、科学化运行，达到长期发展，经久不衰的目的。总之，力求真正发挥主题网站的功能，拓展思想政治教育的新领域。

3. 开辟思想政治教育新媒体平台

在新媒体环境下，各种媒介载体层出不穷，为思想政治教育提供了新的教育平台，高校思想政治教育要顺应时代的发展，积极开辟思想政治教育新媒体平台，拓展思想政治教育的新领域。一是建立“QQ”“微信”交流平台。QQ与微信作为大学生思想政治教育载体，是指思想政治教育主体利用QQ和微信平台，将思想政治教育内容或信息传递给思想政治教育客体，促使思想政治教育主客体之间相互作用的一种活动形式或信息平台。由于QQ与微信使用者的广泛性和高黏度性，对思想政治教育的开展提供了良好的人群基础，QQ及微信的隐蔽性和平等性为思想政治教育的思想交流提供了理论讲堂。抓住QQ与微信的特性，建立QQ群和微信群，关注学生动态，精心设置议题，增强思想政治教育的影响力。二是建立“微博”平台。微博是一个基于用户关系的信息分享、传播以及获取的平台。2011年11月团中央学校部下发通知，要求全面启动全国高校团组织微博体系建设，搭建由团中央学校部官方微博、省级团委学校部官方微博、校级团委官方微博和班级团支部微博四个层级构成的微博体系。微博以其即时性、互动性、多样性的特征为思想政治教育开辟了新的途径。三是充分利用手机媒体拓展思想政治教育的新渠道。手机作为一种新媒体，已不单单是一种通信工具，随着移动数据通信和互联网的有机融合，手机的功能大为拓展，成为人们生活的一部分。手机凭借着自身的便携性、即时性、共享性等特征迅速获得了人们的青睐，用户数量激增，为思想政治教育的传播开辟了新途径。思想政治教育工作者要抓住机会，充分利用手机媒体的优势，探索思想政治教育的新形式。总之，新媒体是不断发展的，思想政治教育工作者要紧跟时代发展的步伐，充分开发可用资源，积极引导，开拓思想政治教育新媒体教育的新平台。

第三节 新媒体环境下高校学生思想政治教育机制的思想基础

机制的思想基础是指导和推动新媒体环境下高校学生思想政治教育机制建立与运行的思想观点与理论。新媒体环境下高校学生思想政治教育机制必须要有科学的理论和思想指导其实践活动，为其科学建立、高效运行、持续发展奠定坚实的思想基础。新媒体环境下高校学生思想政治教育机制的思想基础主要包括马克思主义社会发展理论、马克思主义人学理论、命运共同体思想、主体间性哲学思想和系统理论五个方面的内容。

一、马克思主义社会发展理论

马克思主义理论致力于人类解放，实现人的自由，而全面的发展是人类解放的最终目标。马克思主义社会发展理论是在探讨人类解放的路径中形成的。马克思认为，经济的社会形态演进的几个时代分别为亚细亚的、古希腊和古罗马的、封建的和现代资产阶级的生产方式。人类社会按照原始社会、奴隶社会、封建社会、资本主义社会和共产主义社会依次或者跳跃式地向前发展，这是马克思主义社会发展的“五形态论”[①]。同时，马克思主义理论也曾强调指出社会发展的“三形态论”，即人的依赖、物的依赖和人的自由而全面的发展。马克思主义“三形态论”以人为中心，与“五形态论”相比更加科学，实现了理论逻辑和历史逻辑的统一。

马克思主义社会发展理论科学地揭示了人类发展的总趋势，这也规定了新媒体环境下高校学生思想政治教育机制的地位、作用和总任务等。新媒体环境下高校学生思想政治教育机制积极引导高校学生正确认识世界和社会发展，在认识世界和改造世界的实践中不断提升高校学生的综合素质，为中国特色社会主义建设培养德才兼备的高素质人才。

二、马克思主义人学理论

马克思主义人学理论是新媒体环境下高校学生思想政治教育机制的重要思想基础。马克思认为，人类的第一个历史活动是为了满足人们“创造历史”所需要的吃、喝、住、穿以及其他一些东西，即物质生产生活本身。新媒体环境下高校学生思想政治教育机制的主体和客体都是“现实的人”，既要关注主体和客体的精神文化需要，也要通过物质利益激励的方式激发主客体的教育教学与学习的动力。新媒体环境下高校学生思想政治教育机制的主体和客体不但要处理好现实生活中人与自然、人与社会之间的关系，同时也要处理好网络社会中的各种关系，使二者紧密联系、相互作用。

马克思主义人学理论以实现共产主义社会和人的自由而全面的发展为最终目标。马克思认为，在共产主义社会中，每个人的自由发展是一切人的自由发展的条件。这与新媒体环境下高校学生思想政治教育机制的最终目标与任务是一致的。新媒体环境下高校学生思想政治教育机制在批判地继承传统媒体时代高校学

① 马克思恩格斯选集（第1卷）[M]. 北京：人民出版社，1995.

生思想政治教育理论的基础上，综合运用新媒体技术手段，借鉴吸收多个学科的有益营养，丰富了思想政治教育的内容，也为做好高校学生思想政治教育工作提供了方法选择。新媒体环境下高校学生思想政治教育机制将马克思主义人学理论作为指导思想，坚持以高校学生为中心，积极服务于中国特色社会主义建设者和高校学生的成长成才。

三、命运共同体思想

命运共同体思想是指世界是一个普遍联系的有机整体，不同的国家、地区、民族以及人和人之间相互依存、紧密联系，同呼吸、共命运，在相互竞争中实现合作、共赢，构成了一个有机联系的共同体。命运共同体思想与人类社会发展的必然趋势——实现共产主义相一致，故而马克思认为，普遍交往一方面可以产生一切民族中同时都存在着“没有财产的”群众这一现象（普遍竞争），使每一民族都依赖于其他民族的变革；另一方面，地域性的个人为世界历史性的、经验上普遍的个人所代替，而这种普遍交往，是在生产力的普遍发展下建立起来的。在人类社会生产力发展的推动下，不同的国家、地区、民族以及人与人之间不断打破地域限制，相互沟通交流，促进“世界历史”的形成与发展。人类命运共同体思想在新的历史条件下继承和发展了马克思世界历史理论。

新媒体是人类社会生产力发展的结果。新媒体环境下高校学生思想政治教育机制的主体与客体之间的沟通更加便捷化，相互联系更加紧密。同时，新媒体环境下高校学生思想政治教育机制的主体和客体在目标上是一致的，都是为了实现高校学生的成长成才和全面发展。因此，新媒体环境下的高校学生思想政治教育机制的主客体是命运共同体。同时，也要教育和引导高校学生在现实与网络环境中积极培育和践行社会主义核心价值观，引导高校学生坚持命运共同体思想，与国家、社会和人民同呼吸、共命运，为实现“中国梦”不懈奋斗。此外，习近平总书记在首届世界互联网大会上指出：“互联网真正让世界变成了地球村，让国际社会越来越成为你中有我、我中有你的命运共同体。”新媒体环境下高校学生思想政治教育机制也要教育引导高校学生树立网络空间命运共同体思想和人类命运共同体思想。

四、主体间性哲学思想

主体间性是指“人在交往中生存，因而人的世界是一个交往的世界。作为主体的人们在交往中表现出来的主体间性，实际上是一种交互主体性，具有交互主体性的主体和主休共同面对特定的客体或客体世界，成为某种共同主体。与这种共同主体相对而言的是某种共同客体。”主体间性哲学思想强调主体和客体是平等的，客体也会转变成主体，构成多主体。在新媒体环境下高校学生思想政治教育机制的主体和客体接受网络信息，也制造和传播网络信息。主体间性哲学思想与新媒体环境下高校学生思想政治教育机制的特点相契合，将其运用于新媒体环境下高校学生思想政治教育机制中，能够激发受教育者的学习兴趣与动力，有效调动受教育者的积极性和创造性，切实提升高校学生思想政治教育的实效性。

在新媒体环境下高校学生思想政治教育机制中，高校学生思想政治教育的教育者和受教育者都是作为主体存在的，二者是“主体—主体”的关系。教育者通过新媒体技术手段将思想政治教育的内容传授给受教育者；受教育者也会通过新媒体技术手段收集、获取信息，并将这些信息和自身的学习体会再通过新媒体技术手段反馈给教育者。对教育者而言，这个反馈互动的过程也是受教育的过程，教育者和受教育者共同致力于推动新媒体环境下的高校学生思想政治教育机制的良性运行。

五、系统理论

系统是指由多个要素相互作用形成相对稳定的有机运动整体。系统并不是由多个要素简单堆砌的，而是相互影响、相互作用的；多个要素的相互作用是系统运动、变化、发展的重要动力，因此，在多个要素的相互作用下，系统处于不断运动变化发展的过程中。同时，外部条件也会对系统的运动变化发展产生不同程度的影响。不论是自然科学，还是哲学社会科学都广泛借鉴吸收系统理论的有益营养，进而丰富研究内容，创新研究方式方法。系统理论也是新媒体环境下高校学生思想政治教育机制形成和发展的重要理论基础。新媒体环境下高校学生思想政治教育机制是主体要素、客体要素、媒介要素和环境要素的总和，这些要素之间紧密联系、相互影响、相互作用，不断推动其完善和发展。

系统理论贯穿新媒体环境下高校学生思想政治教育机制建立和运行的始终。新媒体环境下高校学生思想政治教育机制既要充分发挥每个要素的最大效用，也要分析把握各要素之间的组合排列方式和作用方式等，实现结构优化，进一步挖掘和发挥其整体性作用功能。新媒体高校学生思想政治教育机制不但要关注网络环境，同时也要理性分析现实环境的发展变化及其对网络环境的影响。新媒体环境下高校学生思想政治教育机制并不是一个封闭僵化的系统，而是一个开放发展的系统，它以新媒体技术发展为依托，广泛吸收多学科的先进理念和方法，进一步优化自身的组织结构和运行方式，最大限度地建构一个功能充分发挥、运行和谐有序的有机系统。

第四节　新媒体环境下大学生思想政治教育的基本特征与主要规律

辩证唯物主义哲学指出，只有总结并揭示事物的发展特征与规律，才能够掌握规律并运用规律。思想政治教育过程由内容构建、传导与接受环节所构成，不仅每一个实践环节呈现的基本特征与规律不尽相同，而且内容构建、传导与接受环节间的相互作用关系也决定了思想政治教育整体过程的基本特征与主要规律。因此，新媒体环境下大学生思想政治教育的实效性研究，必须首先就新媒体环境下大学生思想政治教育内容构建、传导、接受环节及整体过程的基本特征与主要规律进行理论总结与探讨，然后才能够根据基本特征分析实证调查结果，根据主要规律并结合实证调研结果，进行新媒体环境下提高大学生思想政治教育实效性的对策研究。

一、新媒体环境下大学生思想政治教育内容构建环节的基本特征与主要规律

在新媒体环境下，大学生思想政治教育三环节中的内容构建环节是首要环节，其实效性决定了传导环节与接受环节实效的实现。如何提升大学生思想政治教育内容构建环节的实效性，首先是要归纳内容构建环节的基本特征，总结主要规律。

（一）政治性、多样性及隐蔽性特征

1. 新媒体环境下大学生思想政治教育内容的政治性

大学生思想政治教育内容的政治性，也就是思想政治教育内容的意识形态性。从功能角度看，实效性的高低主要在于思想政治教育的主导意识形态功能实现的程度。人类社会发展至今，社会结构始终是具有阶级性的，人类生活工作在国家这个共同体中，思想政治教育的政治性一直存在，正如马克思、恩格斯关于阶级社会中社会意识发展规律的观点——统治阶级的思想在每一时代都是占统治地位的思想。这就是说，一个阶级是社会上占统治地位的物质力量，同时也是社会上占统治地位的精神力量。新媒体环境下大学生思想政治教育内容的这种政治性日益凸显、愈发增强，以下从宏观环境与微观个体两个层面来论述新媒体环境下大学生思想政治教育内容政治性增强的特征及原因。

（1）新媒体环境下经济全球化带来的以欧美为主的各类意识形态渗透愈演愈烈，使得大学生思想政治教育内容的政治性不断增强。经济全球化是人类社会发

展至今的必然结果，是一种历史的进步。但是必须看到，由于以欧美为主的资本主义国家在科学技术与经济发展上占有先发优势，因此，经济发达的资本主义国家成为迄今为止经济全球化的主导力量。在经济全球化的进程中，发达资本主义国家出于其国家利益，以各种手段向发展中国家推行资本主义思想，其实质目的无非是借助这类资本主义意识形态的“软实力”而发展及维护其自身在世界的“霸权”主导地位，从而获取更多的国家利益。事实上，在人类社会以国家为主的发展环节，欧美等发达资本主义国家鼓吹的政治全球化、文化全球化、全球化意识等意识形态，只是一种隐含自己国家政治利益的抽象化包装，其政治性昭然若揭。这种带有强烈政治性的各类意识形态及相关文化内容，由于新媒体环境的开放性、快速传播及海量性等特点，导致以欧美为主的各类意识形态的入侵与渗透日益加剧。面对这一状况，我国大学生思想政治教育内容的构建，必须旗帜鲜明地突出马克思主义、社会主义及爱国主义，意识形态安全涉及国家安全，这一点决不可含糊，否则就会面临国家利益丧失的危险。

（2）新媒体环境下大学生对价值观塑造等方面内容需求增强，使得大学生思想政治教育内容的政治性不断增强。当代大学生群体正处在思维活跃、求知欲望强烈的年龄段，同时也处在世界观、价值观可塑性最强的时期，因而对价值观塑造等意识形态方面内容的需求也极为强烈。大学生不仅关注与自己发展有关的职业生涯问题，而且对各类价值观、意识形态争论的时政热点、焦点问题也具有强烈的参与期望和积极行为。新媒体环境下大学生生活、学习及成长的环境，使得他们可以通过网络等各类新媒体，比较容易地接触到大量的各类意识形态领域文化内容，包括对我国国家利益具有危害性的信息内容，如果思想政治教育内容的政治性缺失，那么就会影响我国社会主义未来接班人的政治思想。因此，新媒体环境下大学生思想政治教育内容构建必须增强意识形态性、政治性，同时要契合当代大学生的认知特点。

2. 新媒体环境下大学生思想政治教育内容的多样性

新媒体环境下大学生思想政治教育内容的多样性，使新媒体环境下大学生日常思想政治教育领域各类价值观与意识形态文化并存，使教育内容更具丰富性、呈现方式更具多样性。思想政治教育内容包括：由辩证唯物主义教育、历史唯物主义教育、马克思主义认识论教育等组成的世界观教育；由基本国情教育、党的基本理论、基本路线、基本纲领、基本经验教育、民族精神教育和时代精神教育等组成的政治观教育；由理想信念教育、人生价值观教育、生命价值观教育等组成的人生观教育；由社会主义民主教育、社会主义法制教育、遵守纪律教育等组成的法制观教育；由集体主义教育、社会公德教育、职业道德教育、家庭美德教育等组成的道德观教育。新媒体环境下，思想政治教育内容更加注重意识形态性，使得舆情监测、舆论引导、意识形态安全教育内容更加丰富。同时，思想政治教育内容的呈现通过新媒体技术实现了重构，以图文并茂、声色俱佳的新形态鲜活呈现，可给大学生群体带来感官的全新体验。

3. 新媒体环境下大学生思想政治教育内容的隐蔽性

新媒体环境下大学生思想政治教育内容的隐蔽性，是把大学生思想政治教育内容隐含在不同形态的文化产品（如漫画、电影、电视剧等）中，以知识性、趣味性增加对大学生的吸引力，使大学生在进行文化产品的消费时，不知不觉地接受及认同包含其中的世界观、价值观。而这种根据大学生认知特点与消费偏好而进行的思想政治教育内容构建，在欧美等国比较普遍且实效性较高，值得我国在大学生思想政治教育内容构建上加以借鉴。事实上，关于新媒体环境下大学生思想政治教育的隐蔽性特征，不仅存在于内容构建环节，而且广泛存在于大学生思想政治教育传导环节。

（二）主导性与多样性的辩证统一规律

马克思主义哲学认为，事物发展过程中的基本矛盾是事物发展过程的推动力量，从而基本矛盾与矛盾的转化就决定着事物发展的基本规律。新媒体环境下大学生思想政治教育内容构建环节的发展规律，是由思想政治教育意识形态主导性与新媒体环境下意识形态多样性这一基本矛盾所决定，从而在大学生思想政治教育内容构建环节呈现出主导性与多样性辩证统一的规律。

一方面，新媒体环境下大学生思想政治教育内容构建的基本矛盾是主导性与多样性的冲突。新媒体环境下大学生思想政治教育内容具有政治性日益凸显、内容多样性增强、隐蔽性加深的基本特征，而大学生思想政治教育的核心目的就是使以社会主义核心价值观为主体的意识形态成为主流意识形态，在思想政治教育领域占据主导地位，于是在大学生思想政治教育实践过程中就呈现出主导性与多样性的矛盾冲突。另一方面，即大学生思想政治教育内容的主导性与多样性也具有相互依存、相互转化的关系。意识形态的多样性是人类阶级社会无法避免的一种现象，有多少个阶级，就会产生多少种阶级利益，从而就形成多少种意识形态。而意识形态的多样性正是意识形态主导性存在的前提与条件，具有主导性的意识形态一定是占有统治地位的阶级所具有，正如代表着最广大人民群众利益的中国共产党，其针对大学生的思想政治教育内容设计，正是这种主导性的体现。意识形态的多样性并存不可怕，坚持大学生思想政治教育意识形态的主导性才是关键。

因此，新媒体环境下大学生思想政治教育内容构建的规律就是主导性与多样性辩证统一的规律。在大学生思想政治教育内容构建方面，坚持马克思主义、社会主义核心价值观为主体的主导性原则，时刻警惕以欧美为主的虚假“普世价值观”等敌对意识形态的入侵及渗透；同时提倡多样性，兼收并蓄且合理运用古今中外一切符合马克思主义的人类先进文明思想，切实把握大学生思想政治教育内容构建上主导性与多样性的辩证统一规律，以提高大学生思想政治教育内容构建环节的实效性。

二、新媒体环境下大学生思想政治教育传导环节的基本特征与主要规律

把握大学生思想政治教育传导环节的基本特征，遵循传导环节的主要规律，是实现新媒体环境下大学生思想政治教育传导环节实效性的前提。将从以下几方面归纳具体特征、总结主要规律。

（一）叠加性、竞争性、渗透性及互动性特征

1. 新媒体环境下大学生思想政治教育传导环境的叠加性

新媒体环境下大学生思想政治教育传导环境具有叠加性特征。借助各类新媒体工具，思想政治教育的传导活动可以在大学生接触到的任何场所进行，包括校园、家庭和社会。以往针对大学生实施的各种形式的思想政治教育活动，包括灌输式的理论课教学、隐性的日常思想政治教育、体验式的社会实践活动等，教育场所相对固定。在新媒体环境下，思想政治教育工作者可以在任何时间、任何地点通过各类网络应用（如微博、微信朋友圈、QQ 群等）开展工作，思想政治教育传导环境可以自由叠加。新媒体环境下大学生思想政治教育传导环境的叠加性，要求思想政治教育工作者认真思考如何进行思想政治教育资源的合理配置、传导活动的形态设计及传导时机的合理把握，以切实提高新媒体环境下大学生思想政治教育的传导实效性。

2. 新媒体环境下大学生思想政治教育传导内容与方法的竞争性

新媒体环境下大学生思想政治教育传导环节的竞争性，体现在新媒体环境下大学生思想政治教育场域里分布着众多代表各类意识形态的个人或组织，以多种形式传导各类意识形态思想，形成了激烈竞争的局面，使得大学生思想政治教育传导环节呈现出高度竞争的特征。新媒体环境下各类意识形态的传播者是处于持续的、或明或暗的争夺与较量中，借助多种新媒体工具针对大学生群体以各种方法传导不同的意识形态及价值观。如在新浪微博上，美国、英国、日本、俄罗斯等诸多国家的大使馆都建立了官方微博，介绍本国的风土人情、外交政策，展示本国形象，报道国内外时事，发表评论，与网民互动频繁；通过新媒体就时事发表不同评论观点，甚至引发诸多网民的围观、转发、评论等，这些行动都是在传导其自身的社会意识形态与价值观。实际上，这就是一种意识形态传导的竞争。

相较而言，我国从事大学生思想政治教育的工作者（组织与个人），即便开设了官方或个人微博，但极少就时政热点发表意见，与大学生互动相对较少，利用新媒体工具仅发布校园新闻、通知通报等内容，在大学生群体中缺乏影响力。因此，清醒地认识并且把握新媒体环境下大学生思想政治教育传导环节的竞争

性，充分利用各类新媒体工具，积极参与思想政治教育场域的竞争，对提高新媒体环境下大学生思想政治教育的传导实效性具有极其重要的意义。

3. 新媒体环境下大学生思想政治教育传导内容与方法的渗透性

新媒体环境下大学生思想政治教育传导的渗透性，是思想政治教育内容具有隐蔽性的一种必然回应。大学生思想政治教育传导环节的渗透性包含了传导方法与内容的趣味性、隐蔽性等特点。在新媒体环境中，因为信息内容海量性与获取便捷性，大学生选择信息的自由度极大，为了增强思想政治教育的吸引力，就必须在传导内容与传导方法上夯实基础，以充分调动大学生的自主学习积极性。诸如思想政治理论课经常采用情境体验式教学、案例分析教学等方法，在日常思想政治教育活动中利用新媒体工具设计适合大学生喜好特点的多样化传统文化内容，增强思想政治教育趣味性，使得思想政治教育不再是单调的纯理论学习，而是采用多种方式寓教于乐，这是实现思想政治教育传导渗透性的有效路径。在这方面，我们应该充分利用现代新媒体工具，针对大学生群体，设计有趣多样的蕴含社会主义核心价值观的文化产品，以提高大学生思想政治教育的传导实效性。思想政治教育传导的渗透性还体现在内容与方法的隐蔽性，例如在开展丰富多彩的文化、体育等各类娱乐活动时，将集体主义、爱国主义等社会主义核心价值观内容蕴含其中，产生一种潜移默化的效果。

4. 新媒体环境下大学生思想政治教育传导方法的互动性

互动性是新媒体环境下大学生思想政治教育传导环节的另一个基本特征，主要反映在思想政治教育的传导方法上。所谓思想政治教育传导方法的互动性，就是在互动过程中，教育主体与教育客体的主体性之间具有平等地位的一种理性交往模式，在现有思想政治教育基础理论研究中，这种主体间性也被称为双向主体的互动。而从传播学及营销学角度来解释互动，则是一种服务理念指导下教育者采取与目标受众进行直接沟通交流的传播或营销模式。从思想政治教育传导实效性的角度出发，新媒体环境下大学生思想政治教育传导方法的互动性，体现在思想政治理论课教学与日常思想政治教育活动中，教育主体注重教育对象的主体性，以人为本，合理利用各类新媒体资源与教育对象进行及时有效沟通，其中，日常思想政治教育活动的互动性更多地体现在网络思想政治教育场域中的传导活动。

（1）思想政治理论课教学模式的互动性体现在教师在讲解与传授思想政治理论课内容时，师生之间运用新媒体工具进行线上线下的互动交流，而非单向的灌输授课方法，比如情境体验式教学、案例分析教学、网络分组讨论式教学等。互动性之所以增强是因为大学生的主体性日益增强，多元信息增多，时政热点、焦点事件的快速传播与扩散，使大学生越来越不满足仅限于书本知识的单向性接受，而是迫切需要利用所学知识来应对日常生活现实，以满足自己的价值需求或解决自己的困惑，其交流意识自然随之增长。因此，改进思想政治理论课教学模式，增强互动性教学，是提高大学生思想政治理论课实效性的必经之路。

（2）日常网络思想政治教育场域里的互动性体现在教育传导者利用新媒体工具诸如微博、微信、QQ、豆瓣网等，通过网络与目标受众采取转发评论、跟帖讨论等多种形式即时交流的特点。新媒体环境下思想政治教育场域里互动性特征的产生，与网络思想政治教育传导环节的竞争性有着密切联系，因为多种意识形态在网络上泛滥形成的思想政治教育传导的竞争性，要求教育传导者必须在传导方法上采取与目标受众“面对面”“信息第一时间到达”的接触方式，否则目标受众就会被其他竞争者吸引。新媒体环境的互动性及快捷性等特征则满足了这一要求，从而使得教育传导者大量使用新媒体工具，达到最佳传播、扩散及引导效果。需要提及的是，新媒体技术一直在不断发展，新媒体工具也在不断更新，互动性是朝着信息发布与交流的更快速度、更好服务的方向发展，这种互动性特征要求我们思想政治教育工作者必须具备较高的新媒体工具使用能力，才能更好地针对大学生目标群体开展思想政治教育的传导活动。

（二）互动规律与隐性规律

1. 新媒体环境下大学生思想政治教育传导环节的互动规律

新媒体环境下大学生思想政治教育传导环节的互动规律，揭示了新媒体环境下大学生思想政治教育传导环境、教育传导主体、客体与思想政治教育实效性之间的一种内在的本质关系，同时强调新媒体环境下大学生思想政治教育传导实效性的实现，教育者必须尊重教育对象的主体性，适应新媒体环境所致的思想政治教育的竞争性、渗透性与互动性等基本特征。如此，思想政治教育传导实效性才能够得以实现。

（1）新媒体环境下大学生认知特点与价值需求等主体性的增强，要求教育者在进行思想政治教育传导活动时，必须重视及尊重教育对象的主体性地位，改变传统教育仅将大学生视为教育客体的单向灌输模式。重视及尊重新媒体环境下大学生日益增强的主体性，一方面，要求教育者需要设计案例分析、互动讨论等多类型的课堂教学模式，通过师生互动、生生互动，激发大学生的自我学习主体性，提高大学生对思想政治理论课的兴趣；另一方面，要求教育者在网络思想政治教育场域里，与大学生就其关心的话题进行平等的讨论互动，营造良好的理性交往氛围，从而在了解大学生思想动态的基础上，对大学生进行世界观、人生观与价值观塑造的引导，提高思想政治教育传导实效性。

（2）新媒体环境下大学生思想政治教育传导环节的竞争性与互动性基本特征，要求教育者必须遵循思想政治教育传导的互动规律，才能够在竞争激烈的网络思想政治教育场域里获取话语权，发挥思想政治教育的舆论引导功能。一方面，新媒体环境下大学生思想政治教育传导环节的竞争性与互动性，要求教育者需要采取合适的互动策略与目标受众保持经常性的、平等的互动讨论，获得大学生的认同，在大学生群体中逐步积累影响力、建立网络话语权；另一方面，新媒体环境下大学生思想政治教育传导环节的竞争性与互动性，要求教育者还必须与目标受众以外的对象进行不断地互动，尤其是与敌对意识形态的传导者之间的直接交锋，更是要求教育者随时保持政治敏锐性，敢于积极参与不同观点、不同意识形态的争论，唯有如此，教育者才能够在这种竞争中脱颖而出，在更大的范围内增强自身的网络话语权，从而更好地发挥舆论引导的功能，使得以社会主义价值观为核心的主导意识形态逐步成为大学生乃至全社会的主流意识形态，实现思想政治教育的目标。

2. 新媒体环境下大学生思想政治教育传导环节的隐性规律

新媒体环境下大学生思想政治教育传导环节的隐性规律，是指新媒体环境下大学生思想政治教育传导方法的隐性化程度。一方面，传导方法的隐性规律反映的是大学生思想政治教育的内容隐蔽性及传导渗透性特征之间内在的逻辑联系。在新媒体环境下大学生思想政治教育内容在网络上进行扩散传导，绝大多数都是以隐含意识形态的多样化文化产品形式出现，不仅具有易于网络传播扩散的特点，而且趣味性大、吸引力强，因而非常符合大学生群体的认知特点及消费喜好，有助于思想政治教育实效性的实现；另一方面，传导方法的隐性规律也是新媒体环境下思想政治教育场域竞争性与隐蔽性的必然要求。以美国为首的西方发达资本主义国家，利用自己在影视制作及互联网软硬件技术上的先进优势，通过互联网向我国尤其是大学生群体传播了大量的意识形态文化产品。这些影视剧文化产品大多隐含了与我国国情不符的意识形态内容，不易为人所觉察，但因为这些意识形态文化产品的形式符合大学生的消费喜好，很容易被大学生所接受，从而使大学生在消费热播美剧的同时，不知不觉受到其不良思想的侵蚀。因此，思想政治教育传导的隐性规律要求我们的教育者也必须改变以往仅关注显性教育的传导理念与方法，针对大学生群体有组织、有计划地大规模“投放”隐含社会主义核心价值观的多样化文化产品，真正占领新媒体环境下大学生思想政治教育的主阵地。

三、新媒体环境下大学生思想政治教育接受环节的基本特征与主要规律

从接受主体、接受客体、接受环境的角度，探讨新媒体环境下大学生思想政治教育接受环节的基本特征，进而总结其主要规律，为提升新媒体环境下大学生思想政治教育接受环节实效性的对策研究提供理论基础。

（一）主体性、多重性及制约性特征

关于大学生思想政治教育接受环节的特征，我国思想政治教育理论工作者在思想政治教育接受理论研究中，从不同视角就此有过探讨，针对思想政治教育接受环节的特征提出了许多观点。有研究者从接受主体的个体视角出发提出思想政治教育接受是个性化与社会化的统一、能动性与受动性的统一、内化与外化的统一、持续性与反复性的统一。陈秉公教授认为，思想政治教育接受过程具有主体选择性、双重判断性、广泛社会性、反复性及实践性等特征。根据新媒体环境特点，从提高大学生思想政治教育实效性的角度出发，思想政治教育接受环节的基本特征主要是接受主体的主体性、接受客体的多重性以及接受环境的制约性。

1．新媒体环境下大学生思想政治教育接受主体的主体性

新媒体环境下大学生思想政治教育接受环节的基本特征之一，是作为接受主体的大学生的主体性。主体性是一个哲学概念，源于对中世纪神学蔑视人的存在、束缚人性的批判，强调尊重人的能动性、自主性。思想政治教育接受主体的主体性，是马克思辩证唯物主义意义上的主体性，马克思在批判唯心主义的能动观时，明确指出："（唯心主义）对于对象、现实、感性，只是从客体的或者直观的形式去理解，而不是把它们当作人的感性活动，当作实践去理解，不是从主体方面去理解。"由此可见，马克思深刻指出人在一切认识活动中的主体性，强调认识活动是一种实践的、感性的认识，必须从人的主体性方面来加以探究。而马克思关于认识活动主体性的这一理论洞见，在现代接受美学以及思想政治教育接受理论的研究中都得到了进一步发展与完善。

大学生思想政治教育接受主体的主体性，是在思想政治教育接受环节中，作为接受主体的大学生与接受客体相互作用时所发展与呈现出来的一种自主性或能动性的功能特征。这种主体性一直贯穿于大学生思想政治教育接受认识活动的始终，只有深刻认识到思想政治教育接受活动中的这种主体性特征，才能够把握大学生思想政治教育接受环节的实践规律。新媒体环境下大学生思想政治教育接受主体的主体性，主要反映在大学生思想政治教育接受环节中个体的价值需求、基于接受图式的个体接受能力以及对思想政治教育信息的自主性处理三方面。

（1）大学生思想政治教育接受环节中的主体性，首先反映在个体的价值需求方面，也就是主体性所包含的个体价值需求意识。人作为一个社会性的存在，具有物质利益与精神利益需要，其中对精神利益方面的需要意识就是个体的价值需求意识。马克思认为，人的需要是人们进行实践活动的直接动力，而人的需要包括物质与精神两类，就像拉甫罗夫说过的，人不仅为生存而斗争，而且为享受，为增加自己的享受而斗争。可见，对个体的价值需求意识，马克思明确指出追求精神上的享受以及追求意义本身就是人具有主体性的表现。关于个体的价值需求

意识，恩格斯认为关于人的精神需要“如果有人在这里加以歪曲，说经济因素是唯一决定性的因素，那么他就是把这个命题变成毫无内容的、抽象的、荒诞无稽的空话”。

个体的价值需求、物质利益需要对大学生思想政治教育接受环节实效性的影响作用并不相同，个体价值需求是主体性的一种反映，是人之所以为人的一种必然需求，个体价值需求意识对思想政治教育接受实效性的实现起着直接的主导作用，而个体的物质利益需要则对思想政治教育接受实效性的实现起着间接的辅助作用。有相当一部分关于大学生思想政治教育实效性研究的文献，在提及“以人为本”的教育理念时，没有区分人的精神与物质两类不同需要对实效性的影响作用，认为满足了大学生的现实利益需要，就可以提高思想政治教育实效性，这是一种片面的甚至错误的观点。因为个体的价值需求意识是人的主体性反映，并非满足了个体的物质利益需要就可以同时满足个体的价值需求。当然，也不否认主体性中关于物质利益需要与精神需要的层次性。马斯洛的需求层次理论认为人的需要主要有生理、安全、归属和爱、尊重与自我实现五个层次的需要，某种需要满足之后会产生新的需要，自我实现是最高级需要。但是，马斯洛并不认为人的需要的实现或发展是从低往高严格逐层递进的轨迹，而是基于人的选择呈现跳跃式或间隔式发展。因此，为了满足大学生的这一价值需求而开展的思想政治教育活动，首先必须针对大学生的个体价值需求，设计与构建与其相匹配的意识形态文化产品，以合理的方法进行传导活动，提高大学生思想政治教育接受环节的实效性。同时，满足大学生现实物质利益的需要是在思想政治教育传导环节中作为辅助性措施加以实施。人的主体性中价值需求意识，其客体指向、寻求的是满足其世界观、人生观及价值观塑造的精神类产品，作为这类精神产品的提供者，大学生思想政治教育首先必须提供相适应的教育内容，而满足大学生的现实利益需要则是为了促进大学生思想政治教育接受实效性。当代大学生对意识形态类文化产品不仅不排斥，而且其价值需求意识在新媒体环境下与日俱增，大学生对思想政治理论课、日常思想政治教育活动缺乏兴趣，并非是其物质利益得不到满足，而是思想政治教育在内容构建与传导方法等方面存在不足。

（2）大学生思想政治教育接受环节中的主体性，也反映在大学生基于接受图式的个体接受能力方面。“接受图式”最初来源于哲学家康德的“先验图式”概念，用来研究人的意识活动，后被认知心理学应用到研究人的认知结构与活动方面，被称为“图式理论”。随着人工智能技术的发展与研究的深入，图式理论扩展到知识生成机制的研究，也就是研究人类的知识在大脑里是如何生成的。其中，接受图式理论被广泛引用的一个定义是美国人工智能专家鲁梅哈特提出的图式理论，他认为“图式理论是关丁人的知识是怎么表征以及知识的表征如何以特有的方法促进知识的应用的一种理论”。而在思想政治教育接受理论中，接受图式被表述为“主体接受思想政治教育信息的过滤网；是主体加工处理思想政治教育信息的整合器；是主体最终接受思想政治教育信息的解释工具”。也就是说，接受图示是用来描述人的大脑中现有的价值观、价值需求意识、知识储备、思维方法等认知结构意义上的综合统一体，接受图示在一定的思想政治教育环境中基于其个体价值需求，发挥着对接受客体进行选择获取、内化整合、外化践行等活动的主导作用。但是，每个人的接受图式都不相同，以致每个个体基于接受图式的接受能力存在差异，从而在大学生思想政治教育接受环节中，大学生接受实效性也存在差异。因此，提高大学生思想政治教育实效性，也必须认真了解与把握不同个体、群体的认知特点，采取针对性措施开展思想政治教育活动。

（3）大学生思想政治教育接受环节中的主体性，还反映在对思想政治教育信息的自主性处理上。自主性处理是接受主体在基于自身价值需求与接受能力，对接受环境中的一切思想政治教育信息进行自由的选择获取、内化整合及外化践行等系列活动中呈现出来的主动性或能动性。大学生思想政治教育接受实效性实现的前提是接受主体对思想政治教育信息进行合理地选择获取，舍弃不符合其价值需求及认知特点的信息，自主选择获取自己感兴趣的内容。在内化整合的过程中，自主地进行深层解读、内化与整合，然后存入既有的接受图式中，在适当环境条件下，外化于实践活动。

自主性对大学生思想政治教育接受实效性的实现起着重要作用。在新媒体环境下，由于信息的海量性、多样性与获取的便捷性，作为接受主体的大学生可以在选择、内化整合及外化践行等思想政治教育接受环节中最大程度地发挥其自主性，彰显主体性。

2. 新媒体环境下大学生思想政治教育接受客体的多重性

接受客体的多重性是新媒体环境下大学生思想政治教育接受环节的另一基本特征。思想政治教育接受客体是接受环节中与思想政治教育有关的一切信息及信息载体（或介体），主要包括教育内容、教育传导方法及教育传导者。如果按照个体价值需求角度划分的话，教育内容为直接客体，教育传导方法及教育传导者则为间接客体。接受客体是相对于接受主体而言，接受客体的多重性就是新媒体环境下大学生思想政治教育接受环节中，教育内容、教育传导方法及教育传导者对接受主体所显示的多重性。多重性的产生根源在于接受主体的主体性以及接受环境的开放性，因为接受活动是接受主体在一定接受环境条件下与接受客体相互作用的一个认识活动，所以多重性本质上是接受主体对接受客体所具有的多重选择性。这种接受客体的多重性特征在传统的、较为封闭的思想政治教育环境中几乎是不存在的，但在新媒体环境下思想政治教育接受环节中在教育内容、教育传导方法及教育传导者方面都有了多重的选择，同时也对思想政治教育接受实效性产生影响。

（1）教育内容的多重性：教育内容的多重性体现在新媒体环境下思想政治教育场域里意识形态类产品的丰富多样，为接受主体提供了多重选择性。也就是说，作为接受主体的大学生可以根据自己的价值需求，基于自己的接受能力，在大量意识形态文化产品中自主地进行多重选择。新媒体环境下教育内容的多重性与接受主体的主体性相互作用，对思想政治教育接受实效性产生影响。作为接受主体的大学生虽然具有价值需求的主体性，但同时具有自主性，加上新媒体环境下教育内容的多重性，对教师和教学内容提出了更高要求，因此，正视新媒体环境下教育内容的多重性，积极构建既具有主导意识形态又符合大学生价值需求、匹配其认知特点的教育内容，是提高大学生思想政治教育整体实效性的第一步工作。

（2）教育传导方法的多重性：新媒体环境的即时性、互动性特点带来了意识形态文化产品在传导方法上的更新，既有显性的传导，如网络上就某一时政热点事件针锋相对地观点碰撞，也有将隐含意识形态的信息内容以各种新媒体形态在网络上进行传播与扩散。而这些教育传导方法都是根据目标受众的认知特点与消费喜好，结合新媒体环境特点，经过精心设计，通过网络传导加以实施的。教育内容只有通过合理的传导方法，引起目标受众的注意，进入主体的“视野”，才有可能被接受主体所选择。因此，教育传导方法的合理性，起着将教育内容“推送”到接受主体的“选择视野”内的关键作用，对大学生思想政治教育接受实效性实现具有关键作用。

（3）教育传导者的多重性：新媒体环境的开放性导致了网络思想政治教育场域的开放性，而新媒体环境的虚拟性与匿名性，更使得网络思想政治教育场域中各类意识形态传导者可以无障碍地进入。较之以往，意识形态的传导者不必受限于地理空间的变化，可以直接进入网络思想政治教育场域开展意识形态的传导活动，从而产生教育传导者的多重性。对于新媒体环境下的思想政治教育场域，教育传导者首先必须“进场”并且一直“在场”，才有机会开展思想政治教育传导活动，才有可能进入大学生群体的“视野”。否则，大学生就会选择其他传导者并与之互动，受其观点引导，对思想政治教育接受实效性的实现产生不利影响。

3．新媒体环境下大学生思想政治教育接受环境的制约性

教育环境是“一切对思想政治教育活动开展及其效果产生各种影响的内外部因素之间关系及结构的总和”。大学生思想政治教育接受环境是一切对思想政治教育接受活动开展及其效果产生各种影响的内外部因素之间关系及结构的总和。

新媒体环境下大学生思想政治教育接受环境的制约性，就是思想政治教育接受环境对接受环节实效性实现的限制作用。接受环境的制约性是相对于接受主体的主体性而言，接受主体的主体性在思想政治教育接受环节中所表现出来的自主选择性，并非随心所欲地发挥作用，而是受接受主体所处环境的限制。接受环境限制了主体性的选择范围，从而对接受效果产生制约作用。新媒体环境下大学生思想政治教育接受环境的制约性主要体现在社会宏观环境的制约、校园文化环境的制约以及网络舆论环境的制约。基于社会经济、政治与文化发展背景下产生的各类思想、观念、意识形态文化产品等影响着社会宏观环境，大学生作为社会存在的个体，必然会不自觉地从中吸收各类思想观念，当社会宏观环境整体呈现和谐健康状态时，就会对大学生思想政治教育接受活动产生积极促进的影响作用；反之，当整个社会处于思想混乱状态时，就会对大学生思想政治教育接受活动产生阻碍甚至破坏作用。校园文化环境主要是高校校园学习、生活、娱乐的文化环境，积极向上、和谐友好的校园文化环境会对大学生的人格养成、心理成长营造良好的心理环境，从而对大学生思想政治教育接受活动产生积极的促进作用。新媒体环境下网络舆论环境对大学生思想政治教育接受活动的制约性最为显著，优质健康的网络舆论环境可以迅速提升大学生思想政治教育接受的实效性。

综上所述，接受主体的主体性、接受客体的多重性及接受环境的制约性，是新媒体环境下大学生思想政治教育接受环节的三个基本特征，对思想政治教育接受环节实效性的实现具有决定性作用。

（二）要素匹配规律与环境制约规律

根据新媒体环境下大学生思想政治教育接受主体的主体性、接受客体的多重性以及接受环境的制约性特征，归纳总结出新媒体环境下大学生思想政治教育接受环节的规律主要有要素匹配规律与环境制约规律。

1. 新媒体环境下大学生思想政治教育接受环节的要素匹配规律

“要实现思想政治教育的有效性，必须使思想政治教育的诸要素，在空间上保持一致性，在时间上保持连续性。”新媒体环境下大学生思想政治教育接受实效性的实现程度，取决于教育内容、教育方法、教育者（接受客体）、接受环境（环体）与大学生主体（接受主体）之间的匹配程度，思想政治教育诸要素之间的匹配度越高，接受实效性就越高；反之，接受实效性就越低。

(1) 思想政治教育内容与大学生价值需求、认知特点及接受能力相匹配：首先，新媒体环境下的当代大学生具有理性的爱国主义情怀，他们关心政治，对社会问题的讨论具有浓厚兴趣，这是新媒体环境下大学生的主体性日益增强所体现的一种强烈价值需求，思想政治教育内容构建的首要目标就是必须满足大学生的这种需求。其次，新媒体环境下的大学生思维敏锐、思想活跃，同时又具有青春期的不稳定性与偏执性等特点，知识结构正处在发展时期，思考问题具有片面性，较容易受到蛊惑。因此，思想政治教育内容还必须考虑到大学生的认知特点及接受能力，在具有说理性、思辨性的同时，更要具有趣味性、生动性，要将大学生关注的社会现实、焦点问题，结合案例分析进行有理有力的论证。在发挥意识形态主导功能的同时，一定要注重理论联系实际的内容构建基本原则，才能激发大学生的兴趣和学习动机，提高思想政治教育的接受实效性。

（2）思想政治教育方法与大学生的认知特点及接受能力相匹配：新媒体环境下大学生思想政治教育方法的创新主要体现在运用新媒体技术上，线上的开放式学习交流、互动讨论，线下的任务导向式学习模式、翻转课堂的创新教学体验等。这些先进的教育方法为大学生群体广泛认可，易于接受。

（3）思想政治教育的接受环境与大学生的认知特点与接受能力相匹配：运用新媒体技术营造良好的社会宏观环境、网络舆论环境、校园文化环境以及课堂教学环境。保护大学生的好奇心、求知欲，根据学生的思想特点、成长规律及接受能力，创造积极健康的虚拟环境和现实环境，以提升大学生思想政治教育接受的实效性。

2．新媒体环境下大学生思想政治教育接受环节的环境制约规律

大学生思想政治教育接受实效性的实现程度，受到接受环境的制约影响，环境制约规律始终贯穿思想政治教育接受过程始终。“环境的改变和人的活动或自我改变的一致，只能被看作并合理地理解为革命的实践。”环境影响和制约着大学生思想政治教育接受的过程，同时思想政治教育的接受也对环境具有一定的反作用。新媒体环境下大学生思想政治教育接受环节具有主体性、多重性及制约性的基本特征，接受环境分为社会宏观层面的新媒体环境、网络思想政治教育的舆论环境以及微观层面的校园文化心理环境。几种环境的交错存在并在新媒体技术的影响下改变了大学生的学习、生活方式，也制约着大学生思想政治教育接受实效性。环境中的信息交互、文化影响、思想渗透、行为体验等无不潜移默化地影响着大学生的世界观、人生观和价值观的形成，良好的环境塑造优秀的人才，不良的环境阻碍人的健康发展。遵循环境制约规律，才能提升大学生思想政治教育的接受实效性。

综上所述，新媒体环境下大学生思想政治教育接受环节的要素匹配规律和环境制约规律，要求我们在承认大学生的主体性与接受环境对接受实效性的制约作用的同时，一方面构建符合大学生认知特点与价值需求的思想政治教育内容；另一方面，优化新媒体环境下大学生思想政治教育的接受环境，才能够提高大学生

思想政治教育的接受实效性。

四、新媒体环境下大学生思想政治教育整体过程的基本特征与主要规律

大学生思想政治教育实践活动是一个整体过程，在详细探究内容构建、传导及接受环节的基本特征与规律基础上，进行三个环节的有机整合，从而在整体上把握大学生思想政治教育过程的基本特征与规律。

（一）协同性及制约性特征

从大学生思想政治教育整体实效性实现的角度出发，思想政治教育内容构建、传导及接受各环节实效性之间呈现出逐一生成的协同关系及互相影响的制约关系。在德国科学家哈肯的协同学理论中，他认为在自然界和人类社会发展过程中的各类活动，均呈现出无序和有序两种现象，而有序就是协同，无序就是混乱。在思想政治教育内容构建、传导及接受活动中，一个环节的开始都有赖于另一环节的完成，同时，各环节之间又相互影响。以直观形式描述这三个环节实效性之间的相互协同与相互制约关系为：内容构建环节实效性，传导环节实效性，接受环节实效性。

就思想政治教育实践活动开展的顺序而言，思想政治教育内容构建是第一环节，当内容构建环节完成后，才能开始传导环节，最后是接受环节。在整个过程中，传导环节依赖于内容构建环节的完成，接受环节依赖于传导环节的开始。而从实效性实现的角度出发，内容构建环节的实效性较高，则会促进传导环节实效性的实现，传导环节实效性较高，则有助于接受环节实效性的实现。也就是说，思想政治教育整体实效性的实现，需要环环相扣的三个环节协同进行才能得以完成。

实际上，在大学生思想政治教育实践过程中，传导环节与接受环节几乎同时发生，接受环节中大学生基于其价值需求与认知特点，会对传导方法及内容产生反馈效应，接受实效性又对内容构建环节、传导环节实效性具有反馈影响，从而产生制约性。因此，大学生思想政治教育内容构建、传导与接受环节，三者之间是两两双向互动、相互作用的关系，整体上呈现出一种双向“链式”形态。思想政治教育内容构建环节实效性是传导与接受环节实效性实现的前提与必要条件，传导环节实效性又是接受环节实效性的前提与必要条件，而接受环节实效性则是传导环节实效性的结果，同时对传导环节与内容构建环节实效性具有反馈作用。此外，在思想政治教育内容构建、传导与接受环节中，影响实效性的基本要素之间也存在着相互依赖、相互制约的辩证统一关系。

（二）协同与制约辩证统一规律

新媒体环境下大学生思想政治教育活动的整个过程，具有内容构建、传导与

接受环节三者之间的协同与制约辩证统一规律。大学生思想政治教育整体实效性的实现程度，取决于三个子环节实效性的实现程度。三个环节相互联系、循序渐进、协同作用并产生整体效应，同时三个环节又相互制约、相互影响，形成辩证统一关系。遵循协同与制约辩证统一规律，更好地认识并把握大学生思想政治教育内容构建、传导、接受各环节的相互关系，为整体实效性的提升提供理论方法与实践路径。

第二章　新媒体背景下高校思想政治教育的跨界思维

所谓思维是人用头脑进行逻辑推导的属性、能力和过程。思维是人类特有的，是人类心理和动物心理的本质区别。正确的思维方式是人产生正确的行为结果的重要因素。在新媒体时代，高校思想政治教育所面临的困境是客观存在的，需要我们从思维方式转换的角度探讨思想政治教育，实现高校思想政治教育全方位的转变，而跨界思维正是实现其正确发展的一个思维向度和逻辑起点。

第一节　高校思想政治教育思维方式的困境及转换

研究新媒体时代高校思想政治教育工作的特点和规律，加强和改进思想政治教育工作，必须探索和研究思维方式的改进问题。不同的思维方式有不同的作用，只有创造出体现时代精神的新的科学思维方式，才能成为人们从整体上认知和理解客观世界的思维工具，也才能为人们改造客观世界提供观念性的指导。

一、思维方式的含义与基本特征

（一）思维方式的含义

思维方式是指在人类社会发展的一定阶段中，思维主体按照自身的特定需要与目的，运用思维工具去接受、反映、理解、加工客体对象和信息的思维活动的样式或模式，它是反映思维主体、思维过程关系并且是在实践基础上形成的思维结构，同时又是由思维诸要素相互作用、相互结合而形成的相对定型、相对稳定的思维样式。思维方式具有整体性和综合性的特征。思维方式是定型化的思维形式和方法，是比较稳定的思维模式。思维方式与思维形式和思维方法有很多不同点。思维形式是指人们在实践基础上形成的概念、判断、推理等抽象思维和形象思维以及灵感等，人们是借助这些形式来表示思维内容和进行思维活动的。思维方法则是人们认识客观事物和把握客观事物的工具和手段，它在很大程度上规定着人们的思维路线、过程、逻辑程序和具体形式，并常常转化为人们观察处理问题的具体方法。

（二）思维方式的基本特征

由人类的生产、生活活动所造就的各种思维方式，虽然各有其特殊性，但也有一些共同的特征，这些特征主要表现为以下几个方面。

1. 时代性

一方面，思维方式的产生与形成具有时代性，任何一种思维方式总是在特定的历史条件下产生的，是特定时代生产方式的内化，或者说是特定时代生产方式的观念形态，是那个时代的精神标志；另一方面一种思维方式的作用与前途受制于社会历史条件和社会的发展状况。

2. 相对稳定性和独立性

思维方式作为一种观念形态的东西，它有自身独特存在与变化的规则，它与历史的变化、发展之间保持着一定的张力，即思维方式的发展与社会历史发展之间的关系并不是完全同步的。因为社会历史的变化对思维方式的变化发生影响，要经过诸如社会心理、情感等许多中间环节的过滤与反冲。同时，思维方式的变化是多种因素综合作用的结果。思维方式相对的独立性与稳定性主要体现在思维方式具有超前性与滞后性，以及思维方式的发展具有自身的规则与规律上。

3. 群体性

思维方式的群体性就是对群体中单个具体的人的思维活动所具有的共同特点、特征的概括，它显示着该群体思维活动总体面貌。它表征着任何一个群体都有其独特的思维方式。按照不同的标准可以将人类分为诸如民族、阶级（阶层）、党派、行业、学术团体、家庭（家族）等大大小小的群体。一个群体与另一个群体之间思维方式的差距，是他们的社会生活所具有的差异性在观念领域中的反映而已。思维方式的民族性、阶级性、行业性和团体性等特征都是思维方式群体性特征的具体表现。而任何一个生活在一定群体中的个体，他的思维方式虽然具有鲜明的个人特征，但是，同样不可否认，他的思维方式必然带有该群体思维方式的特征。

思维方式和社会存在方式、实践方式紧密联系，因而它具有时代特征、区域特征、民族特征。不同时代的思维方式都有其明显的时代特征。相对于思维方式的共性特征，新媒体时代的思维方式将呈现出以下几个方面的特征。

（1）系统综合性。亦称系统综合、辩证综合，而非机械综合。新媒体时代，现代实践面对的是复杂性客体，现代实践的规模越来越大，经常需要经济的、政治的、社会的、生态的、心理的、美学的等各种学科、各种技术的整体配合和协同工作。这就要求我们的思维突破“实体—属性”的范围，深入到“关系”之中，使思维从事物的实体质上升到关系质、整体质、系统质。按照系统综合，整体不再等于部分的简单总和，产生了系统的整体质。

（2）动态开放性。由于新媒体是动态的，动态思维立足于发展的不可逆性、多样性（个性、可选择性、包容性）、随机性（弹性）和主体的能动性，是思维的目标、程序和方法的自我调节。同时新媒体也是开放的，因此无论是目标的控制还是程序方法的控制，都是思维在与周围环境的信息交流中实现的。

（3）自觉创造性。以新媒体的强大信息功能和逻辑思维为基础，人们具备了多角度的思维视野，提高了思维效率。人的个性化和全面发展，人们的智慧潜力进一步得到释放。因此主体的发明、创造能力被大大地激发。

（4）反理性。逻辑思维与辩证思维都属于理性思维。新媒体时代的思维方式充分估计人的兴趣、情感、意志、性格、潜意识、各类文化等非理性对理性思维的影响，是理性思维与非理性思维的相互作用和相互促进。现代实践的总目的是可持续发展和人的全面发展的需要，充分满足主体的个性化需求。如现代企业要按照用户千奇百怪的需求进行有效生产和服务，被称为“个性化服务”或“敏捷制造”。

（三）正确处理社会现代化与思维方式之间的关系

新媒体时代的思维方式，是一种现代思维方式，它与现代化的要求是相吻合的。从根本上来说，社会现代化与思维方式的现代化之间是互相促进、相辅相成的。

现代化是由传统文明向现代文明转换的动态过程和动态描述，是物质、政治、精神领域里的一场深刻的历史变革，是社会和人的现代特性的发生、发展的过程和结果。人是推动社会发展和历史进步的决定性力量，现代化不仅指“物”的现代化，同时包括“人”的现代化。而实现“人”的现代化的关键是人的思维方式的现代化，人们要具有现代的思想观念和意识形态，具有现代价值取向，具有现代的思考方法，也就是说，要具有现代的思维方式，这不仅是实现社会现代化的要求，也是适应新媒体时代的要求。只有在现代思维方式的指导和支配下，“传统人”才有可能实现向“现代人”的转变。

更深入一步来说，人的思维方式的现代化也是人的现代化的先决条件。这是因为思维方式与社会现代化是相互依存、相互作用、紧密联系、不可分割的。其相互作用的关键点在于：一定时代的生产力水平，特别是科学技术的发展水平，决定着这一时代的存在方式和人们的社会心理与价值取向，这种社会结构以及与其相联系的社会心理和价值取向一起决定着人们的思维方式，而思维方式的变革则会影响以至改变人们的社会心理和价值取向，并通过社会心理和价值取向的变化去促进社会结构的变化，最终促进生产力的发展。可以看出，这几种因素之间的关系不是一种机械决定论的因果关系，而是多因素同时相互作用的立体交叉的网状结构的辩证因果关系。思维方式作为人们思维活动中用以理解、把握和评价客观对象并借以确定自己的行为方式的基本依据和模式，它的变化在社会发展中是一个带有根本性的变化。特别是哲学思维方式，作为时代精神的结晶，集中地表现了时代发展的本质趋向和内在要求。因此，要实现从传统的农业文明向现代文明的转变，不仅必须经历哲学思维方式的根本变革，而且人们只有改变了看待一切问题的思维方式，才能彻底改变社会形态，进而实现整个社会生活的深刻变革。因而，没有思维方式的变革，就没有社会现代化的开始；没有社会一般成员的思维方式的普遍变革，现代化就不能实现。而社会一般成员的思维方式的普遍变革则依赖于社会结构的变革。思维方式的变革既是社会现代化的原因，又是社会现代化的结果。

二、传统高校思想政治教育思维方式的困境

高校思想政治工作思维方式是高校思想政治工作主体的理性认识方式，是按一定结构、方法和程序把思维诸要素结合起来的相对稳定的思维运行模式，是高校思想政治工作主体以一定的时代背景、知识、信念等因素为基础，对信息加工处理后所形成的思考问题的方法。从主体的角度可以划分为两个层面，一是指整个教育界乃至全社会对高校思想政治工作的群体观念系统和思考习惯。二是特指高校思想政治工作个体主体对高校思想政治工作的思维方式。思维方式在高校思想政治工作中占有非常重要的地位，它是高校思想政治工作者联结工作对象、作用于工作对象的中介。它一方面联结着世界观、人生观等最高的理论层次，另一方面通过实践间接作用于思想政治工作对象，达到把工作者所传播的先进的、科学的意识形态转化为工作对象思想行为的目的。因此，思维方式在高校思想政治工作中处于特殊的层次地位：它本身既是连接意识形态（纯理论）与实践的中介，又是意识形态的具体化，还是实践的直接指导。这也决定了高校思想政治工作水平的成效在很大程度上取决于思维方式的状况。

由于历史的惯性，发端于战争年代并经过计划经济固化的高校思想政治工作的思维方式，没有也不可能随着改革开放的到来转瞬即逝，而新的思维方式也不会在一夜之间突然到来。面对更加复杂的环境和形势，从中央到各高校都对加强大学生思想政治教育工作进行了大量的探索，积累了丰富的经验。在工作思路、工作机制、工作方法和规章制度等方面都有了较大的进展，丰富和发展了高校思想政治工作理论。但是，在形势日新月异的背景下，包括思维方式在内的传统高校思想政治工作仍显滞后。从思维方式来看，主要表现为以下几个方面。

（1）高校思想政治工作存在封闭性倾向，主要表现为思路狭窄、思维僵化、理论贫乏，造成思想政治工作内容与现实不断疏离。丰富多彩的社会生活是思想政治工作生命之树的土壤，是其不竭生命力的源泉。思想政治工作必须紧密结合社会现实，回归生活世界，研究新情况，解决新问题。当前高校思想政治工作内容与现实疏离的一些突出表征就是墨守成规，在回应现实中提出的新的问题时表

现得苍白无力，使我们的思想政治工作不能有效跳出传统窠臼，远离当前国内环境与社会政治生态，从而无法构建由“知”到“信”的桥梁。

（2）高校思想政治工作传统思维方式存在着整体社会性倾向，过分强调整体社会，忽视个体的独立性、创造性，对个体人的本位价值及人格独立缺乏应有的关注，使教育流于空洞的说教或口号式的宣传，难以为客体认同、接受，从而严重影响了思想政治工作的有效性。目标设定上，重视思想政治教育为社会政治服务的“工具理性”，忽视了思想政治教育塑造人格、培养良好公民、实现人的自由和谐发展的“目的理性”。在功能发挥方面，强调思想政治工作的规范性、限制性功能，而忽视其育人功能，这样也就必然忽视了大学生作为教育主体与客体的双重身份，导致大学生在思想政治教育中的主体地位作用的缺失。

（3）高校思想政治工作传统思维方式存在守成性倾向。首先表现在凭经验办事的经验思维，经验可以使思维避免走弯路，从而缩短思维过程，提高思维效率。但经验并不提供必然性的联系，思想政治工作的环境、对象和条件是不断变化的，经验思维也会变成一种束缚和框架、缺乏创新。其次存在求同不求异的从众思维，胆小、不敢越雷池一步，不敢尝试创新，这是一种为了求稳求妥，在意识控制下的理性抉择从众。最后是唯上、唯书、唯权威的依附性思维。一些思想政治工作者在工作中习惯于“靠上头、等红头、看风头”，一切从“本本”出发，当“传声筒”“录音机”“中转站”。这必然导致思想政治工作理论的原创性渐趋贫弱，真正具有思想深度和现实适用性、针对性的创新见解与拓荒性理论还不多。

（4）高校思想政治工作传统思维方式存在单维性倾向，导致了高校思想政治工作的简单化现象。一些高校出现教育形势简单划一，开会、听报告、学文件、发材料成为思想政治教育工作的主要形式；教育观念单一片面，存在重“共性”轻“个性”的求同倾向，实行无差别的标准化或一体化教育；教育方法机械单调；平均标准僵化教条。

（5）高校思想政治工作传统思维方式存在滞后性倾向，观念滞后、信息滞后、措施和制度滞后、工作上被动。传统的思想政治工作往往在一定程度上滞后于工作对象思想行为发展的过程与阶段，习惯于以历史为尺度来度量现在，被动地照搬自以为还有价值而实际上已经丧失了存在意义的现成的答案，迷恋老的章程、秩序与习惯，使行动落后于人的思想的发展，表现出明显的滞后性。

三、思维方式转换的必要性和理论方法

（一）思维方式转换的必要性

1. 突破抽象隔离和凝固僵化

思想政治教育突破抽象隔离和凝固僵化，从现成转向生成，是高校思想政治

教育思维方式的历史必然。当代中国社会的转型，一切预设的假想的思维方式，只会让思想政治教育缺乏灵魂。生成性思维方式突破了现成性或者预设性思维方式的界限，从过去更多地关注、思索客观世界，转变为关注人自身，把人的发展作为终极目标。因此高校思想政治教育必须与时俱进，转换思维方式，遵循人成长与发展的规律，以生成性思维为核心指导思想，在各个环节中融注着生成的思想，使思想政治教育与人的成长和发展规律保持一致，从而真正发挥出教化功能。

2. 思想政治教育是生成和发展的过程

思想政治教育本身是一个过程，各个要素（主客体、环体和介体）共处于一个动态系统中，是一个生成和发展的过程。

在生成性思维视域中，思想政治教育是确定性和不确定性的统一过程，是促进人不断转化和生成的过程。其中的确定性是指将预设性和规范性的知识进行转化，如将社会道德规范转化为学生个体的品德知情意行，将人类长期积累下来的历史存在转化为学生认知结构中的现实形态。不确定性则是生成活动中体现出来的现实性和动态的发展性，由于在特定的教育环境中的教育主体之间的交互作用、内隐的思维活动以及外显的操作实践等因素的影响，发展的过程总是伴随着无数绵延的不确定性、非现成性、动态性这种前进的连续过程。高校思想政治教育过程的确定性与不确定性的统一，不确定性并不意味着对确定性的全盘否定和机械排斥，而是对确定性的动态呈现，通过这一动态生成的过程，不断产生新的体验、经验、观念等。确定性与不确定性、规范性与开放性、客观性与主观性等各种对应状态动态地交织在过程之中，并通过动态的转化和生成实现思想政治教育活动的过程价值。

3. 探索与实践的必要性

探索和实践主体思维方式的转换，已成为新媒体时代创新高校思想政治教育工作、增强思想政治教育工作的针对性、实效性、主动性的必然要求。

首先，主体思维方式的转型是高校思想政治教育工作创新的必然要求。多年来，我国高等院校十分注重思想政治教育工作，为学校的改革、发展和稳定提供了有力的保证。但同时也必须看到，随着新媒体时代的到来，随着改革开放和社会主义市场经济体制的初步确立，当前高校思想政治教育工作的环境、对象、内容和渠道都发生了很大的变化，产生了一系列新的情况和问题。这种因新媒体时代的新特点而使高校思想政治教育工作处在一种前所未有的新情境中的事实，要求我们必须重视抓紧研究思想政治教育工作问题，不断改进和加强学校的思想政治教育工作，在继承和发扬优良传统的基础上要有新的探索、发展和创造。高校思想政治教育工作，是一种特殊形态的社会实践活动。在这一实践活动中，主体起着主导作用，它主导和支配着思想政治教育的客体、介体、环体等因素，对思想政治教育诸要素相互关系的形成和发展起着决定性作用。要切实做好高校思想政治教育工作，就要不断加强和改进高校思想政治教育工作。要创新高校思想政治教育工作，主体首先要有科学的思维方式，就要不断地创新思维方式，这是合乎逻辑的一种推断。

其次，主体思维方式的转型是增强高校思想政治教育工作主动性、针对性、实效性的必要前提。在高校，思想政治教育工作主体的思维方式在实践中的运用和展开，构成了高校思想政治教育工作的活动过程。主体要向客体开展工作，首先必须要把握先进的科学的无产阶级意识形态，然后经过工作实践与客体联系作用于客体，以达到影响和改变客体，使之符合自己传播的意识形态所要求的思想和行为的目的。在这里，毫无疑问，联结主体与客体的中介，当然是工作实践，即具体的思想政治工作活动。实践是沟通主客体之间的桥梁、纽带与中介，这一点是确定的。但是这只是思想政治教育工作中主体作用于客体的外显中介。也就是说，这种工作实践是主体作用于客体所表现出来的直接的、现实的、物质的中介。而主体思维方式才是主体联结客体、作用于客体的内隐中介。它一方面连接着主体的世界观、人生观等最高理论层次，另一方面又连接着主体的工作作风、工作方法等最具体的实践层次，它通过工作实践间接作用于思想政治工作客体，达到把主体所需传播的意识形态化为客体思想行为的目的。正是由于主体思维方式的不同，对客体的同一思想问题，才会有不同的敏感性、不同的看法、提出不同的解决办法，从而获得不同的结果。因此，主体思维方式不断创新、主体不断掌握科学的现代思维方式，将有利于主体在理论上把握思维方式与思维内容相互作用的规律，使主体在高校思想政治教育工作实践中增加主动性，更有效地贯彻关于思想政治工作“以人为本”思想和“疏导”方针，把道理讲深、讲透、讲全，真正做到以理服人、以理育人，使思想政治工作更具针对性与有效性，从而进一步提高客体认识世界与改造世界的能力。

再次，主体思维方式的转型，是解决当前高校思想政治教育工作突出弊端的有效手段。当前高校思想政治教育工作仍存在着不能适应新形势、不能回答新问题的状况，也存在着一些不尽如人意的地方，表现出一定的滞后性。高校思想政治教育工作的主要对象是学生，这一客体是一个生机勃勃、充满创造性与活力的特殊群体，同时新媒体时代在客观上造就了高校思想政治教育工作环境的高度开放性，因而客体的思想变得异常活跃。加上新媒体时代由于信息获取方式的多样化，以及人们对信息获取形式的改变，可能会出现客体对知识和信息的把握在量上以至质上超过主体，并在时间上领先于主体，这种变化使得主客体之间的关系不再呈现着简单明了的单向关系，而由单向式教育发展成为互动式交流。思想政治教育要彻底打破过去计划经济体制下的高校教育管理的传统观念的桎梏，思想政治教育工作者不能满足于多年形成的惯例，不能还像过去一样只注重工作中感性的东西，忽视思想政治教育工作中客体的变化和主客体关系的再认识。主体必须对自身在高校思想政治教育工作实践过程中的地位、职责、使命等有足够清醒的自觉认识，主体思维要随着实践的需要不断发展。在思想政治教育工作实践中，总的说来，主体是教育的施加者，客体是教育的接受者，主体应该对新时期客体现状的改变和由此带来的主客体关系的重构予以充分认识，进行思维方式的创新，通过实践和认识活动，吸收客体的信息，渗入主体的头脑，进行加工处理，成为主体观念的内容，并设计出符合客体特点的方式、方法，从而实现主客体的统一，解决目前工作中的突出弊端，最终达到教育的效果。

（二）思维方式转换的理论方法

高校思想政治工作传统思维方式的困境会导致新时期高校思想政治工作内在生命力不断萎缩，从思维方式这一层面上实现高校思想政治工作的转向迫在眉睫。必须看到，思维方式发展变化的固有特点决定了高校思想政治工作在思维方式上的转向绝非一朝一夕之功，而是一个长期而艰巨的过程。从价值判断上确定发展方向是实现高校思想政治工作思维方式转向的首要条件。基于以上对高校思想政治工作方式困境的分析，高校思想政治工作思维方式的转向应该有以下几方面的转变。

1. 突破狭隘的封闭性思维，构建开放性思维方式

封闭性思维的立足点是面向自己、面向眼前、面向内部，习惯于自我约束，思维视野狭窄。中国历史上长期受小农经济的生产方式和生活方式的影响以及封建专制的统治，使得封闭性思维得以绵延和发展。一些高校思想政治工作者受到这种封闭性思维的困扰，往往习惯于关起门来做思想政治工作，既没有很好地把高校思想政治工作放在社会大系统中加以考察，也没有很好地把高校思想政治工作有关的各种信息进行整合，只是习惯就思想政治工作抓思想政治工作，忽视结合渗透。而开放性思维则是一种多元化、多层次、处于不断运动变化之中的开放的体系。它要求坚持与外界进行广泛的、立体的、多向的交换与交流，从而扩展思维的空间范围和时间跨度，随时捕捉工作中的新信息和新经验，使思维能及时触及外界变化发展着的事物，达到对客观事物的正确认识。

开放性思维方式要求高校思想政治工作者在工作中不仅要善于观察事物的内在因素，还要关注外部环境的发展和变化；不仅要广泛收集事物的内在因素，还要注重外部环境的影响和作用；不仅要广泛收集外界的信息，还要不断输出自己的信息，以便不断获得反馈。面对不断变化的情况，经常更新概念思维方式和价值观念，采用开放的、动态化的教育模式，研究和解决大学生在学习、工作和生

活中出现的动态化思想问题。从而抓住典型，抓住热点，发现问题，掌握思想脉搏，开展有的放矢的高校思想政治工作。具体来说，树立开放性思维方式必须做到以下三点。

（1）确立思维的广泛性。既注重事物的内部联系，又注重事物的外部联系；既注重纵向比较，又注重横向比较。在分析客观因素时，既要注意物质方面，又要注意精神方面。在分析主观因素时，既要注意一个人的世界观、人生观，又要注意其心理因素和文化素养等。另外，要善于借鉴相关学科最新研究成果，吸收国外有关思想政治教育方法的成功经验，积极拓展新形势下大学生思想政治工作的有效途径。

（2）确立思维的变动性。高校思想政治工作者应当不断地接受新信息、新知识，发现新问题、新情况。以敏锐、灵活的触角，密切跟踪思维对象，立足于事物发展的复杂性、偶发性、跳跃性，随时接受信息反馈，审时度势，根据情况变化及时调整行为目标和行为态度，以求在复杂情况下使实践朝着最佳方向发展。

（3）确立思维的交流性。思维方式的开放性还体现在交流性上。要以兼容并包的态度，以开阔的胸怀去审视各不相同的思维方式，大胆吸收和借鉴各种不同的思想政治工作思维方式（包括西方思维方式的合理成分）。在高校思想政治工作中，要积极开展同一高校不同系部之间的交流，国内不同高校之间的交流，以及与国外不同高校之间的交流，从而更好地取人之长，补己之短，促进高校思想政治工作跟上时代和形势的步伐。

2. 克服功利的整体性思维，构建人本性思维方式

强调整体统一是传统思维方式最显著的特征之一，这种从总体上认识事物的思维方式，能够把握世界的整体面貌，对于促进社会的协调稳定具有十分重要的意义，但也有明显的缺憾：那就是过分强调整体，模糊个体之间的边界，忽视个体的独立性、创造性。这种整体性思维体现在高校思想政治教育工作上，使思想政治教育有了更多的功利取向。如在思想教育的价值取向上，多从社会需要和集体本位出发，对个体人的本位价值及人格独立缺乏应有的关注；在思想教育的功能发挥上，重视思想政治教育在促进社会发展方面的作用，强调其规范性功能、限制性功能，忽视其育人功能的发展等。固然，服务社会培养社会发展需要的人才是高校主要的价值追求，但在这种追求中，教育的终极目标——促进人的全面发展，在一定程度上被忽视，或者被包含在教育为社会发展服务之中。

（1）要尊重人。尊重是教育的本质需要，是二十一世纪教育的理性追求。要尊重学生的主体地位，尊重学生的人格，尊重学生的基本权利。在思想政治工作中，要采用以诚待人、以理服人、以情动人和平等、民主的办法，使教育主客体双方同置于一个交流平台上。教育主体要摆脱过去传统的居高临下式的、我说你

听式的教育方法，使双方在思想理念上能够进入交流的状态，进而使教育客体顺利接受主体的思想观念，达到影响人的思想的目的。

（2）要关心人。要把以人为本思想贯彻到解决大学生的具体实际问题中去。一般来讲，大学生思想问题有三类，解决的方法也有所侧重：是非不够清楚问题，主要靠思想政治理论教育；行为养成问题，主要靠以管理为主的养成教育；具体实际问题，主要靠帮助学生排忧解难。这三类思想问题虽不能截然分开，但解决的方式都是明确分为教育、管理、服务，所以三者必须有机结合。总之，高校思想政治工作应当整合学校教育、管理资源，以学生成长成才为中心，为学生全面发展服务。

（3）要开发人的潜能。有生命力的高校思想政治工作不是要禁锢大学生的头脑和手脚，限制其思想和行动，而是要开发他们的智力，培养他们的创新精神，引导他们在正确的轨道上思考、选择、行动和创造，以便在更大的程度上实现自我价值，同时也为社会进步做出更大的贡献。因此，在新形势下，应该把开发人的价值、个性和潜能作为高校思想政治工作追求的重要目标，最充分地激发大学生的创造活力，让每一个大学生的潜在智慧都得到充分的发挥。

3. 改变机械的守成性思维，构建创造性思维方式

守成性思维缺乏创新精神，满足于原有的知识，把已经接受的一定知识作为模式用以观察事物、思考问题，其不足之处是思维惰性过强，思维因循守旧，思维过程缺乏应变性，思维成果陈旧肤浅。在高校思想政治工作的思维方式上不同程度地存在着守成性倾向，这种思维方式导致一些高校思想政治工作者在工作中求稳求妥，思路随大流，不敢尝试创新，对高校思想政治工作缺乏深入思考，工作的创新思路不畅，办法不多，使高校思想政治工作不能很好地适应时代进步的需要。

高校思想政治工作要在立足于工作实际的基础上，不断发明创新，不断开辟新的思维空间，从实际中发现新情况，总结新经验，大胆地提出不同凡俗的新构想和具有社会价值的新见解，不断增强思维的创造性。为此，要突出做到以下三点。

（1）坚持思维的求疑性。我国传统思想强调中庸调和，求同思维有余，求异思维不足，强调“一”而忽视“多”。受其影响，人们的思维、思想往往信于一统、定于一尊，从思想、观念到行动表现为简单化、趋同化。坚持思维的求疑性，就是要求高校思想政治工作者要有敢为人先、标新立异的精神，敢于突破传统思维方式，敢于怀疑传统的结论和观点，提出新的改革思路和追求新的目标，从而不断创新高校思想政治工作的内容、方法、手段和机制。

（2）坚持思维的跃迁性。创造性思维是逻辑思维（自觉意识）与非逻辑思维

（非自觉意识）的相互交融、辩证统一的过程。它蕴育在表现为想象、联想、幻想、直觉、灵感等形式的非自觉意识中，是不知不觉地未被意识到的，可是一旦孕育成熟，新思维、新思想、新见解、新方法接踵而来。因此，我们应当注重并善于把各种思维因素进行沟通、融合、同构，打破思维定式，实现思维跃迁，不断实现从量变到质变的飞跃，以致“豁然贯通”。

（3）坚持思维的逆向性。逆向性思维提倡对思维对象不要仅仅限于某个单一的角度、方向去思考问题，要善于从已知事物的对立面、相反方向去思考，打破单向的逻辑思维方式，求取新的答案。高校思想政治工作者在探索工作过程中，一旦受阻时，不妨突破顺向思维，换一种思路，换一种思维方式，进行逆向思维。要善于从常规中发现例外，从正常中发现反常，在公认的合理中看到不合理，从而增强高校思想政治工作的科学导向性。

4．摆脱片面的单维性思维，构建多维性思维方式

单维性思维的突出特征，就是思维较僵化、片面，在观察思考问题时，往往表现为一个思维指向，一个思考角度，一个逻辑规则，一个评价标准，一个思维结果。单维性思维倾向会导致高校思想政治工作简单化，如教育形式简单划一，教育方法机械单调，评价标准僵化教条等，其结果往往是忽略了思想政治工作的个性化特征，忽视了教育客体价值取向多元化、层次性的客观必然，使思想政治工作失去针对性和有效性。而多维性思维方式有多个思维指向，多个思维起点，多个评价标准，多种思维方法，多个思维结论。它一般具有复杂性、动态性、开放性的特点。显然，多维性思维方式更有利于思想政治工作的发展和创新。要构建多维性思维方式，必须做到以下几个方面。

（1）坚持思维的多角度性。对思想政治工作中出现的问题，不仅要考虑正面，还要注意考虑反面；不仅要纵向考虑，还要注意横向考虑；不仅要顺向思考，还要注重逆向思考。从全局上看问题，从多个角度看问题，做到多条思维线索的有机结合。如在新形势下，高校思想政治工作除了必要的政治思想灌输外，还应更多地考虑人的全面发展的要求，考虑如何从知、情、意、行等方面加强其渗透性、感染力和实效性，同时要广泛运用多种教育载体，如课程载体、文化载体、管理载体、传媒载体等，增强工作的效果，充分显示多维性思维方式指导下开展高校思想政治工作的高度灵活性和全面性。

（2）坚持思维的多层次性。要注意根据不同层次对象的不同情况对症下药，在处理问题和开展教育工作时，要做到：其一，把握对象思想的层次性。由于大学生的个性、素质、来源、家庭影响、受教育的程度、学习动机等方面存在差异，因此，他们的思想状况存在着一定的层次性，这就要求高校思想政治工作者采用各种手段和措施对他们进行多层次、多角度、全方位的调查和分析。其二，坚持教育目标的层次性。在调查研究、准确把握学生思想层次性的基础上，主体

应本着实事求是的态度，制定出符合不同层次的教育目标，做到先进性同广泛性的统一。其三，注重工作方法的层次性。要针对不同层次的学生，按照不同的教育目标，采取不同的工作方法，分层次地进行思想政治教育，做到有的放矢。

(3) 坚持思维的多标准性。体现在实际工作中，要求尽可能地运用多种原则、多种标准综合评价，才能使结果相对客观、公正。如在考核评价高校思想政治工作效果时，既要看在思想政治工作上下了多少功夫，动了多少脑筋，取得了什么效果，主题教育是不是得到真正落实，又要看其方法手段有没有针对性，是否解除了学生的思想困惑等。又如对学生个体的思想政治素质评价，不能只看试卷上的分数，应根据大学生思想政治素质的要求及其平时的表现和思想实际，给予准确的评价，使学生的被动接受教育转换为主动接受和参与。

5. 摒弃被动的滞后性思维，构建超前性思维方式

滞后性思维习惯于以历史为尺度来度量现在，迷恋老的章程、秩序与习惯，使行动落后于工作对象思想的发展。这种思维方式不仅违背了人的思想行为渐进演变的规律，而且不符合思想政治工作的动态运行规律，错过了教育人、启发人、化解矛盾的最佳时机，使工作处于被动的局面。现实中，一些高校思想政治工作者往往在扮演着闻警而动的“消防员”或“灭火队”的角色，很多情况下是事情发生后进行亡羊补牢、追查责任、批评教育。显然，他们在如何通过积极地引导防患于未然方面做得不够，从而造成思想政治工作的被动。要改进这种不利局面，就要进行超前性思维，即运用现有的知识、经验和手段，对高校思想政治工作的未来或未知状况预先做出推测和判断，用未来趋势和目标引导现实。因此，高校思想政治工作者要延伸自己的视野，突破眼前的局限性，根据工作对象的变化规律，对其未来的发展趋势和结果做出科学预见，进行超前思维，不断增强高校思想政治工作的预见性和主动性。

(1) 增强思维的预见性。随着信息技术的广泛运用和网络覆盖面的日益扩大，可能会出现教育客体对知识和信息的把握在量上甚至质上超过教育主体，并在时间上领先于主体的现象，高校思想政治工作者如果不能及时吸收信息，及时对原有知识结构进行更新，就没有迅速准确的观察判断力，不能及时把握事物发展趋势，难免沦为快速变化的现实的奴隶，所以要立足现实、勤于思考、善于学习、高瞻远瞩，坚持用辩证的、发展的观点去观察事物，并升高观察的立足点，着眼于思考事物的战略前景，善于捕捉那些重要的决策信息，不断增强思维的预见性，做到立足当前、展望未来。

(2) 增强思维的主动性。面对新时期高校思想政治工作的挑战与考验，思想政治工作者要增强高校思想政治工作的历史责任感和时代紧迫感，主动以新的思维、新的视角去分析预测大学生思想的发展趋势，及时分析思想政治工作中可能出现的各种情况，掌握大学生的思想动态；预测各种社会环境变化可能在大学生中引起的思想反映，随时抓住那些倾向性的问题，采取积极有效的措施，加强超

前教育和行为引导；及时解决好大学生的现实思想和实际问题，力争对各种问题见之于未萌，禁之于未发，把工作做在前面，提高对高校思想政治工作的驾驭能力，为培养全面发展的社会主义合格建设者和可靠接班人提供坚强有力的思想基础。

第二节 跨界思维的内涵及其内在合理性

一、跨界思维的内涵

跨界是目前各行业领域中的一种流行概念，其意为对界限的跨越。跨界思维是一个全新的概念，是多角度、多视野地看待问题和提出解决方案的一种思维方式。它强调互涉、交叉与跨越，也有综合之意，是一种时尚的生活态度，也是一种新锐的思维特质。跨界思维不是封闭的，而是灵活多样、开放的，一方面要多视角看问题，另一方面要寻找它们的关联交叉点，要把多领域知识进行融合。新媒体时代，跨界思维作为一种寻找和发现新的交叉点、定位点的理性向度，它要求高校思想政治教育工作者要用更高的思想、更广的视野、更深的素养、更多的生活体验来整合思想政治教育，以达到最佳的思想政治教育效果。

跨界思维具有以下四个特征。

（一）多视角性

跨界思维本身需要多视角性，即站在不同立场观察和思考问题，寻找到交叉点。在现实生活中，由于人们的阅历和经历的差异，不同的人看待同一事物的角度不同，往往得出的结论也会完全不一样。善于从多视角看待问题，正是避免看问题不全面或者处理问题的方式方法不当的最好良策。对于思想政治教育工作者来说，要做好思想政治教育工作，不仅要站在教育者的角度，还要站在受教育者的角度，同时也要站在社会、学校、家庭等多方面的角度去思考问题，跨越看得见或看不见的因素，从尽可能多的视角出发，我们就可以寻找到最佳交叉点，从而更好地发挥思想政治教育的作用。

（二）多关联性

跨界思维强调关联性，需要多领域知识的融合。由于新媒体不仅兼具了人际传播与大众传播的功能，而且还具有强大的信息整合能力，它需要思想政治教育工作者具有对不同学科的综合归纳能力，善于将这些知识和信息加以融合。跨界思维所具有的多关联性，不仅有效地迎合了这种需求，而且也有利于思想政治教育作用的发挥。

思想政治教育是一个系统的过程，各要素之间是相互关联的。当教育者、教育对象、教育内容和教育方法等要素都独立存在、无相互关联时，现实的教育活动就无法实施；只有当这些要素相互关联、相互作用时，才会产生现实的活动，成为教育的现实表现形式。因此，只有跨界思维，将各级各类因素统筹考虑，使各要素之间相互关联，才会使思想政治教育发挥最大的运行效力成为可能。

（三）多样性

人是一切社会关系的总和，环境和人的多样性构成，不仅是客观存在的，也是跨界思维所需要的。由于各种各样的人所处的环境、所涉及的领域是丰富多彩的，因此单纯依靠传统思维是无法胜任的，唯有跨界思维才具有运筹各种思维的整合能力。比如，在高校思想政治教育中，大一新生的思想状况与大四毕业生的思想状况是不一样的，而每个年级中的每个学生的思想状况也是不一样的，这就要求思想政治教育工作者具有运筹各种思维的整合能力，首先不仅要面对多样性的受教育者，还要面对多样性的自己，更要面对多样而复杂的育人环境。同样，就受教育者自身而言，要接受各种各样的信息，面对未知的依然复杂的环境，单纯以固定的思维模式显然不足以应对多样化的生活。

（四）创造性

跨界是指不同领域间的跨界合作，是思维嫁接的体现，但这种嫁接绝不仅仅是思维的叠加，而是一种全新的再造。创造性思维的多向性发展，在继承了所跨之界各自的优秀特性的基础上，其自身也呈现出了超乎寻常的创造性价值。这种创造性价值是体现在多个方面的，其中的重要一点就是基于独特的思维理路。

二、新媒体时代高校思想政治教育跨界思维的内在理路

（一）合理性

1. 生成性思维方式的价值实现

跨界思维是一种动态的变革和超越。高校思想政治教育是一个动态的、综合的过程，需要突破“思想政治教育是什么”这个界，完成“思想政治教育如何是”的现实思考，其中，重要的问题不在于“是什么”，而在于“如何是”。现成性思维之下的思想政治教育，看不到人与环境、人与自身、人与社会、人与自然的四重关系，看似是最重视人的教育，而实际效果却是“人”仅仅被赋予了政治的手段，远离了价值的诉求。在放之四海而皆准的权威理论教育下，被教育者仅仅是“被”教育，距离社会渐行渐远。社会关系的存在是道德赖以产生的客观条件，思想政治教育理应是“关系中”的教育活动。具体地说，就是理解一个事物时，不是从此事物去理解此事物，而是从与此事物相关的他事物去理解此事物，即从彼事物的存在去把握相关的此事物，或从此事物的存在去把握相关的彼事物。二十一世纪的思想政治教育必须重视新媒体时代的特征，在互动关系中动态追问“人成为怎样的人”“人怎样成为人”。利用各种介质的互渗互斥发挥对被教育者的引导作用。基于此，新媒体时代高校思想政治教育跨界思维是生成性思维方式的价值实现。

2. 人才培养之必须

思想政治教育作为研究、培养人和发展人的一门学科，要从“现实的个人”出发。马克思、恩格斯在《德意志意识形态》中指出：“我们的出发点是从事实际活动的人，这种观察方法并不是没有前提的。它从现实的前提出发，而且一刻也不离开这种前提。它的前提是人，但不是某种处在幻想的与世隔绝、离群索居状态的人，而是处在一定条件下进行的、现实的、可以通过经验观察到的发展过程中的人。”“现实的个人”思想是马克思、恩格斯所阐述的唯物史观的重要前提和出发点，具有丰富、深刻的内涵。新媒体时代，“现实的个人”的生存状态已经发生了变化，如果我们还固守着原有的思想政治教育思维方式，不能从已经变化了的“现实的个人”出发去进行思想政治教育工作，思想政治教育的实效将会大大降低。传统思想政治教育在现成性思维方式的指导下，就会把人当作先验存在物，在教育实践中背离人性所特有的过程和规律，使本来应该充满人性魅力的思想政治教育变成无视学生主体能力、令学生厌烦的灌输和说教。新媒体时代高校思想政治教育必须正视现实语境的变异，不能再单纯地依靠传统的理论框架和概念介绍的方式来进行讲授，而应该跨越理论框架与当前现实生存语境的界限，努力使理论教学与现实语境形成视域融合。思想政治教育需要突破封闭的束缚人的心灵自由的知识传授和思想规训，进入到一种诗性智慧的启迪。如果不能关注或解释当代的现状，它存在的合法性就会变得可疑，就无法为学生所接受，很难达到较好的教育效果，更别谈什么实现师生间的视域融合。所以，我们必须要跨界，跨越理论与现实语境的界限。

3. 课程改革之需要

新媒体时代高校思想政治教育不能局限于对性质、特点和一般规律的纠缠，而应跨越理论与实践的界限，引导学生从多元视角来观照当下的现实案例，通过对具体问题的探讨来提升理论素养，不再让学生有“学习思想政治教育有什么用”的疑惑。90后和00后大学生是伴随着各类新媒体成长起来的，他们手里拿的或包里背的不是所谓的经典读本，而是流行泛滥的大众文化产品，如时尚生活期刊或流行视听产品，他们介入的不一定是纯粹的理论知识，也有对大众文化产品的消费。学生们对这些他们追求的产品所呈现出的日益个性化和多元化，表现出浓厚的兴趣。从这个意义上说，我们的思想政治教育需要跨界。因为，兴趣是最好的老师，单就课程而言，与其他课程相比，思想政治理论课与学生热衷的这些日常大众文化产品之间有着更为密切的联系。为了吸引学生，我们可以跨越纯理论课程与社会文化的界限，利用“主体间性”，通过对这些文化的评析来促进学生对理论知识的掌握，让学生通过切身体会式的学习来奠定将来必不可少的理论基础。

4. 人的全面发展的诉求

教育目的的理论基础是“人的全面发展”。从本质上来说，“人的全面发展”

是一种理想信念。对人的完善、和谐的追求，一方面体现了人性的内在向往和本能的自然追求；另一方面也体现了社会进步和发展的外在要求，它是主客观的统一。根据对马克思关于“人的全面发展”学说的理解，“全面发展”包含三个层次，即完整的人的发展、健康的人的发展、和谐与自由的人的发展。传统高校思想政治教育在现成性思维方式的引导下，强调工具性价值，即对人的社会适应性功能，要求学生遵守预设的社会规范以维持社会稳定，忽视了思想政治教育更为本质和重要的生成性功能，即为学生的全面发展和终身发展服务。在新媒体背景下，人与人、人与世界、主体与客体之间的相互关系要求思想政治教育要跳出工具性价值，实现价值的跨越，重视人类自我完善与发展多样性、丰富性的趋势，以培养和造就既能胜任工作又能学习、生活全面发展的人，是高校思想政治教育工作者最为重要的责任。要完成这一责任，关键在于充分理解和尊重人的需要及能力，不仅要重视人的发展的多样性和独特性，更要重视和尊重人在生活实践中自由选择和创造的权利与责任，只有这样才能真正体现思想政治教育的育人价值。

总之，新媒体时代的高校思想政治教育的实践中，要养成跨界思维，以“理解”作基础，以“对话”为形式，以“载体”为手段，以“内容”为核心，不断创新教育方式和方法，在新的社会环境和教育环境中潜移默化、循序渐进。高校思想政治教育唯有主动、提前进入这一新的思维领域，才可能更好地产生教育效果，完成其历史的、现实的重大任务。

（二）可行性

1. 新媒体形式的多样性为思想政治教育跨界思维提供了条件

目前，新媒体作为思想政治教育载体的形式，主要有两大种类：一是手机，二是网络，甚至包括具有对话功能的在线网络游戏。与传统媒体（书信、电话、报刊、电影、电视等）相比，新媒体一方面既可以纳入正式思想政治教育渠道，成为学校行为，也可以是学生或者施教者的个人行为，成本都很低；另一方面，受教育者在进行提出反馈意见等活动时，隐蔽性增强，因此享有更大的安全保障可能。新媒体的无屏障性、灵活性、平等性和快捷性等特点，与跨界思维的多视角性特征相适应，使思想政治教育跨界思维成为可能。

2. 新媒体信息传播的开放性为思想政治教育跨界思维提供了物质基础

寻找思想政治教育的交叉点，是跨界思维的着力点。在思想政治教育载体选择过程中，新媒体信息传播的开放性，工具的先进性，媒体工具转变为各种影响力量都可共享的信息平台，这为尽快寻找到思想政治教育的交叉点提供了信息资源和工具上的便利。因此，当使用新媒体时，只要拥有一个信息终端，就可以发帖子、发消息、QQ或微信聊天甚至玩网络游戏等，还可以架构一个平台，在共享平台上进行思想政治教育。这种能够使媒体工具迅速转变为信息共享平台的特点，与跨界思维的多关联性特征相吻合，使思想政治教育载体选择的跨界思维成为可能。

3．新媒体技术主体的互动性为思想政治教育跨界思维提供了保障

由于新媒体以灵活性和快捷性见长，其互动性能够加速信息的传播与扩散，使得思想政治教育的渗透性得以提升。对于成功的创新者来说，往往他们能在相互关联的项目上开展工作。无论是教育者还是受教者，在进行媒体选择的时候，都可以通过新媒体来进行互动和传递信息，比如思想政治课堂教学，可以引用先进的多媒体技术，也可以链接网上资源，还可以在线讨论，从而改变传统教学中的单一的方式。新媒体所具有的多种形式特点，与跨界思维的多样性特征相衔接，使思想政治教育载体选择的跨界思维成为可能。

第三节　实现高校思想政治教育跨界思维的策略选择

跨界作为突破新媒体时代高校思想政治教育困境的一种思维向度，它要求教育者在实践中要选择正确的策略，切实解决好跨什么界、如何跨界的问题，使之更好地适应高校思想政治教育创新发展的要求。

一、理论与实践间的跨界结合

信息总是沿着含有“门区”的某些渠道流动，在那里，或是根据公正无私的规定，或是根据“守门人”的个人意见，对信息或商品是否被允许进入渠道或者继续在渠道里流动做出决定。现成论思维方式的宿命是讲授比直接呈现给我们的东西隐蔽和费力得多的理论知识，往往会抽象得让学生望而却步。但众所周知，理论是来自实践又要回归实践的，理论与实践就像一间房子的两扇窗户，虽各自独立，又相互贯通，二者之间保持着和谐有度的张力。高校思想政治教育要打破理论与实践间的壁垒，努力实现理论与实践的跨界结合。应采取的举措有：一是教学要走出狭窄的理论领域而跨界进入到开放宽泛的社会生活领域，将理论教学适当扩大到实践教学，让学生从社会、文化、消费等方方面面的不同视角来理解思想政治教育理论，引导学生“沿波讨源”，由道德实践获得道德认知和情趣；二是对抽象而晦涩的理论进行“减肥”和“消肿”，通过简化、淡化处理，精简出最为贴近生活领域的教学内容。应该说教育教学的意义和效果不仅取决于教育者的教法，也取决于所传授的内容，更取决于师生间的视域融合。任何拔高理论的抽象玄虚，割裂理论与实践紧密关联的张力平衡关系，都将成为学习的障碍，无法达到视域融合，成效浅微。跨界思维意味着我们在传授理论知识时，一方面要有理论节点，另一方面也要大量运用实践案例做支撑，也就是说话要接地气，反对说教。

二、学习资源的跨界融合

毋庸置疑，课堂教学仍然是高校思想政治教育的主渠道。跨界思维要求打破传统的课堂教学模式，充分发挥新媒体的话语权。在学习资源内容的设计上，完善相应内容的设计。在教学内容的灌输上，演绎传统的课堂教学方式，发挥理论灌输的作用；在教学方法和手段上，擅用多媒体技术使理论灌输富有新意。这里的学习资源内容包括三个层面：第一个层面是资源的核心内容，即高校思想政治理论课，如《马克思主义基本原理概论》《毛泽东思想和中国特色社会主义理论概论》《思想道德修养与法律基础》等课程。针对这些政治理论课程的特点，为吸引学生，应采用现代手段凸现出来，化抽象为具体，变枯燥为情趣，并创建精品课程，使之成为大学生乐于主动接受思想政治教育的主阵地和主课堂；第二个层面是与核心内容相符合的背景知识介绍和述评，如教案、参考资料、典型案例以及与其相关的链接网站等；第三个层面是核心内容的延伸，比如在讲述马克思主义基本原理概论课程的同时，大量收集新观点、优秀成果和名师讲座等，拓宽学生的视野，真正让学生树立科学的世界观、人生观、价值观和道德观。

三、部门间的跨界组合

利用新媒体技术，组合学校的物质要素（校园风貌、建筑风格）、制度要素（管理与服务）与学生共享是新媒体时代提出的一项要求。其主要的组合方式是打造特色网站，如在校园网上建立“图片鉴赏”和“视频新闻”，可以将静态的学校风貌和建筑风格等以直观的视觉冲击展现出来，通过图片的点击，传递大学文化和精神，这将有利于学生在不知不觉间受到感染和熏陶，启迪学生的理性，激励学生的意志，督促他们自觉地修身立德。通过“学校管理和制度”栏目的建立，以公开的方式让学生体验学校管理制度中所体现的“依法治校”理念，有利于培养学生的法治观念，养成遵纪守法的习惯。当代大学生的主体意识非常强，通过这样的举措，可以增强学生的参与意识和主人翁意识，发挥他们的主动性。

四、教育主客体的跨界汇合

实现跨界思维，需要教育主客体之间打破师生之间的壁垒，创建精神家园，实现教育主客体的跨界汇合。这种汇合体现在两个方面：一方面是指在教育者团队建设方面，利用微信等新媒体与学生进行亲密接触，通过施教者对受教者的理论熏陶和魅力辐射来影响学生，激发他们的道德意识和学识力量。具体来说，则表现为教师和辅导员个人建立微信群和 QQ 群，与学生进行心灵接触，保持信息快捷传递和工作通道的有序畅通。可以积极引导大学生树立正确的人际观点，帮助排解心中的郁结。不可忽视的各种线上会议，则成为大学生学习、生活不可或缺的良师益友，学生和教师的共同参与，为及时了解和解决学生学习、生活中的实际问题创造了条件，这会成为学生们的延伸课堂。

五、精神文化升华的跨界联合

文化建设中，拓展校园文化内涵，发挥校园文化功能。通过不断改进和加强大学生思想政治教育的信息化、数字化、网络化和多渠道建设，促进思想政治教育与新媒体价值影响的相互协调，形成高校校园文化建设和大学生思想政治教育之间的信息回路和资源整合，更好地营造健康向上、活泼生动的校园文化氛围。如在传统的校园文化即学术讲座、艺术交流、娱乐文化、辩论演讲、游戏竞技、动漫文化等活动过程中，大学生的风采会凸显出来，将这些彰显大学生精神的鲜活的材料和聚集在身边的优秀大学生先进材料及时地挂到校园网上，成为众人点击的目标，不仅发挥了榜样的育人作用，更使得这浓郁的校园文化氛围会在不知不觉中提升健康、高雅的人格。

当然，我们也应当看到，在实际生活中，难免有一些人会利用新媒体具有开放性、隐匿性和虚拟性的特点，发表不负责任的言论，或侵犯他人名誉权，对他人进行侮辱和骚扰等，造成媒介行为和道德行为的失范；有一些大学生过度使用网络和手机，偏离了学习目标、降低了学习效率，甚至影响到周围的同学。此外，新媒体的方便易用、形象生动的独特优势，也使得一些教育工作者容易产生一定程度的依赖，从而降低思想政治教育载体的作用。所有这些，都需要高校信息监管部门行动起来，加强对新媒体信息的监控和引导，加强对信息资源的筛选、过滤、净化和管理，使大学生生活在一个生态的媒体环境中，共同营造跨界思维的有效实现环境。

第三章　新媒体环境下高校思想政治教育的内容

第一节　新媒体环境下高校社会主义教育内容

高校网络思想政治教育的首要内容决定了高校思想政治教育的首要功能，即培养社会主义社会所需要的合格人才，合格人才的首要标准就是热爱社会主义。以社会主义为内容的教育，自然成为高校网络思想政治教育的重要内容。高校网络思想政治教育的社会主义教育内容，必须解决两个方面的问题：一是用什么样的社会主义教育内容教育大学生；二是这些社会主义教育内容在网络社会怎样体现。

一、高校网络社会主义教育内容的确定

（一）高校网络社会主义教育内容所依据的实际情况

1. 高校网络中的社会主义教育内容，必须根据高校学生的实际情况进行选择和确定

高校学生成长于互联网在我国高速发展的阶段，不仅“上网”成为他们重要的生活和生存方式，甚至一部分人对互联网产生了一定程度的依赖，而且在互联网中，他们毫无防备地接受各种各样的信息和文化。这种情况使得传统社会主义教育受到严重冲击。在二十一世纪，如何通过网络进行社会主义教育及进行什么内容的社会主义教育，就变得十分重要和迫切。

在新媒体环境下，对大学生进行社会主义教育必须以中国特色社会主义理论和实践为中心。因为在中国，只有中国特色的社会主义，才是既符合中国国情又符合中国人民利益的社会主义。

2. 科学社会主义从理论向实践、现实的飞跃是社会主义发展过程中的重大转折

从科学社会主义理论向社会主义现实的第一次实验性、试探性飞跃——“巴黎公社”开始，社会主义实践沉寂了几十年。近半个世纪后，终于开始了波澜壮阔地从社会主义理论向社会主义现实飞跃的历史进程。俄国 1917 年的“十月革

命”及苏维埃社会主义联邦国家的建立，中国社会主义革命及社会主义中国的诞生等，是这次飞跃的显著标志。列宁、毛泽东等是这次飞跃的主要推动者、完成者。二十世纪三四十年代，在世界的“东方”，出现了资本主义（帝国主义）统治的薄弱环节，再加上“东方各国”内部革命条件的成熟，以列宁、毛泽东等为代表的共产党人，基于实践条件，顺应历史潮流，成功地实现了科学社会主义理论向社会主义现实的飞跃。从二十世纪初到二十世纪七十年代末所进行的从理论到实践、到现实的第二次飞跃，意义非常重大。从社会主义发展进程来看，它是社会主义走向现实、走向成熟、走向人类的关键一步；从人类历史来看，它极大地改变了人类社会的格局和进程，开创了人类社会的新纪元。

我们现在回过头来看，社会主义从理论到实践、再到现实的第二次伟大飞跃存在局限性和不足，这种局限性和不足，虽然不影响第二次的伟大飞跃及历史意义，但却影响着第二次飞跃的完善和成熟，也影响到其间社会主义建设的实践。第二次飞跃的局限性和不足，主要来源于两个方面：理论方面和实践方面。从理论方面来说，主要是对马克思、恩格斯科学社会主义的僵化理解。由于第二次飞跃的主要任务是实现实践上的飞跃，人们的精力都集中于社会主义革命和建设的实践，对理论的探索和完善重视不够，并常常给予忽视。当时的社会主义实践者的首要任务就是把马克思、恩格斯在理论上所论述和描绘的社会主义变成现实中的社会主义。而马克思、恩格斯社会主义理论上的一些特点必然影响到社会主义建设的实践。这是因为：①以苏联、中国为代表的社会主义国家都诞生在经济文化相对落后的“东方国家”，使社会主义实践出现了不同于社会主义一般性的特殊性，而马克思、恩格斯更多地研究了社会主义的一般特征，对社会主义出现的特殊性缺乏深入研究；②社会主义变成现实后，资本主义仍然在不断发展完善，出现了资本主义和社会主义共存共处的特殊局面，而马克思、恩格斯更多地研究了资本主义和社会主义前后取代及对立关系，对社会主义与资本主义的共存共处没有充分估计到，更没有深入地论述等。马克思、恩格斯社会主义理论的这些特点，加上社会主义早期建设实践者的一些僵化理解，使社会主义实践出现了重革命、轻建设；重社会主义制度的建立建设，轻社会主义本质的逐步体现；重社会主义与资本主义的全方位区别甚至对立，轻社会主义与资本主义的共存共处中的联系、影响和共性；重社会主义实践的普遍模式，轻社会主义建设的个别特色等。

（二）中国特色社会主义理论和实践的教育是社会主义教育的核心

中国特色社会主义理论的创立和中国特色社会主义实践的开创，实现了社会主义理论和实践发展过程的又一次伟大飞跃。这一次伟大飞跃，不仅带来了中华民族的伟大复兴，而且极大地推动人类的进步事业，最终把世界社会主义运动带向新的高潮。要进行中国特色社会主义教育，必须着眼于以下两个方面。

1. 中国特色社会主义探索特殊环境的教育

中国特色社会主义建设是在一种非常艰难的情况和环境下进行的。首先，经过几十年社会主义建设的曲折过程及其一些失误，使社会主义与发达资本主义国家拉大了差距，影响和损害了社会主义的形象，动摇了人们对社会主义的信心。其次，苏联解体后，两极世界格局发生了明显改变，西方资本主义国家，特别是唯一的超级大国——美国，明显加快了谋取世界霸权的步伐，与此同时，由于冷战与对抗的结束，世界进入了以和平与发展为主题的时代，经济全球化、政治多极化、文化多元化等趋势明显加快。正是在这样一种极为严峻、复杂的情况和环境下，社会主义发展过程中的又一次伟大飞跃大踏步地开始了。

2. 中国特色社会主义历史地位的教育

中国特色社会主义是社会主义发展过程的第三次伟大飞跃，是一个纵向飞跃和横向飞跃相互交织、相互促进的丰富过程，正是这一特点，使第三次伟大飞跃成为社会主义发展过程中最充实、最成熟、最能体现社会主义本质、最能增强社会主义生命力、最能对人民群众产生吸引力的一次飞跃。

（1）第三次飞跃首先是纵向的飞跃：纵向的飞跃由两条主线组成，即理论上的纵向飞跃和实践上的纵向飞跃。理论上的纵向飞跃主要是指从过去被人们僵化了的社会主义理论向中国特色社会主义理论的飞跃。实践上的纵向飞跃主要是指过去僵化的社会主义实践向创新的社会主义实践的飞跃。

（2）第三次飞跃还是一种横向飞跃：横向飞跃包括两个过程，即理论向实践的飞跃和实践向理论的飞跃。首先，新的实践方式催生新的思维方式，新的实践经验培养新的理论观点，新的实践需求推动新的理论的产生。其次，在实践向理论飞跃的过程中，每一个重大理论观点的诞生和被掌握，都及时变成了亿万人民手中强大的思想武器，都变成了亿万群众实实在在的实践，并通过群众的理性实践不断推动着社会的进步。

（三）始终以中国共产党领导核心的教育为重点和前提

中国共产党的执政地位是中国人民和中国历史的必然选择。中国共产党过去是新民主主义革命和社会主义革命的中流砥柱，现在则是中国特色社会主义事业的中流砥柱。坚持党的领导，既是中国共产党本身建设的基本要求，也是中国特色社会主义事业和中国梦的必然要求。中国共产党之所以是中国特色社会主义事业的坚强领导核心，是因为：①中国共产党是科学理论武装起来的党，有着科学的世界观和方法论，重视理论的发展和创新，能够通过科学理论教育使全党和人民真正变成高度自觉的力量；②中国共产党是能真正代表中国最广大人民根本利益的党，能够为了人民的利益，去科学揭示和遵循社会发展规律，能够根据先进生产力发展要求和先进文化发展方向，建设自己，制定全面推动社会进步的路线、方针、政策；③中国共产党有着广泛的阶级基础和群众基础，能够最大限度地调动各种社会主体资源的积极性和创造性，使中国特色社会主义事业在充满生机和活力中不断开辟新的道路。

二、社会主义教育内容在网络中的特殊体现

社会主义教育是思想政治教育的重要内容，当然也是高校思想政治教育的重要内容，但在网络中面对当代大学生所进行的社会主义教育内容，就必须具有特殊的表现形式，即根据网络特点和网络受众的需求进行转换。我们认为，社会主义教育内容在网络中至少应当体现为以下三个方面。

（一）网络社会主义教育内容的理论体现方式——以理服人

社会主义是科学的理论，也是具体的实践，而科学的理论应当通过理论教育的方式来进行。网络社会主义的理论教育方式就是指将社会主义教育内容涉及的基本观点在网络上以理论的方式传播给网络受众。当代大学生既是社会中的高素质人群，又是社会中最重要的网络受众，他们有足够的认知能力和一定的经验基础来通过理论方式接受社会主义教育。网络社会主义的理论教育具体表现为：建立专题红色网站进行社会主义理论教育，包括理论文章的浏览与下载，理论观点的讨论与交流，经典著作、文献的索引与链接等；建立专题栏目与板块进行社会主义的理论教育，只要是中国行政区域内的网络，都应当有义务在各自的网站、网页上建立专门的栏目和板块进行社会主义的理论教育，使网络受众能够在网络浏览中有机会接触到传播社会主义的一些理论观点；建立各种相关链接，使网络受众能够通过相关链接进入社会主义理论教育的界面和相关网络信息中去。

（二）网络社会主义教育内容的实践体现方式——以情动人

社会主义是科学的理论，但也是具体的实践。而具体的实践都是由具体的人物、事情、情节、时间、地点等组成的活生生的过程。社会主义的实践过程既包括革命先烈为了建立中华人民共和国而进行的艰苦卓绝的斗争历程，也包括人民群众为了建立和建设社会主义而进行的波澜壮阔的实践过程。网络社会主义教育内容的实践体现方式，就是将这些实践信息通过网络传播给网络受众，让他们通过实践而震撼，通过实践而共鸣，最后达到社会主义教育上的以情动人。网络社会主义教育的实践体现方式主要包括：社会主义实践历程的网络文字传播；社会主义实践历程的网络图画传播；社会主义实践历程的影视方式转播；社会主义实践历程的音乐方式传播等。网络的特点使它总体上不适合纯理论性的教育，但更适合实践性教育，只要让大学生网络受众置身于社会主义的实践氛围之中，他们就会在实践熏陶中接受教育。

（三）网络社会主义教育内容的参与体现方式——自我教育

网络社会主义教育内容的参与体现方式是指让大学生网络受众直接参与社会主义具体的建设过程，在具体的社会主义建设过程中自我接受教育。随着网络的发展，社会主义建设的网络方式非常多，如在电子政务、法律草案的网站征求意见，对社会重要事情、事件的讨论，对干部任免前的网上公示，对某些事项的网络投票等。大学生网络受众是社会主义建设的未来栋梁，也是当前社会主义建设的参与者，应当积极参加和参与社会主义建设的网络实践，如对电子政务中某些问题的质询、对法律草案的建议和意见、参与社会问题的讨论、对网上公示的关注和投票等，通过这些活动，把自己直接变成社会主义的建设者、参与者，并在具体参与和建设过程中自我接受社会主义教育。

第二节 新媒体环境下高校网络道德教育内容

道德教育永远是思想政治教育的重要内容。由于道德是一个历史的社会的范畴，在当今中国进行的道德教育，必须是以服务于中国特色社会主义建设和实现伟大中国梦作为道德教育的根本内容。与此同时，网络思想政治教育中的道德教育，必须包括两大组成：一是通过网络进行的具有社会普遍性的道德教育；二是网络本身的伦理道德教育。

一、积极进行网络爱国主义教育

爱国主义是社会最基本、最重要的道德规范，也是个体最基本、最重要的道德要求。由于网络是一个没有国界的世界，容易使人忘记自己的国别身份，而大学生是最重要的网络受众，所以高校网络思想政治教育中的道德教育必须突出爱国主义教育。

（一）爱国主义是当代大学生必须具备的道德品质和人格精神

当代大学生是中华民族未来的栋梁，是中华民族精神的传承者，是中华民族真正屹立于世界强国之林的实现者。当代大学生身上是否具备民族精神，直接关系到其肩负的神圣使命能否完成的关键。民族精神是一个民族在长期的生产和生活实践中形成与发展的内在品质、心理特征、精神风貌、价值取向和人生追求。民族精神的实质是爱国，“爱国主义，始终是中国青年运动的旗帜”。进行爱国主义教育的最好教材就是中华民族为实现民族振兴和人民幸福而奋斗的伟大实践。

1. 中华民族几千年文明史是进行爱国主义教育的基本教材

它可以让大学生了解民族、理解民族、归属民族、热爱民族。中华民族几千年文明史所展现出的文明漫长性、连续性、创造性、放射性和辉煌性等特征，必然会激发大学生的民族认同感、民族自豪感和民族自信心。

2. 中华民族近代史是对大学生进行爱国主义教育的重要教材

中华民族近代史，既是外国列强不断奴役中华民族的历史，也是中华民族奋起反抗捍卫民族尊严的历史。通过中华民族近代史教育，增强大学生的民族危机意识和忧患意识，培养大学生的民族使命感、责任感。

3. 中国共产党领导的社会主义革命和建设的历史是对大学生进行爱国主义教育的现实教材

从新民主主义中国到社会主义中国、从模式化的社会主义中国到中国特色社会主义中国，中国共产党领导中国人民进行艰苦奋斗，使中华民族发生了翻天覆地的变化，使中华大地焕发了勃勃生机，这一现实教材可以使大学生增强报效祖国的自觉性。

网络爱国主义教育首先是将爱国主义教育的上述活生生的教材展现在网络上，使网络界面、板块、链接等具有爱国主义教育的活教材。在此前提下，网络爱国主义教育必须使大学生用爱国主义道德规范自己的网络行为，使每一个大学生的网络行为变成网络爱国行为。

（二）弘扬与培育民族精神是网络爱国主义教育的重要内容

民族精神是一个民族在长期的共同生活和共同的社会实践基础上形成和发展的，为本民族大多数成员所认同和接受的思想品格、价值取向、道德规范，是一个民族的心理特征、文化传统、思想情感等的综合反映。民族精神，不仅是一个民族告别落后、走向文明进步的强大动力，而且是维护一个民族稳定和发展的强大精神支柱。经过五千多年的历史积淀，中华民族形成了以爱国主义为核心的团结统一、爱好和平、勤劳勇敢、自强不息的伟大民族精神。

青年人是民族精神的继承与发扬者，大学生网络受众，作为社会有知识的群体，更应该成为民族精神的体现者和传承者。正因为如此，网络应当成为弘扬和培育伟大民族精神的重要场所及途径。网络的多媒性、互动性等使它更有利于民族精神的传播和培育。不管是专门的红色网站，还是所有的一般网站，都应当把传播和培育民族精神作为自己的神圣使命。高校网站更应当通过多种多样的形式将伟大的民族精神转换成网络教育资源，创造出大学生网络受众只要上网就能受到民族精神熏陶和洗礼的网络环境。

二、大力开展网络伦理道德教育

随着网络的迅速发展和广泛应用，网络正在对人类产生越来越深刻地影响。大学生是最早接触和接受网络的群体之一，且上网人数逐年剧增。他们的思想道德素质不可避免地受到网络的影响：一方面，网络文化有助于大学生形成时代需要的某些道德素质；另一方面，网络中的不良因素又对其道德价值观的形成产生消极影响。高校教育工作者肩负着培养具有良好道德品质的社会主义建设的高级专门人才的使命，必须对此进行分析研究，探索网络时代在校大学生的道德教育的有效措施，做到趋利避害，使网络为大学生的健康成长服务。

（一）积极培养当代大学生健康的网络意识和网络人格

网络社会具有开放性、自由性、虚拟性、多元性的特点，它使人们的交往突破了物理时空的限制，向人们展示了一个由多元文化构成的世界，为大学生的生活和学习提供了极大的便利和乐趣，也对参与其中的大学生形成和发展时代所需要的某些道德素质起到了积极的促进作用。

1. 独立意识

在传统的教学中，大学生的学习和生活都有教师进行较为全面的安排、指导和管理，遇到难题有教师帮助解决，这种模式容易养成学生的依赖性和被动性。而网络是基于资源共享、互惠互利的目的建立起来的，没有中心，也没有统一的管理者，网民必须“自己为自己做主”“自己管理自己”，自觉地做网络的主人。在这个比现实世界更为广阔的虚拟空间中，大学生可以自主选择自己喜欢的学习内容和形式，自主决定所要访问的网站，自主接受不同的信息，主动进行分析比较。当然，他们也需要自己独立面对和解决在传统教学中没有遇到过的问题和困难，这种生存方式将大大促进大学生独立意识的发展，对培养和提高他们独立分析、判断和解决实际问题的勇气和能力大有裨益。

2. 平等意识

网络具有参与上的平等性和交流上的平等性。在网络社会，不管一个人身处何方，身份如何，只要能够操作上网，就可以在网上发表自己的见解，平等地共享网上信息资源。网络社会的信息丰富、资源共享和自由沟通将彻底摧毁传统社会金字塔式的自上而下的交流结构，使人们能够在同一平面上，以互相平行、交互的方式从事信息的生产、交流与利用。网络的这种无中心和平等性表明：物理空间的等级制度在网络上失去了意义，权力、阶级、阶层乃至地理位置、国家、民族的界限在网络中被打破。网络社会，没有人能享有比其他人更多的特权，每个人都可能成为网络的中心，人与人之间趋于平等。大学生在网络空间遨游，自然能受到这种弥漫在网络空间的平等意识的熏陶。

3. 民主意识

网络具有自由性。在网络中，不分尊卑贵贱，不受时空限制，不必顾虑世俗的利害冲突，每个人在利用它时都可以与对方处于完全平等的地位，可以自由地上传、发布信息，表达自己的见解，也可以自主选择信息，自由地漫游世界，从中享受到信息接收者和传播者双重身份的乐趣。网络中也不存在权威和学生的区别，不必一味被动地听从权威的教导。只要真实合理，就会被认可和接受；如果虚假伪饰，就会受到唾弃和批判。这打破了传统媒介单向传播、被动接受的局面，必将极大地激发大学生积极的参与热情，锻炼和提升其民主意识。

4. 开放精神

在传统社会中，大学生的生活圈子局限在家庭、学校、社区等范围内，交际范围主要由同学、老师、亲友构成，“熟人社会”成为其成长的外在环境，对其个性心理特征、行为方式、道德素质的形成起着重要的影响作用，使其带有一定的地域特征。而在网络社会中，信息的传播突破了地域和时间的限制，借助于先进的电子技术手段，大学生们可接触到世界上最新的软件和资料库，学习当代最新科学技术成果，了解不同国家、不同民族的不同的价值观、风俗习惯、生活方式，结交居住在世界各地的网友，这就为大学生学习和积累社会知识提供了更为广阔的社会环境，强化了开放意识，铸就了时代所需要的开放精神。

5. 创新精神

在传统的教育中，教师是施教者，学生是受教者，教师往往是单向灌输式教育，学生则处于被动地位，即使是进行道德教育、做思想工作，也往往是采用“我灌你听、我说你服、我令你行”的方式，加上中国传统文化和思维方式的影响，使学生比较习惯于服从与接受。我国学生基础知识扎实，但缺乏创新精神和创造意识。而在网络社会中，学生获得了更大的主动性、更多的选择性，学生可以从丰富的网络信息资源中汲取知识，完善知识结构，还可以通过与众多网友的信息交流，在平等的气氛中相互学习、相互探讨，去发现问题、解决问题，这种交互式的网络思维有利于学生积极探索、大胆尝试、不断开拓。此外，网络展现的是一个开放性的世界，学生从中可以真切地感受到高频率的技术更新和高节奏的技术创新，从而激发其强烈的求知欲望，促进其创新意识的觉醒。

（二）不断消除大学生网络人格的扭曲因素

由于网络是一件新鲜事物，网络的特点、作用还没有被充分地了解和正确地对待；同时，在浩如烟海的网络信息中，充斥着许多不良信息，充满了诱惑，这些信息对大学生的思想道德素质会产生负面效应。

1. 不利于大学生网络受众人格的健康发展

置身于网络无边无际的信息海洋中，人会感到自己的渺小，这可能催人奋进，也可能使人内心充满无助和无奈，产生自卑、压抑心理。网络又是虚拟的世界，信息的传播方式表现为一种符号化的交流，在现实交往中备受关注的人的特征都能借助于虚拟技术得到充分地隐匿和篡改，人们可以任意创造自己喜欢的角色在网上从事活动，这种虚拟的身份使一些人做出了在物理空间的“熟人社会”难以做出的事情。网络还具有高度综合性、声像多维一体化和高度图像化的特点，如果过多地依赖电脑网络，脱离现实社会，会导致人的社会互动能力、思维能力、表达能力、实践能力、社交能力下降，因此，终日沉迷于和个人终端打交道，将大量时间耗费在网络上，把感情沉浸在网络内容中不能自拔，会使人变得心灵扭曲、行为古怪，忘却现实烦恼的同时也忘却了对现实社会的责任，最终导致道德情感冷漠和道德人格发展畸变，不利于大学生健全人格的培养和形成。

2. 不利于大学生网络受众的科学道德价值观的建立

网络是开放的、自由的空间，网上信息言论自由、传播速度快、效率高、掩护性强，且目前尚未建立或形成有效的管理机制，这使得网络空间信息良莠不齐，其中不乏资产阶级自由化思潮、拜金主义和享乐主义的思想。由于世界各国和各地区对不良文化的认定尺度存在差异，有的对这些文化的传播还有各种制度的保证，更使其在网上四处蔓延。大学生在网上有意无意地浏览到这些不良信息，有可能会使其价值观受到腐蚀。另外，由于网络缺乏统一的普遍适用的网络道德体系，当网络把异质的思想观念、价值取向、风俗习惯、道德文化呈现在人们面前时，网上这种多元的道德价值观并存的状况就为人们提供了多种道德选择的可能，也使政府、学校甚至社会传统一直灌输的道德观念仅仅成为一纸空文。由此造成的道德评价失范、道德相对主义可能导致大学生道德选择的迷惘和价值取向的紊乱。

3. 不利于培育大学生网络受众的集体主义和社会秩序的道德良知

在网络中，没有一个最终的管理者，所有的人都是网络的一部分，都是自己的领导，因此，网络是一个真正“自由”、彻底“民主”的地方，任何人都可以按照自己的思维和逻辑说任何话、做任何事，这易使网络成为滋生无政府主义的场所。而大学生由于缺乏深厚的理论根基和丰富的人生阅历，身心发展尚未完全成熟，虽然对信息的自主选择意识大大增强，但对网上信息的正确辨别、判断和选择能力不足。长期接触互联网，容易被表面现象所迷惑，受网上内容所隐含的意识形态冲击，可能会使社会和学校教育中推崇的集体主义受到不同程度的消解，导致个人主义滋生蔓延。大学生是受教育程度较高的极具现代意识的群体，无政府主义和个人主义对他们思想的侵蚀，会造成更大的社会危害，必须引起足够的重视。

4. 不利于培育大学生网络受众的法纪意识

由于网络社会主体的行为隐秘性强，取证困难，缺乏有力的监控机制；网络的数字化交往方式，又使主体无法直接感知自己应承担的责任，以为自己的所作所为只是敲击了几下键盘、点击了几下鼠标而已，易于引发网络犯罪。网络犯罪主体以青少年为主，且大多数是精通电脑的学生。在当前的互联网上，还存在着不健康的网址，这些信息包装精巧、修饰华丽，并辅以迷人的形象、刺激的场面和离奇的情节，对青年学生有极大的诱惑力和欺骗性。有些意志薄弱者就可能在这些不良信息的暗示和诱惑下，由欣赏走向趋同，由无意识模仿走向有意识追求，以致滑向犯罪的泥潭。

（三）从“慎独”教育着手，加强大学生网络诚信教育

在网络伦理道德教育中，网络诚信教育格外重要，这不仅因为诚信是社会，尤其是市场经济健康运行的基本，而且还因为网络社会存在着诚信危机。网络行为中所表现出来的诚信问题也日益受到全社会的普遍关注，以网络为载体和手段，现实社会中的诚信问题也在虚拟的网络社会中普遍存在。当前互联网上的诚信问题概括起来主要有八种表现：把关不严，片面追求轰动猎奇，网上“假新闻”时有发生；漠视知识产权，侵权现象普遍存在；格调不高，内容低俗，不良信息危害社会；网络短信面临诚信考验；垃圾邮件泛滥，收费邮箱强卖增值服务；广告失实，在线购物、网上拍卖时有陷阱；网络游戏规则失信；在线电影服务质量不高。不难看出，网络的诚信问题与现实的诚信问题是密切相关的，与现实的诚信问题既有本质上的一致性又有表现方式上的独特性。

互联网作为网民获取信息的主要渠道，其公信力仅次于电视，是网民信任的第二大媒体。大学生是网络的主力军，网络诚信状况严重影响着大学生的诚信品质。大学生是社会最有文化、最有活力、最有抱负的群体，应该成为社会诚信、网络诚信建设的推动者、身体力行者，成为网络诚信的表率。在网络诚信教育中，要重点进行“慎独”教育。“慎独”一词，始于《中庸》：“君子慎其独。”是指在无人监督、个人独处时，自己能谨慎小心，防止违背道德的观念或不符合道德要求的言行，自觉遵守道德规范，做一个真正的道德高尚的人。“慎独”内涵极为丰富，包含着慎始、慎微、慎隐、慎言、慎欲、慎辨、慎终等具有积极意义的道德精神。在网络迅猛发展的今天，基于网络世界特殊性，借鉴传统“慎独”蕴涵着的这些精神教育上网大学生，将成为一种提高大学生网络道德修养、落实大学生网络道德教育实效的新的实践方法。

1. 通过“慎始”教育，培植大学生良好的、正确的网络道德理念

慎始，即谨慎地开头，开始就要做好。道德修养必须迈好第一步，慎重第一次，抓住第一道防线，不从“一”破例。如果开始没有做好，那结果很难成功。因此，做任何事情，皆当慎其始。大学生心理不够成熟，社会经验不足，认识水平相对较低，喜欢追求新鲜、刺激和冒险。在开放的网络环境中，对网上环境的复杂性、交往特点及危险性认识不足，容易不经意冒出一些不良的念头，做出一些不符合规范的行为，甚至形成一些错误的网络道德理念，如认为网络交往无须遵守诚信和社会公德、网络黑客技术高超令人佩服等。由此，在他们一开始踏上网络征程之时，注意加强“谨慎开始”的教育是相当必要的。“谨慎开始”教育

是一个基础性教育，它要求抢先于网络技术教育，这种教育的内容主要包括：一是加强网络道德知识的教育，让青年学生充分认识到网络作为第二生活和学习环境，同现实世界一样，要求所有加入者都必须具备正确的网络道德观念。我们一旦踏进网络世界的领地，就应该了解网络道德的规范内容，遵守相应的网络道德规范。在网络中不应随心所欲、为所欲为，而应注意摒除不善的想法、收敛自己可能的失范行为。二是加强“开个好头”的观念教育，努力克服任何企图违背网络道德要求的“闪念”，注意不要为不良诱惑所打动，保证自己思想上不打开缺口，行为上不留下斑渍，不迈出不道德的第一步，自觉克制产生的任何初始杂念，防止“其始小洞不补，而后大洞一尺五”的可能趋势，从而形成良好正确的网络道德认知。

2. 通过“慎微”教育，培养大学生“恶小不为”的网络道德意识

慎微，即谨慎那些看似微不足道的细枝末节，以防造成巨大的错误或损失。《太公金匮》云：“道自微而生，祸自微而成。”实际上小与大、微与巨常常是分不开的。小者大之源，微者巨之端；没有小，就没有大，没有微，就没有巨；大因小而生，巨由微而成。水滴甚微，积之成渊；土尘甚微，累之成山；解步甚微，积以千里；小善甚微，累成大德。结合“慎微”思想教育上网青年学生，便能较好培养其“微处自律”的精神，认真做好对网络小破坏的防范工作。

（1）教育上网青年学生不要低估“微”所蕴藏的巨大能量，自觉形成“恶小不为”的正确认知。互联网由很多局域网所构成，采用离散结构，不设置拥有最高权力的中央控制设备或机构。无论是谁，都可以在网上自由发表见解，并能即刻被世界上千千万万的人所看到，任何细小的破坏行为都能随时传遍各地，造成对整个网络的巨大影响。针对这些细节，引导青年学生自觉冲破“网络可为小恶”的认识误区，并从中走出来，就显得相当必要。

（2）教育上网青年学生时刻谨慎自己网络行动的细枝末节，自觉防微杜渐。互联网没有中心，没有明确的国界或地区界限，缺乏有效的监控机制，人们甚至可以随意地在网上做出破坏行为。只要通过“慎微”教育，使其重视自身行为的细微之处，规范和约束自身网络行动的细节，尽量降低自己为恶的可能性，就能自觉防微杜渐。

3. 通过“慎隐”教育，引导青年学生自觉践行网络道德的规范要求

慎隐，即在隐处自律，在缺少监督、不会为人发觉可能做坏事的情况下，做到不自欺，不昧良心做坏事。这是“慎独”的最基本要求，也是恪守“慎独”的硬功夫。结合“慎隐”思想来教育上网学生，可以更好地引导他们自觉遵守和践行网络道德的规范要求。

（1）教育青年学生准确理解网络特性，明确自觉遵守网络道德要求的根本原

由。网络既然以虚拟为基本技术支撑，就具有明显的隐匿性特征。青年学生以一个“符号”为身份在网上活动，直接通过电子邮件交流思想，隐名或不隐名地在网上聊天室、网络电子公告牌上敞开心扉交谈感受，其责任感和对惩戒的担心被大大消除，网上行为变得极为“隐匿化”和“非实体化”，现实生活中的道德法律环境在网上构建不易，直面的道德舆论抨击难以进行。故而，对网络道德规范的遵守就只能依靠个人的自觉。

（2）教育青年学生正确认识网络环境，自觉落实遵守网络道德规范的实际行动。“慎隐”思想提醒人们无人境地仍有“天知地知，你知我知”。网络环境亦如此，其虽具有隐匿特性，但名隐而实不隐。在人所不知的网络世界，人们必须自觉遵守网络“交通”中的规则，考虑到其他网络参与者的存在和负担，认识到作为一个自由徜徉于网络海洋中的用户，虽可以被允许以不露面的方式接近其他网络或者连接到网络上的计算机系统，但决不能超出每个网络或系统自己的规则和程序，网络之中一定要做好隐匿的自律。

4. 通过“慎言”教育，敦促青年学生认真做好网络言论的文明诚信

慎言，即在没有约束的独处之地谨慎自己的言语，勿放纵。一旦开口，则“口无戏谑之言，言必有防”[①]，“言必有中”，说到点子上，既不失人，也不失言。否则，言语不慎，最为祸胎。互联网提供给人们更自由表达自己思想的空间，人们身处其间完全可以轻易就一个问题发表自己的言论。于是，谣言、谩骂、鄙俗之言随处可见，形成大量“网络垃圾”。加强对上网青年学生的“慎言”思想教育，可以促使其认真做好网络言论的文明诚信。

（1）教育青年学生正确认识网络言论不慎带来的严重危害性。网络需要积极健康的语言环境，如果网上经常有谣言惑众，人们就会视网络如畏途而加以排斥，整体网络用户将会锐减，导致网络经营难以维持。由此，我们在网上一定要注意管住自己的口，严格自律，积极履行维护网络信用的义务，不造谣、不传谣。对自己不能准确判定的事物、观点和现象，不在网上随意评论，不发表不负责任的言论，不“信口开河”地乱说一通，也不传递来路不明、是非模糊的信息。

（2）教育青年学生准确理解网络语言的特性，自觉做网络言论文明诚信的使者。网络语言不等同于现实生活中的那种没有任何回应的单向传输性的命令语言，而是一种基于双向甚至多向传输的互动语言。在网络中，语言的作用远远大于人的作用，不是人控制语言而是人反被语言所控制；不是“我在说话”而是“话在说我”，人们在网上进行的交流、对话、沟通、理解等活动都是借助语言来

① （汉）徐干．中论［M］．龚祖培校点．沈阳：辽宁教育出版社，2001．

“牵线搭桥”的。想要体现出对他人人格的尊重，人们在网上就必须自觉谨慎而言，只有这样，才能做一名言之有物、言而有信的网络文明传递者。

5. 通过“慎欲”教育，着力增进青年学生抵御网络诱惑的自控能力

慎欲，意思为慎过分之欲、不正之欲，即慎重对待各种可能违背道德、有悖良心的感性欲望。古人云：“鸟栖于林，犹恐其不高，复巢于木末；鱼藏于水，犹恐其不深，复穴于窟下。然而为人所获者，皆由贪饵故也。”“欲不除如蛾扑灯，焚身乃止；贪无了如猩嗜酒，鞭血方休”早已是中国一句古老而影响深远的格言，是古人对“贪欲量变不觉悟，铤而走险止不住”的深刻阐述。五彩缤纷的网络世界并非一池静水，亦非世外桃源，在其绚丽多姿的背后往往暗流涌动。面对网络中太多的诱人“小甜饼”，不让青年学生上网，不让他们接触网络的办法是注定要失败的，唯一选择是与“慎欲”教育结合，增进其抵御网络诱惑的自控能力。

（1）教育青年学生认识“欲”的负面效应，确立正确的动机和网络行动目的。网络中包装精美的信息随时都在诱惑上网的青年学生，并可能将他们不断引入消极颓废的境地。只有通过准确认识欲望的负面效能，不断修正自己的认识过程，使正确的认识动机不断战胜错误的认识动机，才能达到确立正确网络行动的目的。

（2）教育青年学生自觉克制欲望冲动，逐渐磨练抵御网络诱惑的坚强意志。青年学生自制力不够成熟，往往经不住网络信息的诱惑，对网络信息常常感到新鲜、刺激，产生兴奋和冲动，容易陷入网络的虚拟世界，经常怀着好奇的心理去寻找一些不健康的信息进行阅读，长此以往便沉迷于此，上瘾堕落。这多体现为他们意志力薄弱，缺乏坚持精神，不能自我克制，不能自律。要解决此问题，关键就是教育他们随时随地自觉克制欲望的自由冲动，增强自己的意志能力，形成坚忍不拔的道德精神。

（3）教育青年学生理智对待欲望，培养自我控制和自我监督的能力。青年学生在光怪陆离的网络世界里遨游，有一定的欲望并不可怕，只要理性地认识欲望，不任其自由放纵，就能培养自己的自我控制和自我监督能力，就能在网上的西方价值观、腐朽生活方式以及不健康信息面前，自觉地抵制诱惑，免于成为“迷途的羔羊”。

6. 通过“慎辨”教育，使青年学生养成高度科学的网络理性思维

慎辨，即谨慎辨析身边事物的是非曲直。荀子云：“辨异而不过，推类而不悖，听则合文，辨则尽故”“辞多类非而是，多类是而非。是非之经，不可不分，此圣人之所慎也。然则何以慎？缘物之情及人之情，以为所闻，则得之矣”[①]。

① （战国）荀子．荀子［M］．曹芳，译．沈阳：万卷出版公司，2020．

即面对别人的流言蜚语或传闻是非，不能人云亦云，轻信盲从，一定要根据自然和人事的情理谨慎辨析，弄清真相。互联网上的某些机构和个人基于某种目的故意散播错误和虚假的信息，导致网上客观存在思想政治斗争的现实，此时特别需要青年学生具有一种科学的网络理性思维方式，而这种思维方式是可以通过加强“慎辨”思想教育实现的。

（1）教育青年学生学会识别网络信息，独立分析和判断网络信息。当人们坐在计算机前，面对由数字化处理的符号系统组成的各种网页时，由于网络中的海量信息，缺乏必要过滤其所搜索和阅读的信息可能不具真实性，并且其中有些信息是错误和虚假的。这便需要教育青年学生学会认知与辨别，分清网络信息的真、善、美与假、恶、丑，坚持用马克思主义的立场、观点和方法武装头脑，在各种知识、信息、社会思潮的相互碰撞、比较中识别优劣、准确分析，并独立对各种网络信息做出正确地判断。

（2）教育青年学生坚定自己的认知方向，对虚假错误信息视而不见。面对互联网络，青年学生必须保持清醒的头脑，对网络信息作审慎处理，不要盲目听信网络信息，也不要分散大量精力、耗费大量时间沉溺于对网络信息的猎奇，应该在网络中侧重寻求有用信息，对垃圾信息视而不见。

（3）教育青年学生学会网络信息选择。学校网络道德教育不光是要求学生接受几条简单的道德规范，还要培养他们的道德主体性，“将学生从信息的洪水中拉上岸来，吐出呛入口内的污水，教他们如何在这随时可使人遭受灭顶之灾的信息洪流中找到自己真正所需要的那一点点东西”。这样才能使其网络理性思维的科学高度变得更成熟。

7. 通过“慎终”教育，养成青年学生持之以恒的网络道德修养习惯

慎终，即谨慎对待结果，始终如一，一辈子都不做坏事，保持崇高的人格风范，这是完美人格的最高体现，是恪守“慎独”的美好结局。从始到终的过程很漫长，其间会碰到很多诱惑，遇见很多挫折，赶上很多困难，如不能持之以恒、坚持不懈、一以贯之，就可能虎头蛇尾、有始无终。其实，若想饱尝成功的喜悦，享受成就的快乐，就必须永不懈怠，永远保持起始的信念、精神和道德。网络时代的社会互动被赋予了新的内涵，青年学生结缘于电脑空间，形成“比特族”或“电脑族”，并且逐渐创造出一种全新的生活方式。在我国一些大城市，几乎100％的学生都在使用互联网，包括浏览新闻、使用电子邮件和游戏，甚至连一整栋宿舍楼都会有自己的网站。因此面对这些客观事实，结合“慎终”思想来教育上网的青年学生，便可时刻提醒他们保持清醒的头脑，持之以恒地进行网络道德修养。特别是随着互联网不断向前发展，上网人数不断增加，网络世界的情形会变得越来越复杂，更多的新的非道德问题和现象可能继续出现和产生，青年学生在进行重塑自我的网络道德修养实践活动时，只有紧紧跟随网络发展的整个进程，长期坚持不懈地根据网络道德提出的新要求、新情况，时时注意更新自

己的网络道德需求，处处以网络道德提出的最新标准严格自律，才能持之以恒地做好自身网络道德修养，达到“从一而终”“善始善终”的最高“慎独”境界。

第三节　新媒体环境下高校网络人格及心理教育内容

一、健康人格教育是网络思想政治教育的必要环节

大学生素质教育是引导青年学生成长成才的重要工作，而大学生素质结构是一个多要素的系统，只有政治、文化、科技、道德和心理等素质要素的协调发展，才能取得良好的效果。大学生人格的合理建构和健康发展是实现其素质协调发展的关键所在，是培养大学生的社会责任感、创新能力和社会适应性、实现素质教育目标的基点。根据心理学原理，大学生人格正处于形成的关键期，而人格的形成与环境及自我活动直接相关。当代大学生的生活环境离不开网络，所以，通过网络塑造科学的网络人格、网络心理就显得格外重要。[①]

（一）人格塑造

人格塑造在大学生素质教育中的地位重要、作用突出。人格是一个多义词，不同学科从不同的研究角度给人格所下的定义也不同。伦理学称人格为做人的基本道德品质；心理学称人格为人的各种心理特征综合；社会学则称人格为个人行为特质的统一性和固定性的配合形式。在素质教育的一般意义上，我们所理解的人格是人作为合格的社会成员所具备的基本条件，包括基础的认知能力、清晰的道德意识和稳定的心理状态，简言之，人格就是做人的基本资格及其所表现出来的精神面貌。从对人格概念的理解出发，我们不难发现人格价值之所在，人格价值是对做人的基本条件和基本精神的价值判断，即人的价值观。

人格价值决定了大学生成长成才的方向、道路和目标，决定了他们能否为社会、为祖国、为人民做出贡献。明确了什么是人格，什么是人格价值，也就明确了人格塑造在大学生素质教育中的定位。大学生素质教育以培养大学生社会责任感、创新能力和社会适应性为主要目标，显而易见，其中每一个目标的实现都不是靠提高或强化大学生某一方面的素质所能达到的。要实现素质教育目标必须提高大学生的全面素质，使他们素质结构中的各个要素协调发展。在人的素质结构中，起基础推动作用和协调各要素作用的就是人格。没有健全人格的支撑，人的

① 李林英，郭丽萍．新媒体环境下高校思想政治教育教学研究［M］．北京：人民出版社，2015.

素质结构就好比是没有根系的树木，树越高，树冠越大，越容易被风吹倒；没有人格的不断提升，人的素质发展就会出现偏向，形成素质“木桶理论”中的“短板”效应，使人们的发展空间和才智发挥受到限制。因此，大学生素质教育要以人格为基点，以“人格工程”作为基础性工程。

（二）人格塑造的误区

人格发展是一个自我完善的过程。在社会主义市场经济条件下，大学生的人格价值容易受社会利益机制驱动的影响而出现偏差，出现人格自塑中的误区。

1. 大学生主体意识越来越强烈，价值取向自我化，出现“唯我”人格

随着市场经济体制的确立，经济主体各自独立经营，相互竞争，经济运行的规则影响大学生的主体追求。网络的自由性和开放性更强化了大学生的主体意识，他们以市场经济运作的要求审视自身的价值，“以自我为主体”的人生价值观得到普遍认同，强调自己在社会生活中的主体性、能动性和独立性，在与他人、与社会的激烈竞争中塑造自我。在以实现自身价值为目标的人格追求中，大学生中出现了过于强调自我实现的倾向。有的大学生盲目进行自我设计，脱离社会现实，脱离自身条件，且对不同的人生见解加以排斥、唯我独尊。在社会不能满足其人生设计时牢骚满腹、垂头丧气，有的甚至自暴自弃，放弃人生追求，表现出“唯我”人格的典型特征。

2. 大学生对物质利益的要求越来越明确，价值取向功利化，出现“功利”人格

在市场经济条件下，经济主体对自身物质利益的追求成为市场经济运行的动力，这种经济上的利益驱动机制也投射到了大学生身上。而网络世界中利己主义人生观宣扬一切以自己好恶为标准，以自己损益为标准，这就使他们往往以自己利益的得失程度作为行为选择的标准，特别是在职业选择上，物质利益导向更加明显。透过表面现象，我们可以发现在大学生思想深处，存在着“合理利己主义”的思想，试图设定出既利人又利己的道德准则。这种设定有时在现实生活中难以实现，个人功利与时代功利还不能完全契合，时常激起大学生在“功利”人格的行为选择中的矛盾和痛苦。

3. 大学生受社会影响的因素越来越复杂，价值取向多元化，出现“多元”人格

伴随着社会主义计划经济向市场经济的转轨，社会经济、政治、文化等各个方面不断发生变化，原有的社会价值系统所依赖的社会生活基础的改变，使社会价值系统的作用力日渐衰弱，而新的适应社会转型的价值系统尚未有效地确立。更由于网络的多元文化并存，各种价值观杂陈，这种社会状况客观上使大学生的

价值观向多元化发展。因而，在大学生群体中呈现出不同的理想信念、不同的道德水准和不同的生活追求，人格自塑的超前性与务实性并存，人格目标的多样性与统一性交织在一起，此时，多元化的人格可能会导致大学生无所适从。

4. 大学生通过对我国政治历史的了解和反思，价值取向逆向化，出现“逆反”人格

大学生在网络上接触和了解许多未经点评、未加注释的所谓“历史事件”“历史真相”，一方面可能使大学生在政治上成熟起来，能够从当时的社会历史条件出发，分析党的政策和政治事件，看待政治领袖和党的干部，进行客观公正的评价；另一方面，又可能对过去的理想、崇拜、信仰逐渐淡化，加之社会现实中腐败现象屡禁不止，使大学生不再相信权威，不再期待完美，有的大学生则从对社会的顺从走向对社会的逆反。如果这种逆反倾向成为一种稳定的心理倾向，就形成了“逆反”人格。“逆反”人格实质上是通过反向社会倡导来平衡由于丧失完美目标而带来的个人烦恼和情绪，如不加以重视，任其发展，就可能导致对社会秩序的“违纪”和破坏。因此，用正确的价值观引导学生成长非常重要。

（三）引导健康人格的塑造，促进大学生素质教育培养

塑造大学生健康人格最根本的途径是引导和帮助大学生进行人格自我塑造。因为在人格形成和完善过程中起关键作用的是内因，通过外部所施加的影响必须转化为人的内在需要才能起作用。因此，在网络思想政治教育中，引导和推动大学生人格的健康发展是一项艰苦细致、意义深远的工作。要在肯定大学生正当、合理的物质和精神需求的基础上，坚持正确的人格方向，针对他们人格自塑中的误区，调整主导文化的内容、目标和手段，引导健康人格的塑造，促进大学生素质教育的培养。

1. 在网络思想教育中引导大学生崇尚集体，追求道德升华

集体主义原则是社会主义道德的基本原则，是教育和引导大学生如何做人的最基本的出发点，也是帮助大学生走出“唯我”人格误区的一剂良药。大学生作为思想最活跃、最容易接受新观念的群体，随着他们主体意识的觉醒，在市场经济大潮的冲击和自由网络的影响下，其价值取向和价值追求出现“唯我”和“多元”是可以理解的。大学生素质教育要以重塑集体主义观念和社会主义道德理想为核心，在网络思想政治教育中，充分发挥高校“思想政治理论课”的网络教育资源主渠道、主阵地作用，引导他们正确认识国家前途与个人命运、集体利益与个人回报以及理想与现实之间的关系，明确自己的社会责任。只有从集体主义原则出发，自觉将个人价值与社会价值有机统一起来，才能克服从自我出发的利己主义的不良人格倾向，从根本上扭转大学生的人格偏差。在教育和引导过程中，

要针对大学生的心理特点，研究他们的成长规律，将道德人格教育融入他们网络生活的各个方面，把一种属于个人的道德良心转换成有利于社会、有利于集体、有利于他人的精神能量，不断促进大学生道德升华。

2. 引导大学生崇尚奉献，争做时代楷模，认清奉献的真谛是无私的给予

在市场经济利益驱动和利益多元化的社会现实下，对民族利益的道德追求和对社会利益的道德认同是奉献精神的具体体现。在网络思想政治教育中引导大学生树立奉献精神，要从培养他们的道义感入手。道义感是一个人根据人类社会的伦理秩序逐渐生成并不断强化的一种道德情感，是维护人的尊严的心理需要，包括自尊和尊重两个方面的情感体验。因此，既要引导大学生的自尊体验，使他们通过对高尚道德目标追求的行为选择，在高尚的道德生活中获得极大的精神满足，又要引导他们从遵从社会道德规范和满足他人的道德需要中获得愉悦的情感体验，并将两种情感体验结合起来，形成强烈的道义感。通过对大学生道义感的强化，时代功利、社会效益成为他们首位的选择，而个人功利、经济收益则居于次席，从而消除和淡化大学生的“功利”人格，走出人格自塑的误区。

3. 引导大学生崇尚智慧，追求科学真知

智慧是思维质量的表现，也是人类社会的精神能量，社会对科学的需求、对知识的期待，体现了人类正在走向知识理性与科学精神的复归。知识经济时代的到来点燃了大学生探求新知、追求真理的智慧火炬，为引导大学生的智慧人格提供了最佳时机。而网络时代又为大学生获取知识，促进智能发展创造了条件。我们在网络思想政治教育中，要改变“工具性”的教育观念和教育方法，不仅要通过网络传播促进大学生对自然科学、管理科学和技术知识的掌握，吸收和借鉴西方现代科学技术和文化发展的先进成果，培养他们求真求是的科学精神，而且要通过网络注重引导他们从中国传统文化中汲取智慧，学习和继承东方文化的精华，增强文化底蕴，培养他们至善至美的人文精神。一个人生活在具有优秀文化传统的社会，不等于他就有深厚的优秀文化修养。大学生要学习中华文化的精华，需要像学习科学技术那样富有钻研精神，并自觉将传统文化的智慧融入自己的生活之中。大学生决不能满足于自己已有的专业知识和所达到的基础认知水平，要通过各种渠道扩大知识视野、刻苦钻研，按照二十一世纪人才的智慧标准进行自我人格塑造，掌握宽厚的自然科学、社会人文知识基础和求索知识、运用知识、创新发展、服务社会的观念与能力。大学生是民族的未来和希望，只有富于智慧的民族，才能屹立于世界民族之林。

4. 引导大学生崇尚完美，追求和谐发展

美学理论研究表明，完美永远都是相对的。大学生心目中不乏英雄人物为完美楷模，如雷锋、王杰、焦裕禄等一大批时代造就的光辉榜样。但随着市场利益导向的冲击和网络偶像的影响，他们心目中的英雄形象逐渐暗淡了，完美的价值坐标出现了错位。对此，在网络中要正确引导大学生对美好生活的渴望和追求，坚定对理想人格的信仰，确立新时代的完美价值，以促进人与自然、人与社会的和谐发展为人格追求目标，摆脱感性的盲从和物欲的诱惑，努力从自己的价值行为中提炼具有时代意义的精神素质。通过网络思想政治教育要使大学生懂得，只有顺应时代潮流，树立与社会发展要求相一致的完美目标，并朝着目标努力奋进，才能体现自身社会价值和生存意义。

二、心理教育是网络思想政治教育的重要一环

大学生处于心理发展过程中的特殊年龄阶段，心理上充满矛盾与挑战。在网络社会中，他们的问题有些得到了消除或缓解，有些则得到了强化。因此，努力寻找信息网络时代大学生心理健康的教育对策，是网络时代教育者要思考的一个全新课题。

（一）信息网络对大学生心理健康的消极影响

1. 信息网络导致大学生思维片面发展

网络是集文字、声音、图像于一体，构成一种立体化的传播形态，并且网络信息丰富且生动形象，它在开阔大学生眼界，帮助他们了解更多的新鲜事物方面起着积极作用。但是，网络传输的突出特点是高度综合性，超越了简单文字和静态图像的局限，它能使人们思维简单化、浅形化、直观化，这对大学生思维发展，尤其是对形式思维和辩证思维发展产生一定的阻碍作用。这是因为大学生在网上获取的各种信息具有高度综合性，因此就不再需要他们自己主动去概括、抽象、反省，甚至是努力寻求事物的本质。在这种情况下，大学生难以接收到能够挑战其思维能力（主要是形式思维能力）的刺激，久而久之他们会倾向于注重对事物的感知，而非理性的分析，其逻辑思维发展空间相对较为有限和局促。于是，他们往往拥有发达的形象思维能力，而想象力和逻辑思维能力却较差，对事物的认识能力肤浅化、感性化，难以把握事物的本质。同时网络信息的庞杂无序，干扰了大学生对有用信息的选择和吸收，也影响了大学生的思维向深度发展。

2. 信息网络造成大学生情感冷漠，处世态度消极化

信息网络的出现使人与人之间的交往方式发生了变革，在沟通感情方面也有

其独特之处。但网络交往在“人—机—人”的相对封闭的环境里，使人们在很大程度上失去了与他人、社会直接接触的机会，容易加剧人们的自我封闭，造成人际关系的淡化，出现人际情感的逐渐萎缩和淡漠。在现实生活中，有的大学生在人际交往中遇到冷漠和挫折，不是积极地去调节、完善，而是选择了放弃，转而沉湎于网络交往中，对身边的人和事漠不关心、冷漠无情，陷入孤立疏懒、空洞贫乏的人生状态和空虚苍白的心理状态。还有的大学生与现实生活产生距离感，他们从网络走出来的时候，对不理想的社会现实感到悲观失望，消极厌世。还有的个别大学生由于在网络上与志趣相投的陌生人交流的随意性和隐匿性使自己本身成为被侵害的对象。可见，即使信息网络能够使大学生在网上与更多的人建立信息交流，但也不能代替学生最直接的生活体验，因为直接交流的方式比网上交流的方式更复杂、更有人情味。

3. 信息网络引发大学生的人格障碍

网络是一个平台，为人们的交往提供了一个开放的、自由的空间，但网络也是一个屏障，它掩盖了人们的真实面目。网络社区的人际交流是在虚拟情境之下，人们各自戴着虚拟身份的面具进行交流活动，它缺乏现实生活中人际交流的真实感和确定性，使人与人之间的关系建立在一种极其脆弱的基础上。由于网络人际交往具有匿名性特点，一些大学生以为在网上对自己的言行无须承担责任，往往在言语上非常随意，容易形成攻击性人格。还有一些大学生在网上交际时经常扮演与自己实际身份和性格特点相差悬殊甚至截然相反的虚拟角色，同时拥有多个分别代表着不同身份和性格特点的网名。因而，他们时常面临网上网下判若两人，多重角色差异和角色冲突。当多重角色之间的冲突达到一定程度或角色转换过频时，就会出现心理危机，导致双重或多重人格障碍。

4. 信息网络诱发大学生的破坏欲望

每个人都生活在现实世界的不完美，即有限性与自身欲求的无限性的冲突之中，青年大学生尤为如此。这种冲突一旦失衡，就会转化为破坏欲望。在现实世界中，这种欲望会受到道德、法律、舆论等社会规范的约束而处于“蛰伏”状态，即使冲破社会规范得以发泄，也会因现实条件的限制而影响有限。但在信息网络这个几乎不设防的世界里，大学生“网虫”的所有言行都是通过敲击计算机键盘，向网络输送代码来实现的，他们所有的言行可以不留下任何痕迹，加上他们的自控力和责任感比较弱，因此极有可能在网络上充分地暴露压抑在心里深层的需要和欲望，完全按照自己的意愿做自己想做的事。我们不可否认大多数青年学生进入网络的初衷是为了享受现代科技发展所带来的成果，不断完善和发展自我。但是，随着网上生活时间的增加，他们当中的一些人逐渐被网络所“异化”。他们在网上漫游，或许好奇，或许无聊，或许想证明自己，或许想发泄心中的不满，就可能冲动地走入破坏性的心理误区。

5. 信息网络使大学生患上网络性心理障碍

驰骋在信息高速公路上，感受信息空间中信息流的冲击；畅游于网络中，体验扮演虚拟社会成员时的感觉，不由得让人流连忘返。尤其是对易于接受新鲜事物，具有极其强烈的探索欲和好奇心的大学生而言，更有着无限的吸引力，这种吸引力往往会导致大学生对网络的极度迷恋，进而发展成为病态的网络沉溺。他们不愿意离开计算机，在他们的心目中，网络是至高无上的。心理学家警告说，青年学生上网学习新知识值得鼓励，但如果过度沉迷其中，将减少与外界接触的机会，久而久之，就有可能患上网络性心理障碍。这种心理障碍与吸烟、酗酒甚至吸毒等上瘾行为有着惊人的相似之处：一上网就兴奋异常，上不了网就"网瘾难耐"。患者往往没有一定的理由，无节制地花费大量时间和精力在网上聊天，以致损害身体健康，并在生活中出现各种行为失常、心理障碍、人格障碍、交感神经功能部分失调。随着网络技术的普及和发展，类似患上这类网络性心理障碍的大学生将会越来越多，应该引起人们的足够重视。

（二）信息网络时代大学生心理健康的教育对策

1. 培育大学生加工、处理、整合、创造信息的能力

信息网络是一个庞大的信息库，人们既可注入、存储信息，也可从中选择有用信息，从而实现信息的传递和交换。从理论上讲，网络信息存量是无穷无尽的，而且处于不断刷新与时刻变换之中，它能满足大多数人对信息的需求。因此，在网络时代，一个心理健康的人要善于随时接受新信息，承认新信息的现实性。但是，由于网络上的每个人都可以是传递信息的来源，如何判断资讯的正确性与完整性便变成一个极为迫切的问题。可以这么说，现在我们已经不必担心缺乏信息，却要担心没有时间和能力去消化那些把我们压得喘不过气来的大量信息。信息泛滥的结果，可能反而令我们无力判断真伪，以至于不知所措。就大学生而言，能否根据实际和未来的需要，正确选择、储存信息，对有关信息进行编码加工，使信息系统化、知识化，比以往任何时候都显得尤为重要，它也就成为我们评价当代大学生心理健康的一个重要标准。因此，大学教育不但应该更加注重综合化和通识化，以增强学生灵活性和适应性，而且应该充分利用网络教育资源，发挥网络优势，引导学生在注重个性发展的同时，注重培养自己主动获取和应用信息、独立思维和创造能力，引导学生学会预测、预见、构想未来事物发展变化的方向和趋势，增强学生学习的自主性与创造性。

2. 培养大学生网上自我教育的能力

随着信息化的迅速发展，当代大学生所面对的信息量空前增加，由信息缺乏而导致的个人对信息很少有选择的时代已经一去不复返了，面对纷繁复杂的信息，大学生必然要独立自主地进行选择。教育活动是一种信息传递过程，现代教育已不是过去那种无选择或很少选择的消极灌输式，而是以积极摄取、自主选择

为特征的主动接受模式，这种转变必然有利于促进大学生自我教育的发展。然而，从网上来看，大学生自我教育还存在着许多问题，它严重危害并限制着自我教育的健康发展，因此，对大学生的自我教育行为必须进行积极引导和必要管理。在这方面，学校和教师所起的作用是至关重要的。具体来说，学校和教师应积极介入网络，在大学生自我教育中发挥积极引导作用。这种引导从学校来看主要是加强校园主流文化建设，确立并强化主导价值标准，引导确保校园网络文化及学生自我教育发展的正确方向；从教师来看，主要是利用网络特点，通过间接参与等手段来引导并支持学生良性自我教育活动。例如，教师可化名参加版面讨论或版面回信等，以引导学生讨论朝深入、积极方向发展，帮助大学生提高自我教育的质量。

3. 建立和完善网络社会规范，保护大学生网上心理和行为的安全

网络的发展速度是超乎想象的，传统的道德规范难以适应变化多端的新环境，会造成大量的冲突和失范。大学生是否遵循道德规范，不易觉察和监督，社会舆论、传统习惯在网络上的监督作用微乎其微。这些情况表明，要尽快建立与网络时代相吻合的道德规范，加强对大学生正确的世界观、人生观和价值观的教育和培养。同时，要建立和完善法律法规，规范和保护大学生网民的行为和权益。目前，已有一些国家对网络行为进行立法，以保护青少年不被有害信息侵犯。中国作为网络发展后起的国家，可以借鉴其他国家在这方面的成功做法和经验，努力做到网络的法律法规建设和网络发展同步，向大学生普及网络知识和宣传有关网络的法律法规知识同步。

4. 加大对部分大学生网络性心理障碍调适的力度

“网络成瘾症”“网络孤独症”等网络性心理障碍已经引起了国外精神病学家和临床学家的重视和研究。研究者一般认为，这是个很广的概念，涉及一系列不同的行为和冲动控制问题，它并不像传统的上瘾药物对人们的影响是生理性的，故此不能采取传统的严禁方法。对网络中的心理负面效应，我们应当采取疏导的方法，使他们养成正确的上网心态。要教会大学生保护自己的身心健康，启发他们注意正常而有规律的生活，调整精神状态，上网有节有度，时间不宜过长；要教会大学生克制自己，抵御各种诱惑；要引导大学生树立正确的网络观念，把网络作为知识的来源和学习的手段，而不是作为猎取不良信息的途径；要引导大学生具备良好的网络道德，使他们以自觉的态度进行自我监督、自我调节、自我反省、自我批评，真正做到在网络文化面前的“慎独”。对过分迷恋上网的大学生需要在心理上指导他们，例如，建议他们不要把上网作为逃避现实生活问题和消极情绪的工具，借网消愁愁更愁；上网之前，先定目标，每次花一点时间想一想上网要干什么，把具体要完成的任务写在纸上；上网之前，先限定时间等。

高校应积极开发和占领网络这块阵地，使之成为大学生健康成长的一个重要的渠道。一方面利用网络的优势开展思想道德教育，直接并及时地了解大学生的

思想状况；另一方面，借助网络这个载体开展多种多样的文化、艺术、体育甚至游戏活动来宣传我国社会的主体网络道德观念，丰富大学生的课余生活。此外，要严把各校园网站信息的质量关，防止不健康、不可信的信息流入校园；加强现有心理咨询体系的建设，尽快进行大学生网络心理的研究；进一步做好大学生心理档案的建档工作，普及心理卫生知识，做好学生心理咨询的面谈、信件咨询、电话咨询等各项咨询服务，为大学生提供及时高效的心理支持。与此同时，开展网上心理咨询，可以从两方面入手：一是利用网络快捷、保密性好、传播面广的优势，开设网上心理咨询，如设立心理咨询网站，传播心理知识，进行网上行为训练的指导，开设在线心理咨询。二是抓好学生上网的心理、网络人际交往的心理特征、网络心理障碍、虚拟与现实的人际关系的比较等大学生网络心理问题的研究，确立一套可操作的、有效性强的网络心理障碍咨询方案。

第四节　新媒体环境下高校网络审美教育内容

马克思主义的美育理想同社会理想是一致的，就是把人的自由全面的发展看成人类解放的最终目标。这也是学校美育所追求的教育理想的最高境界，即使人得到自由全面的发展，这对培养全面发展的高素质人才有着十分重要的意义。

一、美育的价值与价值取向的教育的具体内容

要弄清美育的价值，首先要弄清美的价值及美的本质。根据马克思主义的观点，美的尺度就是人的尺度，在“美”的境界中，人的本质的确证和人的自由发展居于主导地位。也就是说，美的尺度即人的解放的尺度；人的解放的标志是人的个性和创造力全面发展的尺度。因此，“美的本质是人的本质力量的最完满的展现”。

人类历史就是一部人类不断解放、不断获得自由的历史。掌握美的尺度，学会创造美、欣赏美，是推动人类和个体解放及获得自由的重要力量。大学生是社会中最有知识、最有活力的群体，更应该成为人类和个体解放及不断获得自由的有力推动者和实现者。从价值观的角度来看，美就是真、善统一的主体自由的最高价值。因此，美育的价值与其他价值的不同就在于，它既直接表现个人自身在自由自觉的活动中塑造个性，帮助人形成自我超越的能力，实现育“美的人”的目的，又要把对美的鉴赏和创造作为人类一种创造客观世界和完善自身的价值定向，用以追求教育的理想。这样，学校美育的价值取向应是：以美育人、育“美的人”（或完美的人），而不能只停留在培养审美能力或审美的人这一工具层次。

美育固然要培养学生的审美能力，这是“美的人”必备的基本条件。但具有审美能力的人和“美的人”存在着质的区别。审美的人，在一定意义上可能视为具有某种或某些感受美、鉴赏美等方面的技能、专长，或具有较高的审美能力的

人。美育的价值取向定位于培养审美的人，那么，美育仅仅被理解为一种知识、技能的学习活动。而“美的人”则是“人的本质力量的最完满的展现”的人。美育所面对的必须是对人的生命存在及其发展的整体关怀。是培养审美的人，还是培养“美的人”，这两种不同的价值取向，源于对美是目的还是手段这一根本问题的认识。

美育的目的是对人性最高层次的追求，是人的生命价值的最高理想境界，即标志着人与自然、人与社会、人与自我的辩证统一，体现着人以全面、科学与合理的方式实现对人自身本质的全面占有。正基于此，美育的价值是“美”的工具性价值与目的性价值的辩证统一。这就是说，人的全面发展及全面发展教育只有借助美及美育才能得到实现，这是作为工具或手段的价值。而现代意义上的人的全面发展不仅仅指德、智、体等方面的发展，更包括人的个性、创造力等方面的自由发展，这就要使美育的价值取向定位于对人的本性的终极关怀，所以美育的目的是培养“美的人”。美育之所以能使人趋近人的生命价值的最高理想境界，是由美的本质和美的价值所决定的。美育是以美育人，即在对美的本质准确把握前提下的真正意义的美育。为此，需要清楚地认识到：现代学校美育不等同于审美教育。审美教育是美育的一个方面，审美活动是美育的基本活动；审美教育并非艺术教育，更不等于音、体、美教学。

培养学生具有感受美、鉴赏美、表达美的能力是美育的任务，而不是美育的目的。美育不是要人们沉溺于与现实人生无关无涉的玄学思辨之中，而是要通过美的审美帮助学生认识客观世界，认识人的创造能力，进而认识现实社会的人的本质力量，更加自觉地按照美的规律去改造我们的生活，改造我们的世界。以美育人，育“美的人”将成为二十一世纪教育的主旋律与价值追求。美育一旦冲出误区，就肩负着这样的使命：既是现实的育人实践，又是人类最高教育理想的追求。这时，美育也就从其他各育中“脱颖而出”，上升为高层次的育人活动。美育应是每一个现代教育工作者的必担之责和自觉行为。

二、美育对大学生发展的促进作用

全面发展的人才是高等教育人才培养的目标，大学生应当成为全面发展的人才。美育不仅是全面发展人才的重要内容和基本标准之一，而且对其他方面的发展有着非常重要的促进作用。

（一）美育有助于大学生知识结构的完善

高等教育的目的是培养全面发展的合格人才，而传统的教育思想却恰恰忽视了这一点，过去由于片面强调专业教育，忽视美育，致使学生绝大部分时间用在专业知识学习上，除了在课余时间参加一些社团活动之外，较少接触有关人文学科方面的知识和中华民族优秀传统文化的教育，造成知识面狭窄，思维不敏锐。具体表现在：校园文化建设往往流于表面和低层次，毕业论文、择业书甚至书信的撰写水平都不能与大学生的身份相吻合；大学生缺乏与人交往的能力，不能妥善处理师生之间、同学之间的关系，出现心理疾患，特别是由于法律意识不强，大学生违法犯罪案件偶有发生，考试作弊现象也屡见不鲜。

未来的人才更需要具有民主法制观念，具有崇高的人格和道德观念、宽厚的自然科学、人文社会科学知识基础和自主求索知识、运用知识、创新发展、服务社会的观念和能力。很显然，如果用这样的标准来衡量人才，仅仅具有高超的专业知识是不够的。培根说："历史能使人聪慧，诗歌能使人灵秀，数学能使人精细，自然科学能使人深沉，伦理学能使人庄重，逻辑学和修辞学能使人善辩。"而加强美育就有助于大学生构建完整的知识结构，使学生成为全面发展的人。美育对大学生来说，可以增强精神性格的陶冶，有助于培养大学生的科学创造力、形象思维能力、逻辑思维能力、语言文字能力、交流表达能力、强化记忆能力、增强心理素质，从而使学生开阔视野、活跃思维、触类旁通、激发灵感、突破传统，更好地完善自己的知识结构。

（二）美育有助于大学生人文精神的提升

人文精神是人的存在的意义和价值的最高展现，它以对生命的意义和对人生价值的理解为前提，以追求真、善、美等崇高价值理想为核心，以人自身的全面发展为终极目的，它是整个人类文化所体现的最根本的精神，是人类文化生活的内在灵魂。西方大学在推行通识教育的时候，就注重人文精神的熏陶，强化人文社会科学在高等教育中的作用，倡导人与自然、人文与科技的和谐发展，进而弥补和解决科技进步与人文精神分离、对立的问题，培养出既有科学素养，又有丰富的人文精神的人才。同样，中国也有一句话，叫做教书育人。简单的四个字阐明了这样的道理：教书是手段，育人是根本。而人之所以成为人，靠的不是他的躯体，而是他的思想和灵魂。只有素质高的人，才会思考人类社会、自然、他人和自身的问题，才可能理解什么是真、善、美，什么是假、恶、丑，才可能与他人融洽地相处，才可能以一种社会可以接受的方式实现自己的目的。

从大学生择业情况来看，大学生择业出现的个人利益当前，社会责任感不强，是一个值得引起关注的问题。另外，在现实生活中，有的大学生不注重道德建设，做出了一些诸如盗窃、打架、考试作弊等与大学生本身不相称的事情，反映了人文精神的低下。因此，加强人文教育，并使人文知识升华为人文精神，积淀为相对稳定的思想品质结构，在今天显得尤为重要。从内容上讲，美育是人文教育的一个重要组成部分，从形式上讲，美育是人文教育的重要载体，以美载德，以美启智，以美健体，以美导劳，增强人文教育的实效性。

（三）美育有助于大学生健康人格的形成

在市场经济条件下，由于市场经济所规定的交换行为、利益驱动，有些人屈从于外在物质的制约，多在实用主义、经验主义、功利主义的层面上去思考问题，自私的极端个人主义和短视的及时享乐主义成了一些人的生活主流，丧失了对国家、社会、家庭甚至对自己的责任感。由于人文知识的匮乏，使他们对社会历史、现实人生和人际关系缺乏应有的认识和了解，造成他们心理承受能力差，遇事容易走极端，自我控制能力较低，不懂得如何与人交往，嫉妒心强，争强好胜，人格不健全。

近年来，大学生自杀事件偶有发生，特别要重视心理健康教育。大学生的心理疾患主要表现为孤独症、压抑症、沮丧症和冷漠症，还应注意政治信仰迷惘、价值观嬗变和道德行为失衡等现象。这种病态或近于变态的人格，使人不再去寻找超越于现实利益的生活意义、理想、信仰，不再去思索那些具有永恒意义的价值。作为正在接受高等教育的大学生，要学会避开使人生活表层化、实利化、短暂化的东西，学会自我心理调适以及了解心理健康知识，更好地运用转移、宣泄等方式方法摆脱心灵的空虚、孤独。而要做到这些，有效途径就是加强美育，让他们掌握人类历史所积累的文明成果，因为人类历史所积累的文明成果中展示出的人性具有十分丰富的内容，它内在地包含在科学、艺术、哲学、语言等众多的领域之中，为陶冶完美人格之所必须。因此，对作为直接表现人的精神世界和精神力量，对发展人的心灵起关键作用的美育，必须予以高度重视，通过美育，升华形成大学生和谐、健康的人格。使其不仅具有崇高的道德理想，而且能正确地处理好个人与社会、个人与集体、个人与他人的关系，并勇于承担对社会、对国家、对他人的道德义务，表现出强烈的自尊、自爱、自强、自律等特征，这也是大学生成才的一个显著的标志。

三、网络是进行大学生美育的新途径

大学生既是网络的最大受众，又是美育的主要对象，利用网络进行美育就成为网络思想政治教育的重要内容：①网络应当引导大学生对美的境界的追求，培养大学生对至真、至善、至美境界的认同和追求。美的一个基本特征就是超功利性。淡泊名利、宁静致远是欣赏美、创造美的基本人格要求。个别大学生功利思想十分严重，行为的短期性、功利性十分明显，这对他们人格的完善和境界的提高十分不利；②网络应当激发和培养大学生与自然、与社会、与他人和谐相处、心灵相通的意识及能力。“美是和谐”，在古今中外普遍认同。和谐首先是内容的和谐、精神的和谐、心灵的和谐。对待万物要从善如水，切莫人为制造矛盾、挑起事端、破坏和谐。大学生应当首先成为社会中和谐的音符；③网络应当成为大学生欣赏美创造美的主要领域和场所。网络特性使它能够及时地、跨时空地展现美的对象，网络要利用自己的优势，使大学生接触网络就如同接触美的世界、进入网络就如同进入美的世界。与此同时，网络应利用自身互动性与参与性的特点，为大学生创造美提供机会和空间；④网络浏览器本身应当成为美的展示。色彩、图形、声音、线条、构图等应当遵循美的原则，使其成为一个永恒的流动的树立在浏览者面前的美的事物，使大学生浏览者在浏览过程中潜移默化地接受美的熏陶；⑤网络消费场所应当成为使人精神愉悦、心神通达的“美的”天地，成为大学生这一网络受众接受美的教育的导入口等。总之，网络世界应该成为美的世界，成为美育的课堂，成为大学生欣赏美、创造美的舞台。

第四章　新媒体时代高校思想政治教育载体创新研究

第一节　高校思想政治教育载体的构成条件、形式与特征

一、思想政治教育载体构成条件

“载体”最早出现在化学领域的科学用语，意指催化某些化学反应的中间物质。二十世纪九十年代，思想政治教育领域逐渐使用“思想政治教育载体”的概念。

思想政治教育载体的构成条件主要有：一是思想政治教育载体必须能够承载思想政治教育内容和信息，并反映出时代和社会发展进步的要求；二是思想政治教育载体能够被思想政治教育主体所掌握和操作，与思想政治教育环境不同，载体不是一个自在自为的存在，而是具有工具理性的，只有当主体掌握并使用了载体的时候，载体的作用才能得以检验和发挥；三是思想政治教育载体必须能够联系主体和客体，并形成主客体的互动，思想政治教育载体的作用过程也“是教育者和受教育者在一定的教育目的的指导下，借助于一定的方法、手段相互作用的过程”。

二、高校思想政治教育载体的形式和特征

高校思想政治教育载体是在高校这个特殊的场域和范围中，承载着思想政治教育信息的、能够发挥思想政治教育功能的各种形式，换言之，在高校这一特殊环境中，能够发挥思想政治教育功能作用的载体都可以当作高校思想政治教育载体。从功能上，高校思想政治教育载体能够承载高校大学生思想政治教育的目标、任务、内容，能够为教育合格社会主义接班人保驾护航，能够联系教师和大学生两个相对的群体，并形成互动关系。

在“大教育”的理念下，高校思想政治教育载体的形式较多，一是传统的课堂教学仍然是高校思想政治教育的主渠道；二是实践教学越来越多的被运用到了思想政治教育之中，一些体验式、观摩式教学方法也获得了较好的效果；三是网

络教学成为课堂教学和实践教学的有益补充；四是新媒体客户端的功能性教育载体、一些官方微信微博等成为重要的渗透力量和教育力量；五是各级各类学生活动、学术活动、交流活动等也可以看作是有效的教育载体；六是主流媒体在高校思想政治教育中也发挥着载体作用；七是各种实物性、户外性的宣传教育载体，承载思想政治教育内容的图片、实物、标语、口号等都是高校思想政治教育的载体；八是高校大学生的日常管理的制度安排；等等①。

目前，高校思想政治教育载体形式多样，层次丰富，也具有更强的创新意识和新颖性。高校思想政治教育载体客观上突出体现了大学生群体的特征，体现出大学生作为社会化最后阶段和已经成年、容易接受新事物的特点，体现出大学生专业知识丰富、心智逐渐成熟、同质性强、联系紧密等特点，也因此体现出更强的“创新意识”。载体的新方式、新手段层出不穷，大学生也更容易接受新的载体形式；高校思想政治教育载体也体现了教育者作为教育的主体，在设计之初便鲜明附载的教育示范功能；高校思想政治教育载体具备更加明显的资源优势，尤其是知识资源。

第二节　高校思想政治教育载体创新的平台力量——新媒体

高校作为一个开放的社会单元，与外部环境联系紧密，无法拒绝新技术带来的变革力量，而且往往首先成为高新技术的阵地，大学生也会率先成为高新技术的粉丝和使用者。按照马克思主义的矛盾动力论，在新媒体带来了思想政治教育载体的新状况、新矛盾的同时，新媒体带来的环境、主体和客体方面的内在矛盾，成为促进高校思想政治教育载体创新的平台力量，促使高校思想政治教育载体通过创新，发挥好中介和桥梁作用，适应新时代的要求和特点，适应新时期的大学生群体特征。因此，新媒体可以发挥高校思想政治教育载体创新平台力量的角色。

一、新媒体带来高校思想政治教育载体创新的环境要素

载体的创新需要借助必要的环境，在环境及其变动趋势影响下开展。对思想政治教育载体创新建设影响的环境主要有社会环境、文化环境和技术环境等方面。

① 张媛聆. 新媒体时代高校思想政治教育研究［M］. 成都：四川大学出版社，2020.

新媒体带来了社会环境的深刻变革。一方面，社会在新媒体的即时性、多对多的传播方式推动下，已经变成了“无阻隔”的空间，资讯、信息、消息和一些事实的无阻隔化传输，使大学生接受信息渠道的单一性变为丰富的多样性，接受信息方向的单向度变为信息互动的多向度，也使得高校思想政治工作主体所具有的“权威性”因为“信息接近权”的逐渐淡化而日益弱化。但另一方面，大学生在思想政治教育过程中的主体性的增强，也得益于新媒体带来的全时全域的信息发布权、信息评论权、信息接受权，当然，海量信息的“大数据”带来的信息真实性、信息背后的目的性、信息评论的片面化等，也对大学生思想政治教育的社会环境提出了管理和筛选的困难。还有，新媒体带来了社会舆论的同化现象和一定程度上的反权威现象，在全球化背景下，舆论风向往往被大量资本和发达国家控制，他们可以制造新闻和消息、“科学权威”解读，以达到吸引大学生的关注点和同化舆论导向的目的。再加之，一些负面信息充斥于各种载体，尤其是对世界观、人生观、价值观形成过程中的大学生来讲，难辨真假，新媒体传递的海量的社会现象及其背后的过程，也往往对大学生思想政治素质产生正负两个方面的合力。因此新媒体对社会环境的影响和由此产生的新矛盾，间接带来了高校思想政治教育载体变革的动力。

新媒体带来了文化环境的深刻变革。新媒体带来了文化话语体系的转变，尤其是网络语言的简练化、符号化和字母化特点突出，夹杂着符号、字母、数字、表情图片等要素的话语内容越来越多，在一些具体的表述上，也表现出时事化、调侃化和口语化的倾向；日益呈现出丰富而富有个性化的大学生的亚文化特征，在网络游戏、动漫、户外、音乐、网络事件等方面，往往聚拢一些有类似观点、爱好和特长的大学生们，形成富有群体共性的亚文化群体；在文化消费方面，新媒体也带来了文化消费品的多元化，在尊重个性选择的基础上，越来越多的文化产品通过新媒体进行了广泛的传播，一些异域文化、另类文化等也可以随时随地的进行传播。面对新媒体，大学生群体在文化环境方面，已经存在着个体需要和社会需要的不一致的矛盾，个性满足和社会文化品格塑造不一致的矛盾，文化满足与文化规范和文化合理性之间不一致的矛盾，这些也成为高校思想政治教育载体创新的动力。

新媒体带来了技术环境的深刻变革。新媒体是在新技术的基础上发展起来的，同时，它也带动了新技术的推广、应用和进一步革新。新技术在高校大学生群体中易于“流行”，大学生们都已经具备了虚拟化的人际交往技术，通过网络和手机，可以无障碍地进行人际交往，使内心深处的交往需求得到满足，情绪得到一定程度上的宣泄，但也带来了一些欺骗、虚假的交往信息，带来了对人际交往实践意义的否定和人际关系的疏离感、隔阂感，存在“双刃剑”的矛盾；技术的进步，也带来了教育平台和手段的多元化，教育内容和知识的海量化，已经突破了原有的课堂教学的单一平台模式，具备多种互动技术的新媒体，提出了教学平台整合的需求和文字、图片、视频、声音等多种内容的整合要求，知识的暗箱被打开，大学生可以随时随地进行知识的学习，可以增强大学生作为思想政治教育对象的主体性。总体上来说，新媒体带来的技术环境的变革，可以为高校思想政治教育载体的创新发挥重要的技术动力和吸引力。

二、新媒体带来高校思想政治教育载体创新的客体要素

新媒体带来了大学生生活方式的快餐化、便捷化、虚拟化和对现实生活的逃避化倾向的矛盾。新媒体带来了生活的便利，大学生们可以通过网络轻松完成消费、活动的许多环节，生活的便捷度越来越高，他们越来越依赖手中的手机、各种各样的App，依赖互联网或物联网的生活，甚至出现了许多虚拟化的生活社区，更有甚者成为了“僵尸族”“低头党”。但从另一方面来看，当他们改变了手机和网络的工具理性之后，就变成了“异化”的对象，成了新媒体“奴役”的对象，往往表现出对现实生活的无趣感，对现实生活的实践的逃避感。大学生拓展了人际交往空间，却带来了潜在的人际交往障碍的矛盾。各种各样的贴吧、论坛、聊天工具，让大学生们可以轻松变换身份角色，变换性别、年龄、专业、爱好等个人信息，以不同的角色进行人际交往，不仅可以吐露心声，也可以轻松撒谎，可以侃侃而谈，还可以潜水深处、只当一个观察者，一些情感类的交往，变成了虚拟化的交往方式，非直接的、非面对面的交往让个人的“秘密”要么隐藏得更深，要么可以被轻易发现。在现实生活中的面对面的、直接性的、富有人情味和真情实感的交往才是人际交往的实质所在，但许多大学生却弱化了真实的交往，或在交往中表现出情感的弱化，也有部分同学出现了“网络孤独症”和“人际信任危机”。

大学生获取知识的主动性与新媒体知识内容的碎片化的矛盾。传递知识、探索未知是高校的责任，也是大学生自己的责任，大学生在新媒体的推动下，可以轻松获得海量的知识信息，轻松完成学习的各个环节。新媒体提供的诸多搜索引擎信息量丰富，教师课堂上的讲授，可以轻松通过“搜索”得到答案，这在一方面拓宽了大学生获得知识的途径，提高了获得知识的效率，加强了大学生获取知识的主动性；但另一方面来看，大学生们也面对着海量信息和知识的无序化、碎片化、非体系化甚至是片面化的影响，难以让自己通过系统学习的引导获取体系化的知识，特别是在大学生正处于思维和思想都不成熟的阶段，容易片面理解、断章取义，甚至出现走极端的现象。

大学生主体意识强化、网络民主觉醒和一定程度上的价值取向混乱、道德情

操淡化的矛盾。一方面，大学生可以担任新媒体主体的角色，他们的民主意识正在逐渐觉醒。网络民主作为新媒体的产物，把大学生作为草根的声音以“滚动散发性”的方式逐渐散出，他们广泛参与一些社会事件的意见表达，增强了民主主体的意识，带来了民主参与的积极性。另一方面来看，大学生在“慎独”不足和自律性不够的情况下，又缺乏“他人在场”的监督，在道德、价值和法律观念尚未完全成熟的前提下，容易出现价值取向的混乱，个别大学生甚至出现道德情操低下的情况。

三、新媒体带来高校思想政治教育载体创新的主体要素

新媒体条件下，高校思想政治教育的主体既包括传统意义上的教师主体，也逐渐将大学生置于主体地位。

新媒体既带来了高校思想政治教育主体的新平台、新途径，又带来了其工作能力的新要求。在传统的思想政治教育载体形式下，主体对大学生的思想政治工作主要是通过课堂教学、课堂讨论、座谈会、主题班会、实践教学、个别谈话、个别活动创设、各种实物和口号性的宣传等方式进行的，大学生往往只是处于客体的、被动的地位，他们的参与积极性不够高，教育主体对大学生的思想状况、政治鉴别能力的判断往往不够全面和准确，传统载体的一对多形式，也很难关照到每个学生的个性化思想，大学生的思想动态和需求很难进行即时的反馈，因而难以达到对大学生进行思想政治教育的效果。

新媒体条件下，教师可以通过网络教学平台、网络互动平台、手机网络终端、微信、微博交流平台、数字电视等平台进行思想政治资源的新整合，让大学生利用学习和交流的新载体，便捷快速而有效地获得信息、提供信息，也在潜移默化的渗透性教育中获得思想政治素质的提高；大学生们可以在虚拟世界中敞开心扉，打破传统的教师与学生的主客体划分界限，突破面对面教育的一些“难言之隐”，不受拘束的表达情绪与心理状态，在教师和学生间可以轻松架起沟通信息和掌握动态的桥梁，便于促进积极教育、个性教育、自我教育的开展。但同时，也带来了高校思想政治主体能力提升的需求，需要不断增强他们的新媒体素养，增强新媒体技术，能够从新的方法途径上加强对话，无障碍的进行沟通和交流，使得教师们能够具有先导性的设计一些新载体活动，加强潜移默化式的、常态化的教育能力的提升，使学生们能够主动参与思想政治教育活动，参与自我管理自我教育的过程，发挥在载体活动设计、实施、反馈与调整等过程中的主体作用。

新媒体既带来了高校思想政治教育主体的高效率、时效性，又带来了工作的无屏障化、无序化。新媒体不受时间、空间和气候等条件的限制，承载信息多，

传播速度快，覆盖范围广，方式方法多，可以实现瞬间的到达和即时的回应。为高校思想政治工作者们进行大规模、快速化、主动性的正能量传播，高效率、高时效性的传播正确的思想、政策和理论提供了有效的平台，而且还可以避免信息衰减和失真，避免信息传输过程中的阻塞和变形，快速实现与大学生的对话，促进了主体的平等性。但从另一方面来说，新媒体也带来了信息传播的无屏障化和无序化，教育主体很难构筑起过滤或阻止一些无效信息和负面信息的有效“屏障”，无法规范鱼龙混杂、良莠不齐的海量信息，难以把握对信息的筛选。尤其是大学生主体，他们涉世未深、思想不够成熟、经验不够丰富、对问题的认识还缺乏全面、深入的了解，甚至有时候难以分辨真假黑白，容易盲从盲信，导致无法在“资讯轰炸”的情况下，找到正确的方向、坚持正确的立场、做出正确的选择和行为方式。无屏障和无序化是影响主体能力发挥的重要因素。

第三节　新媒体背景下高校思想政治教育载体创新的必要性

一、高校思想政治教育载体创新的理论必要性

（一）“虚拟社会”无法真正实现人的本质

新媒体具有鲜明的“虚拟性”，新媒体背景下，高校思想政治教育载体也被分为两个大类：“虚拟载体”和“现实载体”。“虚拟载体”主要表现为网络、微媒体等借助信息技术而搭建的新载体平台，“现实载体”则主要是依托于课堂、活动、会议等具有客观实践本质的载体平台。

实践性是马克思主义哲学的基础，追寻经典作家的论述，可以发现马克思在《1844年经济学哲学手稿》《共产党宣言》《资本论》等诸多批判性著作中，对人的本质属性以及人与人的关系及其发展问题进行了论述。在黑格尔那里，人的本质是自我意识，而马克思说“正是在改造对象世界中，人才真正地证明自己是类存在物”，人就本质而言，是社会关系的总和，社会性是人的本质属性。这里的“社会”是人与人交往的现实的、客观存在的社会。新媒体技术一方面带来了社会的进步和便捷，带来社会生活的巨大变革，尤其是人与人的关系的变革，拓展了交往的空间，节约了交往时间，看似带来了人的交往的丰富性和社会关系的丰富性，但究其本质来说，一切“意识”都是源于“物质”的，存在先于思维，思维反映并反作用于存在，所以，虚拟社会创造的社会丰富性本质上是实体社会中人与人交往的丰富性的体现，并不是“虚拟”的丰富性，只是把现实的交往需求得到了满足与放大，而并非创造了虚拟的需要。同时，人是“现实”中的人，技

术是人创造的，以新媒体技术为依托的“虚拟社会”也是人创造出来的，人在创造的对象中，虚拟社会作为劳动的产品，可以将现实的人的社会本质进行割裂，使人忽略客观的实践本身的价值和意义，容易让人沉溺于虚拟社会，而逃避现实社会。新媒体缔造的虚拟社会不能从本质上代替实践社会，不能真正意义上解放人类，更不能使人去除社会性的本质。因此，高校思想政治教育载体的创新，就是要理清虚拟载体和现实载体的关系，架起二者之间的桥梁，让大学生认清楚虚拟社会作为人的创造之物，可以为人类掌握和服务，而又不至于成为奴役我们的力量。

（二）马克思关于“人的自由而全面发展”的理论要求

马克思关于一定社会条件中的人的讨论，是首先从人的异化问题展开论述的。马克思在异化问题的论述基础上，科学地提出了人类共同体的命运问题，在物质生产能力高度发达、物质基础非常丰富的前提下，人的解放才有可能，这时的劳动才真正具有了社会性，成为人们的需要，而不是奴役人的手段。人的关系，将演变为“这样一个联合体，在那里，每个人的自由发展是一切人自由发展的条件”，完成了社会化的人，才能够“保证每个生产者个人最全面的发展”。技术可以提高生产力，带来人的需要的不断满足，新媒体技术也可以成为变革生产力、通往人类解放道路上的动力，是可以促进个人自由全面发展的动力，新媒体提供的虚拟关系，作为一种主观性的表现形式，虽不能代替客观的社会关系本身，但它是客观世界中人与人关系的反映，即使是虚假的信息，也是客观世界的反映。新媒体的虚拟世界在现实社会中也发挥着能动的反作用，当这种虚拟关系客观反映真实社会，并适应了社会发展的必然趋势时，可以发挥促进作用，当它充满虚假信息，对真实的社会关系带来扭曲和虚幻的建构时，则可能会阻碍社会的进步。因此，不能夸大新媒体的作用，简单的得出新媒体可以带来人的自由而全面发展的结论，也不能否认新媒体在促进人的进步和人的自由全面发展过程中的潜在作用。

二、高校思想政治教育载体负载的价值观念受到冲击

（一）新媒体对高校思想政治教育载体话语权的冲击

技术传播从来都不是“技术”本身的传播，其传播过程中，必定负载着技术文化、技术制度、技术思想和技术目的，如果我们把技术本身看成是一个中立的存在，那么其使用者及其使用者的阶级属性便决定了技术的属性。新媒体作为一种基于外来技术基础上发展起来的媒介形式，也必然带来文化冲突的影响，新媒体也使得信息受众们面临着大量的正面与负面信息的影响，西方国家显然具备了更为优势的技术条件、资本条件和“标准”话语权，他们会更加容易地控制这个传播的“国际新秩序”，按照技术传播的路径，新媒体传播的过程也展现出了诸多的不平等，甚至是霸权主义和垄断主义，面对发达国家创造和具有明显优势的

新媒体，我们不得不面对国家安全的潜在威胁，创造国家和平、发展和公平、正义的外部信息环境，营造客观真实的内部舆论环境，都受到来自新媒体力量的冲击，正如美国学者丹·席勒所说，“国际传播正在演变为一种新型权力宰制的前沿——‘新殖民主义’……革命性的新技术对国家主权提出了额外的挑战”。

在这样的冲击下，部分大学生盲目相信技术权威的发达国家，更容易相信新技术带来的“先进性”“可靠感”和“未来趋势感”，而容易忽略其技术背后的技术文化冲击，在潜移默化中，改变了自己的消费、生活、交往、思考习惯，甚至在技术依赖中，改变了自己的文化思维、价值思维，失去自己的判断。

（二）新媒体对高校思想政治教育载体的价值冲击

新媒体带来了大量的信息，充斥着复杂多变的信息表现形式，而隐藏在背后的纷繁复杂的信息目的具有隐蔽性，其中不乏许多意识形态的“糖衣炮弹”和“软刀子”，不易被发现和挖掘，其对大学生的价值观的冲击也是更多地体现出强大的“软”力量，其价值观念的渗透往往隐藏在各种信息之中，通过细微的、不断的、暗示的、隐藏的手段带来大学生思想政治素质的价值冲击。

我们在思想政治教育工作的场域中，面临着载体创新方面的意识形态压力，载体建设作为一种工具性建设过程，同样需要以正确的政治方向、正确的价值观方向进行引领，需要以国家认同、国家安全、国家发展作为载体建设的基本前提，需要认识到新媒体带来的潜在的意识形态威胁，进行正确引导，需要在努力发展我国新媒体技术的同时，抵御国际传播强权的侵占、国际文化霸权主义的威胁、国际文化殖民主义的侵蚀，自觉维护国家的信息安全、文化安全和主权安全，自觉维护大学生的思想安全，促进大学生构建起良好的世界观和价值观。

三、高校思想政治教育载体创新的主体能力有待提高

（一）高校思想政治教育工作者的新媒体素养有待提高

高校思想政治教育工作是一个针对特殊人群而开展的思想政治教育工作，从传统主体的角度来看，高校思想政治教育工作者是教师队伍中的特殊群体，他们肩负着将社会主义核心价值观念和正确的世界观、人生观向大学生群体进行灌输、渗透的任务，要培育学生的人格、精神特质和思想素质，教会他们正确的价值判断和政治立场、科学的理想信念和崇高的道德追求，这不是一般性的知识和技能的传播，因此，高校思想政治教育工作的过程，不应该局限于学校教育的范围之内，而应该将其置于社会与时代的环境之中。新媒体技术的进步是不可阻挡的，新媒体的形式与内容已经被社会广泛接受、运用，大学生群体和学校场域也是如此，因此，高校思想政治教育工作者只有不断提高自身的新媒体素养才能够把握新手段、新方法、新动向，才能以新的方法武器、途径手段来解决新的时代

带来的思想政治教育课题。

从学者的研究情况及高校思想政治教育工作者的工作现状来看，在理论的认知上，还是以传统的思想政治工作理论为指导，在现实路径上，还是把传统的思想政治教育载体看作是日常的工作方式和方法，甚至一些高校思想政治教育工作者把思想政治教育载体还看成是一种“物质存在方式”的工具和手段。而结合学者们的新成果、新认识、新启示，高校思想政治教育工作者应该充分认识网络新媒体、手机新媒体、微信微博新媒体、数字电视新媒体等新的媒体形式对大学生的思想、生活、学习和价值观念的深刻影响，分析虚拟的“存在”和现实的存在之间的关系，分析大学生群体的关注点和被影响的路径。从观念上和制度上，我们都要把新媒体植入高校思想政治教育工作常态之中，因此，迫切需要高校思想政治工作者提高自己的新媒体素养。

（二）高校思想政治载体创新的主体意识有待激发

在高校的场域中，思想政治教育载体创新的主体和思想政治教育工作的主体是一致的。传统的高校思想政治教育模式下，教师与学生的关系，表现为高校思想政治教育工作的“主体”与“客体”的关系，教师的主导性、主动性和尊严感也主要是基于这种教育模式带来的地位，他们从内心到表现形式上，都是处于比学生更高的地位。因此，高校思想政治教育工作，从传统载体的创新路径上来看，主要是教师设计、教师讲授、教师影响、教师评价、教师反馈，虽在“为了一切学生”“为了学生的一切”等观念影响下，会把学生的思想政治教育需求纳入教师的教育设计因素，但学生始终不可能成为教育的真正主体。教学方式上也呈现出“高压式教学”和“被动式教学”的特征，在传统灌输理论的影响下，教师主体地位具有合理性和科学性，但在此过程中，容易忽略学生需求和学生的主观能动性，更不能从不同个性的学生出发进行个性化培养和教育，学生在教育中往往不能“发声”，因为他们没有教师手中的“麦克风”“放大镜”“聚光灯”，他们往往是思想政治教育的“受体”。

而新媒体带来了人人可以拥有“麦克风”“放大镜”“聚光灯”的能力，教师作为高校思想政治教育工作者的主体性地位正在被日新月异的新媒体冲击，教师的教学资源、教学手段、教学内容，可以被学生轻松掌握，教师的信息途径和学生的信息途径相差不大，尤其是对于具体知识而言，学生还可以通过精品课程网站等内容聆听更加“精彩”的课程。高校思想政治教育工作者对于大学生的主体性相对优势正在逐渐衰减。在互动性、即时性和海量数据的背景下，大学生可以通过“发声”来表达诉求、诉说观点，可以通过“查找”来求证验证、获得未知，可以通过“回声”来评价评判、表达意图等，新媒体“多对多”的传播过程中，突破了教师“一对多”的传统模式，也必然带来“学生对学生”“学生对自己”的教育过程，因此，学生也日益扮演着高校思想政治教育工作“主体”的角色，而不是原有“客体”的角色固化。

（三）大学生在高校思想政治教育载体创新中的主体作用尚未充分发挥

根据越来越多学者认同的“双主体”理论，大学生既是高校思想政治教育的对象，同时也可以发挥主体的作用，在新媒体条件下，大学生主体作用的发挥更加重要，因此，需要进一步发挥大学生对于推动高校思想政治教育载体创新的主体作用。

从现有状况来看，一方面，大学生作为课堂教学、校园活动、校园文化建设、各种宣传教育等高校思想政治教育的传统载体，很难成为载体创新的推动力量，他们往往处于被动的客体地位，属于各种载体的受众方，他们的意见和建议，可能会成为促进载体创新的重要参考，但在技术和路径上，却无法发挥大学生的主体作用。另一方面，由于新媒体的交互性等特点，大学生在新媒体环境下，可以并且有必要发挥在高校思想政治教育载体创新中的主体作用，但由于大学生的新媒体素养能力不够，导致他们在现有的条件下，还不能充分而有效地发挥主体作用。大学生深度依赖新媒体环境，对新媒体的信息需求十分强烈，对新媒体的依存度高，信息获取能力出色，但是信息的判断和选择能力不足，对新媒体信息的良莠鉴别能力不足、对新媒体负载的复杂商业化信息判断能力不够。大学生活跃于自媒体载体的运用，但是主要运用于生活和情感等方面，很难成为“意见领袖”，发挥自我教育或朋辈教育功能。在价值观方面，也容易出现价值“无核化”的倾向，缺乏信息责任感与网络责任意识，网络道德、网络法律意识不够高，浏览不良信息、网络行为自律性差等问题。

所以，综合来看，大学生要进一步提高新媒体素养，更加充分地发挥在高校思想政治教育载体创新中的主体作用。

四、高校思想政治教育载体的整体能力不足

（一）传统载体的吸引力下降

高校思想政治教育传统载体的吸引力下降是在传统媒体与新媒体的竞争关系背景下出现的。从媒体的业态来看，传统媒体在整个社会的传播体系中地位下降，在思想政治教育中的作用也日益弱化。媒体的生态环境和生存状况发生了深刻变化，包括许多国际知名报刊在内的传统媒体，不断传来亏损、裁员、停刊、出售、倒闭等消息，传统媒体面临着严峻的生存挑战。新媒体条件下，不再是媒体组织专业记者自上而下广播的过程，而是受众、记者、编辑共同参与、自下而上的互播过程，对话将成为新闻市场过程中的重要一环。

从高校思想政治教育的传统载体来看，思想政治理论课的课堂教学、实践教

学、各类校园文化建设平台、日常管理载体，以及各级各类的会议、群团活动、实物宣传等方式，都是以高校思想政治工作者的策划、讲授、组织的载体为主，发挥着主渠道的作用，对大学生思想政治素质提升发挥了重要的作用。但随着时代进步，很多大学生也对这些传统载体提出了更高的要求，对这些传统载体的形式和发挥作用的渠道提出了新的需求，传统载体的吸引力正在逐渐弱化，迫切需要通过传统载体的变革，进一步发挥大学生的主动性和调动他们的积极性。

（二）新型载体创新不足

目前，面对新媒体，一个普通人拿起数码相机就是摄影师，拿起数码摄像机就能当导演，每个互联网终端前的人，都能够轻松向全世界直播自己的关注点，传播主体是多元、混杂和大众的，传播主体的变化一定程度上重新定义了大众传播，使其不仅是面向大众的传播，也是大众参与的传播。大学生群体对新媒体的接受度高，对新媒体技术的掌握程度高，对教育教学的新手段和新方法提出了新要求，对高校思想政治教育载体的创新提出了新要求，迫切需要开发和创新一些新型载体，加强思想政治教育的实效性。

现代化的手段和技术，可以被广泛运用于大学生的各类教育教学之中。目前，国内已经有不少学者在探讨如何将思想政治理论课的课堂与新媒体结合起来，如网络在线教学平台、精品课程网站、慕课教学方式等发挥了一定的作用，也有一些学校建立了官方微信和微博，设立了官方论坛。

但总体来说，思想政治教育的载体创新，滞后于新媒体本身的创新与发展速度，需要根据新媒体的特征和大学生的特点充分发挥作用。

（三）载体合力尚未形成

晚年的恩格斯提出了“合力论”的思想，他提出“总的合力”是由若干相互作用的要素共同作用的结果，“总的合力”中，各个要素都会发挥作用，在无数个平行四边形的力学法则中，最终形成推动或阻碍事物发展的合力。合力的大小取决于各个要素的力量的大小和方向，还有他们发生作用的历史阶段等因素。

高校思想政治教育要实现整体的实效性，就需要把各个载体的力量和方向进行加强和引导，在一个新的时期，通过可以整合的力量，形成更强的“总的合力”。新媒体的诞生与发展，为高校思想政治教育载体的整体合力的发挥提供了技术基础，它既可以整合信息与资源，架起传统载体和新载体之间的桥梁，打通不同载体之间的高校思想政治教育信息和资源壁垒；又可以融合教师和学生这两个传统意义上的主体和客体，将教师和学生共同纳入高校思想政治教育的主体动力上来，并特别加强了学生的参与积极性；还可以为载体的整合提供技术平台，将信息的制作、传输、存储、变更都变成一个可以共享的过程。

从现实情况来看，高校思想政治教育的总目标和分目标之间的关系，应该是整体和部分之间的关系，各个分目标也应该是相互联系、相互促进的关系。而由于不同载体之间的整合度不高，使课堂教学的目标和实践教学、校园文化建设、学生活动等载体的目标产生不一致，使不同载体的活动各自为政，目标产生分割，缺乏整体性协调；新媒体提供的海量信息，很多可以成为高校思想政治教育载体的资源，而且信息应该具有共享性，目前的教育过程中，新型载体和传统载体之间还没有实现更深层次的资源共享；现代技术条件下，教师和学生、家长的互动可以更加顺畅、及时，共同构建起高校思想政治教育的载体合力。

第四节　新媒体背景下高校思想政治教育载体创新对策研究

一、高校思想政治教育载体创新的指导原则和理念

（一）党性原则

历史表明，中国共产党作为无产阶级、中国人民和中华民族的先锋队，始终代表着最广大人民群众的根本利益，是党的性质和宗旨的展现，与人民群众利益的实现具有本质的一致性。高校思想政治教育载体所承载的价值观念和内容首先就要和党的宗旨、性质保持一致，和人民群众的利益保持一致。要保证高校思想政治教育的性质的纯洁性和有效性，首先就要保证载体的创新在党的领导下开展，按照党的原则、宗旨和信念进行创新。

无论是传统媒体还是新媒体，都具有鲜明的意识形态属性，要首先自觉回答为哪个阶级服务的问题，无产阶级属性和人民属性是我国媒体的首要归属，尤其是党的媒体，为人民群众服务的媒体，首先应该遵循党的基本原则，做到为人民服务。无论高校思想政治教育载体如何创新，首先要保证在运用媒体载体和加强新媒体创新手段的过程中，确保党的绝对领导地位。党和政府主办的媒体是党和政府的宣传阵地，必须姓党。因此，媒体是有阶级归属的，党的媒体和社会主义的媒体首先要保证其党性原则和社会主义原则，党性原则和社会主义原则是一致的。

高校思想政治教育载体的创新，虽然是鼓励形式创新与内容创新，鼓励新颖，适应社会和时代要求，适应大学生思想建设的需要，但从前提性和原则性的角度上讲，载体无法脱离意识形态，因此，党的领导始终不能放松，要保证思想政治教育载体的创新始终在各级党组织的领导下开展。

（二）主流价值观引导原则

高校是象牙塔，但并不是远离社会的封闭空间。高校处于一个开放的社会环境之中，其本身也是一个开放的单元，教师、学生都受着来自方方面面的、形形色色的信息影响，在新媒体的条件下，多元价值观念的冲击越来越明显。要保证社会主义事业健康持续发展，就需要我们广大的干部群众始终保持对待国家、社会和个人的正确价值观念。高校的开放性，也进一步要求主流价值观念发挥主导作用，这也是高校思想政治教育建设的应有之义。

社会主义核心价值观，在社会的多种价值观念之中处于“核心”地位，具有“统领”其他价值观念的作用。社会主义核心价值观也是新时期对适合我国社会主义发展新阶段的价值观念的高度凝练，是以马克思主义为指导，在充分尊重和继承优秀传统文化的基础上，吸收和借鉴包括西方文明在内的人类优秀文明成果的基础上，在中国特色社会主义建设取得了辉煌成就的基础上，对国家、社会和个人三个层面，进行的科学、简练的总结，是可以对我国未来经济社会发展发挥重要意识能动作用的价值观表述，在所有社会的价值观念和理念中具有最高层次的指导意义。高校思想政治教育载体创新，既要把社会主义核心价值观作为指导和统领，密切关注和深刻探索新载体可能带来的价值观念冲击，又要把社会主义核心价值观作为载体创新的重要内容设计进去，还要把社会主义核心价值观作为载体创新的价值判断标准。

（三）贯彻“五大发展”理念

党的十八届五中全会，富有前瞻性地提出了“创新”“协调”“绿色”“开放”“共享”的五大发展理念，并作为我国“十三五”时期经济社会发展的指导思想，高等教育的发展和高校思想政治教育的创新，也应该在“五大发展”理念的指导下进行。

2016 年 4 月 19 日，习近平同志主持召开了“网络安全和信息化工作座谈会”，他强调“按照创新、协调、绿色、开放、共享的发展理念推动我国经济社会发展，是当前和今后一个时期我国发展的总要求和大趋势，我国网信事业发展要适应这个大趋势，在践行新发展理念上先行一步，推进网络强国建设，推动我国网信事业发展，让互联网更好造福国家和人民”。

因此，高校思想政治教育载体的创新，应该贯彻“五大发展”理念，以创新为动力，做好形式和内容两个方面的创新，以新形式和新内容满足高校思想政治教育目标的需要；要协调好传统媒体和新媒体在高校思想政治教育载体中的关系，协调好传统载体和新载体的关系，协调好思想政治教育主体和客体的关系，协调好思想政治教育目标、内容、方式方法之间的关系；要坚持好生态理念和绿色理念，以可持续发展的理念指导载体创新，增强环保观念，在载体所需要的物质条件上、软件条件上注重绿色理念；要增强开放意识，把高校思想政治教育载体的创新放到全球化的视野中借鉴吸收好的经验，继承以前的优良传统，摒弃一些过时的、无效的落后载体，把我们的培养目标定位在与国际青年的竞争上，做好高校青年的思想政治教育工作；要把高校思想政治教育载体创新的目标放到大学生群体上，放到他们思想政治素质的切实提高身上，尊重大学生的主体地位，把高校、教师和学生的利益统一起来，实现真正意义上的“共享”。

二、高校思想政治教育载体创新的主体能力提升

（一）加强高校思想政治工作者的新媒体素养

媒体素养主要包括听说读写的能力、接受选择和批判信息的能力，新媒体素养是对传统的媒体素养的继承和发展，主要包括两个方面的内容：一是要具备认知新媒体、使用新媒体的必要知识和技能，能够熟练掌握新媒体的特征、趋势和使用方法，熟知各类新媒体的作用过程，有效的利用新媒体进行信息的制造、传播和反馈，合理地利用新媒体达到渗透和灌输的目的；二是要通过新媒体即时有效的获得信息、选择信息、查找规律、总结分析、评价应用信息的综合能力，能够对新媒体产品与其传递的信息进行必要的评判，能够比较清晰地判断新媒体对现实社会带来的影响。

作为高校思想政治教育工作者，应该树立科学的人才观，在保证正确的政治立场和社会主义核心价值观的统领地位的基础上，应该注重个性化的人格和能力的包容和培养，培养个性化的人才；协调好“教”与“学”的关系，不仅要注重“怎么教”，还要注重“怎么学”，实现“教”“学”平衡，注重大课堂的构建，突破“教”与“学”的时空限制；形成平等的“师生观”，尊重学生作为高校思想政治教育主体的作用发挥。

作为高校思想政治教育工作者，应该主动增强对新媒体的认知，跟上时代潮流，诚恳接受新媒体、熟练使用新媒体，在新媒体上发挥主体作用，能够运用新媒体对信息进行加工，增强运用新媒体加强教育教学效果的意识，进行教育目的意图的渗透，在教育教学过程中，主动、科学地使用好新媒体。从路径上来看，可以通过自学、积极参加新媒体技术培训班及相关法律法规培训；也可以承担相关教育研究课题，加强对新媒体融入的理论研究和经验推广；还可以借助专业技术人员或学生力量，学习一些新媒体技术、创设一些新媒体载体，建设一些新媒体资源等。

（二）加强大学生主体能力的塑造和发挥

大学生是新媒体的主要使用人群，最早接受和使用了新媒体技术，他们对网络、智能手机等新技术依存度非常高，深度依赖于新媒体环境，也为他们成为高校思想政治教育载体创新的主体力量提供了基础。

媒介的能力可以理解为主要是对信息的选择能力、理解能力、质疑能力、评

估能力、创造和生产能力等。大学生首先可以利用自己对新媒体技术的使用频率高、使用熟练等优势，深刻理解不同新媒体的性质、特征、用途和目的等要素；面对真假不一、价值多元的海量信息，大学生们应该坚持社会主义理想信念，主动加强科学文化知识的学习，并利用对新媒体信息加工过程的了解和认识，对信息进行筛选、甄别、质疑和评估；利用好属于“自己”的媒体平台，新媒体提供了大量的自媒体，降低了大学生参与并制造信息的门槛，但需要他们增强信息责任意识，加强网络法制观念，加强虚拟社会的道德自律性，加强对信息进行及时、正确处理的能力，加强对信息进行合理加工、创造的能力，加强对信息处理中增加意识形态思想的能力，塑造好高校思想政治教育主体性的一面。

大学生也应该积极为高校思想政治教育载体创新发挥主体作用，尤其是利用新媒体带来的交互性特点。利用虚拟世界的各种方式的沟通，留言、留信、评论，可以参与活动，参与教育教学的各个环节，尤其是设计环节中提供合理的意见建议，提出合理的需要，促进教学内容的变革；通过各种教学平台，使大学生做好内容和形式的选择；通过新媒体，主动分享大学生思想政治教育的各种资源，丰富思想政治教育的资源库，尤其是一些音频、视频、电子信息类资源等；通过主动加工，制作一些对大学生群体本身产生教育意义的信息内容，通过自媒体的运用，把好的内容和感受进行发布，对同学们发挥教育功能，进行“朋辈教育”；也可以把值得关注的问题通过“麦克风”和“聚光灯”加强传播，引起同学们和教师的关注和解决。

三、提升高校思想政治教育载体的整体能力

（一）发挥传统载体的主渠道作用

正如传统媒体在媒体业态中仍然要引领宣传口径，各级主流媒体仍然需要发挥主渠道作用一样，高校思想政治教育的传统载体，是被实践证明了的，也是我们多年来从事高校思想政治教育工作的宝贵经验的积累，对现在及以后的思想政治教育工作仍然可以发挥重要的载体作用。

传统载体的设计、策划、组织、实施和反馈调整的各个环节，都能够更好地体现高校教育的主导性，能够更好地从源头上把高校思想政治教育的目标、意图进行贯彻，可以更好地发挥新时期的教育作用，也可以在渗透性教育中，便于从载体发生作用之初就内嵌上思想政治教育的内容。

（二）传统载体的新媒体改进

在传统媒体与新媒体融合的背景下，中央媒体逐步适应了媒体发展融合大趋势，仍然走在各级媒体的前列，加快推进融合发展进程，焕发新的生命活力，进一步掌握舆论引领主导权。传统媒体正由传统新闻产品生产为主向现代多媒体的

新闻信息业态拓展。过去供应文字、图片，今天还供应视频、供应新兴媒体的产品；各个新兴媒体的终端，新华社的自媒体、联播网等迅速发展；新闻互联网集群，包括新华网、中国政府网等网络集群逐渐构建起来。

高校思想政治教育的传统载体要发挥主渠道作用，就需要借助新媒体的力量，在其中植入新媒体的手段、方法和技巧，以新媒体的技术性优势和符合大学生的时代要求的特征，使传统媒体重新焕发生机和活力，继续发挥主流作用。

具体来说，作为传统载体为主要形式的高校思想政治理论课可以与多媒体、新媒体进行对接，以多媒体的形式融入图片、影像、动画、声音等形式的信息，营造一个立体形象、活泼但又不失严肃性的教学氛围，在此基础上，借鉴国外的课程教学平台的经验，通过网络平台等技术，搭建起网上教学的平台，以全时在线的形式来进行课下学习和课堂的补充，也可以作为教师与学生进行交流的平台、同学们围绕热点问题进行讨论的平台，以传统模块加强传统的思想“灌输”，以“新模块”加强特色栏目，融合思想政治理论课本身所缺乏的趣味性、服务性和互动性，以课程在线的形式来满足大学生对优秀思想政治理论课资源的需求。其他传统载体，也可以广泛对接新媒体，植入新媒体的载体力量，及时采取学生乐于接受的方式以提高管理效率和管理实效，促进大学生全方位的接受思想政治教育。

（三）新载体的培育与创新

培育专门的资源库，建立起资源共享机制。这样让新载体和传统载体之间可以共享相关资源，一方面便于新载体了解和掌握传统载体所要传达的设计意图、传递的主流价值观念，使新载体不至于偏离传统载体的主流思想、主流价值；另一方面也可以使传统载体丰富已有的资源，在具有资源的权威性优势的前提下，更好地把握大学生的需求和接受特点，把一些活泼的、具有渗透性的、对话式的、共鸣式的、带来体验新感觉的、可参与的新信息和新资源整合进去，让传统载体焕发生机和活力，在更高的平台上发挥主渠道作用。

依托新媒体进行新载体的创新，积极培育和发展一些不同于传统载体的新的载体形式。如积极构筑微载体，建立一些官方的微平台，渗入一些民间的微载体，通过微博、微信的交互功能，引领一些微课堂、微传递、微公关、微灌输、微民主等思想政治教育方法，一些交互性的话题，可以由教师发起，也可以由学生发起，通过精准的交流沟通，发挥“贴心”“知心”的作用，通过“去官方化”的形式，把问题化解在微小阶段，防微杜渐。

可以依托网络新媒体，构筑起网络教学平台。教育部多次强调，要构筑起思想政治理论课的课堂教学、实践教学和网络教学的三个平台，共同促进思想政治理论课的实效性。因此，可以将精品课程上网，将课程教学的全过程植入网络技术，一方面可以最大限度地节约教学成本，节约时间和人力资本；另一方面也可以引起大学生的学习兴趣与主动性，如一些“学习型游戏”“严肃游戏”的开发与上线，一些“通关”类的学习过程、慕课的教学方式，通过引起学生兴趣的方式进行学习，润物无声，寓教于乐。

还应该根据学生参与的主动性，深挖新媒体的形式，优化创新，与时俱进，可以通过开通教师微博、班级、年级或其他集体的微信群、搭建兴趣组、教学交互平台、师生交互平台、各级手机报、微信报等新形式，对传统载体发挥重要的补充作用。

（四）载体合力的构筑

新媒体已经成为人们生活的一部分，深深融入了人们生活的各个领域，而且各种媒体业态越来越多地表现为互相融合和适应的特点。如四川日报等主流媒体的做法是“先上网再见报，先简报再详报，即日采集，及时发稿，抢得先机，覆盖多终端”。新媒体融合的环境下，既要发挥传统载体的主渠道作用，又要发挥新载体的重要补充和技术基础作用，传统载体和新载体需要在更高的平台上精心整合，发挥合力，为高校思想政治教育的实效性发挥作用。

当前，三网融合的业态现状，将电信网络、广播电视网络和计算机通信网络逐渐整合为具有世界统一性的信息通信网络，这将对大学生思想引领的载体整合产生重要影响。大学生的学习、生活和思想的建构过程逐渐融为一体。一方面，将突破局域网的限制，将家长、学校、学生和校外力量整合在一个平台上，可以围绕大学生思想政治素质的提高发挥合力作用；另一方面，多种手段和多种载体的整合，利于形成一个全方位、全时段、全领域、全过程的高校思想政治教育载体合力，持续、多样地发挥作用。

云计算技术，将资源的整合和按需分配、扩展分配变成高校思想政治教育的资源获取手段，在一定程度上打破各高校之间的资源分布不均匀，更新速度慢、更新成本高等问题，促进了教学资源的共享性。当然，要实现云计算在高校思想政治教育中的作用，需要通过建立平台，整合各高校图书馆资源，整合高校特色资源，建立各高校之间的信息员制度和云协同制度，避免出现思想政治教育“资源孤岛”的现象。

物联网技术的使用，可以将交通、建筑、水电气、消费品等各种物体进行整合，可以实现人与自然物、人造物的系统整合，有人称之为“全物质媒体化”。也可以将大学生的消费状况、事务管理、实物管理整合在一起，借阅、就餐、门禁、自习、洗衣、用电、用水、洗澡、上网、上课等环节都可以通过物联网技术进行整合和分析，并作为了解和引导大学生思想政治状况的重要载体，或可成为高校加强思想政治教育的辅助手段。

四、加强高校思想政治教育载体的创新管理

（一）加强新载体创新的主体管理

1. 让主体在法制化轨道上创新使用新载体

网络不是法外之地，任何国家都要加强网络的安全监管工作和网络执法工作。新媒体的互动直播等功能，在很大程度上促进了高校的民主建设，也促进了大学生的民主热情和民主参与，极大地促进了大学生公民权的发挥，也极大地促进了信息传播的速度、规模和对象的无差别化，但也加大了法治监管的难度。加强新载体主体的管理，要进一步培养他们的法制观念，形成网络安全意识，加强他们的法治、规范意识，确保新载体的创新要在符合法律法规的前提下进行。

2. 培育并管理好意见领袖和网络偶像

新载体容易培养一些教师、学生群体中的意见领袖和网络偶像，他们往往有着数量庞大的粉丝，对大学生思想政治教育的作用很大。当他们传播正确的世界观、人生观和价值观时，便扮演了十分重要的教育者角色。因此，要抓住这个新载体中的关键少数，就要做好意见领袖和网络偶像的管理工作，即及时进行培训教育，加强他们的责任意识、法治意识和观念。

（二）加强新载体创新的形式管理

1. 实行严格的登记管理制度

我国高校思想政治教育的载体不同于纯粹商业载体、纯媒体载体，它从设计之初就是严肃、规范而且负载着高校思想政治教育内容和目的的载体，它可以具有生活化的形式，但其形式设计、形式论证、形式审批、形式管理、形式改变等都要在严格的审核管理程序下进行。

2. 交互式载体的形式管理

交互式载体，如微博、微信等载体，可以加强信息传播的直接性和互动性，避免信息在传输过程中失真走样，也催生教育工作者由管理者身份逐渐过渡到服务者身份，为学生服务、为学生排忧解难的功能更加明显。在此过程中，管理要注重程序，尤其是对学生的反馈时间要有明确规定，否则就会使交互性受阻，要对过程建立监督机制，避免管理者传递的信息有误，或存在不良的教育管理行为，避免交互过程中的争执和矛盾升级。

3. 避免不良形式的出现

一些不良载体的出现，也会对高校思想政治教育产生负面影响，高校应该采取严格的管理措施，避免诸如快播、翻墙等不良形式向高校大学生的渗透。

（三）加强新载体创新的内容管理

1. 内容为主是传统媒体时代的铁律

虽然当前新的传播技术和传播渠道层出不穷，但是高品质内容的产品仍然是

媒体机构在新时代生存发展的根本，且将在未来媒体发展中起到关键作用。

加强主流内容的阵地意识，通过主流价值观念在新媒体内容上的渗透，营造出主流内容的主导氛围，把党的路线方针政策、治国理政的新战略新思想新理念与大学生的诉求结合起来，创新内容载体，打造主流内容，并及时占领宣传舆论阵地，占领高校思想政治教育载体的阵地，形成主流内容的传播氛围，更大程度上发挥新载体的正向功能。

2. 对新载体内容同样要实行实时监测制度

新载体的海量信息中，存在良莠不齐、信息发布者身份复杂、目的多元、变化迅速且方向多样。要随时关注各级各类论坛、微博、微信、邮件、QQ 甚至物联网的各项内容，对大学生群体进行舆情监测，避免出现网络躁动、信息串联、集体失范行为的苗头，及时发现一些不良情绪、不良思想和不良行为，及时介入进行引导。建立起群防机制，对不良信息、不实言论及妖言惑众的内容，要及时发现、及时上报、及时肃清，形成发现、上报、解决、反馈的系统工作机制。

3. 对不良内容及时反击

许多虚假信息具有欺骗性，广大信息受众很难辨别真假，因此，需要官方的及时澄清、及时应对、及时反击。同时，高校也需要利用一些资源优势，加强对历史虚无主义等不良思潮和表现形式的坚决反击。

第五章　新媒体时代高校思想政治教育的资源整合

“整合”的主要含义是指通过整顿、协调重新组合。思想政治教育资源整合是指把纳入到思想政治教育活动并有利于思想政治教育的各种要素，根据思想政治教育的需要加以整顿、协调重新组合，以利于思想政治教育目的的实现。思想政治教育是一项社会实践活动，需要丰富的思想政治教育资源作为支撑。然而，新媒体时代人们的思维方式发生了变化，特别是思想教育方式、接受方式发生了革命性变化。面临新情况、新问题，高校在思想政治教育资源开发、利用与优化整合等方面需要统筹管理，因此，转变观念，提高认识，重视和加强思想政治教育资源整合功能，是新媒体时代开创高校思想政治教育工作新局面的一项基础性工作，这也是深化高校思想政治教育工作的重要途径。

第一节　新媒体时代高校思想政治教育资源整合的基本依据

一、新媒体时代高校思想政治教育资源整合的必要性

新媒体技术的迅猛发展，为高校思想政治教育活动提供了广阔的空间，但无形之中也增加了思想政治教育的价值实现难度。资源整合的最直接意义就是使有限的资源最大限度地满足人们的需要，使资源利用达到最大化。在新媒体环境下，高校思想政治教育工作要突出资源整合意识，从资源的视角来研究和探讨资源整合对思想政治教育价值实现的意义。实行高校思想政治教育的资源整合，主要基于以下几个方面的原因。

（一）克服新媒体时代高校思想政治教育资源自身短处的内在需求

长期以来，高校思想政治教育资源存在“三大短处”。

1. 资源短缺

我国高等教育已经进入了大发展时期。大众化教育发展迅猛，一方面是大批中等职业院校升格为高等专科职业院校；另一方面是独立学院的兴起，使得高校

数量激增。此外，原有高校不断扩招，促成了庞大的受教育群体。由于高校思想政治教育资源的增长幅度与受教育群体的增长速度不同步，许多高校的思想政治教育资源在短时期内显得相对短缺。因此，实行思想政治教育资源整合不失为解决这一需求矛盾的有效尝试，也有利于促进不同地区思想政治教育公平。

2. 资源发展不平衡

高校思想政治教育资源发展的不平衡，主要表现在两个方面：一是地区性不平衡。由于经济和文化发展的不平衡，不同地区的政府和教育行政主管部门对高等教育的财政经费投入存在着差异。经过多年的努力，高校的思想政治教育学科建设取得了较大的成就。目前，全国马克思主义理论与思想政治教育一级学科学位层次已达到齐备的程度，硕士、博士学位点几乎遍及全国，数量多、分布广，自二十世纪八十年代以来培养了大批的硕士生、博士生。但目前这些研究性环节主要都分布在经济较发达和政治文化氛围浓厚的地区，一大批有理论素养和实践经验的思想政治教育专家、学者集中在这些地区。二是领域性不平衡。在社会领域内，社会思想政治教育资源主要有网络、影视、新闻、媒体、书刊、博物馆、纪念馆以及各类标志性建筑物等；社区思想政治教育资源主要有工厂、商店、社区、文化娱乐部门、司法机关等单位和部门，这些思想政治教育资源内容丰富但缺乏系统性和理论性的指导。而高校的思想政治教育资源虽然较为系统且具有很强的指导性，却缺乏生活气息和吸引力。在不增加或少增加思想政治教育投入的前提下，实行高校与社会、高校与高校之间的资源整合，可以最大限度地发挥现有的高校思想政治教育资源的作用，提高教育资源的使用效率。同时还有利于高校之间交流研讨，促进高校与社区间双向互动关系的形成，提高办学效益和教育教学质量。

3. 资源发展存在差异

高等教育的发展类型和层次具有多样性。从院校的生源层次来看，存在着本一批、本二批和本三批院校；从院校的办学性质来看，存在着公办院校、民办院校和独立学院；从院校的办学类型来看，存在着文科类院校、理工科类院校、艺术类院校及综合性大学。各级各类院校在思想政治教育资源方面存在着较大的差别。现实中，各种高校思想政治教育资源分散在不同的地区和不同的单位，受时空的限制无法实现有效聚合。资源整合是通过一定的手段和方式，使资源在一定程度和范围内集中。在思想政治教育资源总量一定的情况下，实施资源整合，也是各级各类高校解决思想政治教育资源差异性问题的有效尝试。

（二）适应新媒体时代高校思想政治教育资源新特点的现实需要

新媒体时代，新媒体以其海量的信息、迅捷的传播速度、多对多的传播方式、受众范围广以及影响结果直接显著等特点，使其在高校思想政治教育中所起到的资源性作用逐步被认识和重视。新媒体在高校思想政治教育中的地位和作用的显现，赋予了高校思想政治教育资源新的特点。

1．潜在性

如同其他资源一样，思想政治教育资源无论其存在形态、结构，还是其功能和价值，都具有潜在性，必须经过思想政治教育工作者实施主体自觉能动地加以赋值、开发和利用，才能转化成现实的思想政治教育资源。新媒体时代，高校校园媒体的教育功能需要经过思想政治教育工作者自觉主动地加以开发和整合才能得以实现。

2．多样性

思想政治教育资源的“客观状态”具有多样性，不同地域、不同时代、不同文化背景下，可供开发和利用的思想政治教育资源不同。新媒体时代，知识层面的、活动层面的以及环境与设施层面的高校思想政治教育资源，在概念和外延上得到了拓展。新媒体所承载的内容信息、文化、思维方式及其自身的知识传递的功能性作用，使得高校思想政治教育资源得到了极大的丰富。

3．动态性

思想政治教育资源是一个与社会资源系统、人的主观价值系统和开发条件等动态适应的子系统，因而不同主体在不同情景下面对可能开发利用的思想政治教育资源是不同的。新媒体的开放、迅捷、及时和海量化信息承载量，赋予了高校思想政治教育资源动态的、开放的和较强情景性的特点，因而必须针对具体的时空条件和情景进行开发与利用。

4．选择性

思想政治教育资源是客观社会资源经过主体筛选后具有主观性和客观性的资源，其涉及范围广泛，包括制度层面、精神层面和物质层面。新媒体在高校校园的兴盛丰富了高校思想政治教育的手段和途径，扩大了思想政治教育资源的选择性。

（三）加强新媒体时代高校思想政治教育资源利用的必然要求

新媒体时代，加强高校思想政治教育资源整合是为了合理地利用资源，使大学生思想政治教育具有更强的针对性和实效性。高校思想政治教育资源整合虽然取得了显著的成效，但是在整合过程中仍然存在着一些不可忽视的问题。因此，必须深化对高校思想政治教育资源整合必要性的认识，深刻认识“四个必然要求”。

1．提高高校思想政治教育资源使用效率的必然要求

一般来说，教育者在高校思想政治教育实践中遇到和直接运用的都是大学生

思想政治教育个别而具体的资源形态。但是，无论哪种资源形态都不是孤立存在的，而是与其他的资源形态相互依赖、相互支撑，有机结合在一起而形成的一个整体。在高校思想政治教育资源整合过程中，存在着现有高校思想政治教育资源的有限性和所需资源无限性之间的客观矛盾。只有在现有的条件下，充分把握思想政治教育资源的属性，正确地审视和理解高校思想政治教育资源之间的内部关系，再进行全面的合理整合与配置，达到资源共享，才能更好地提高高校思想政治教育资源的使用效率。

2. 提升高校思想政治理论课实践教学资源质量的必然要求

高校思想政治理论课实践教学资源的质量，是指思想政治理论课实践教学资源作为一个系统，它的各组成要素能否满足实践教学的要求，以及各要素之间能否实现最优组合，形成合力，使之功能效益最大化。实践教学资源的质量也是影响高校思想政治理论课实践教学环节顺利实施的重要因素。新媒体时代，高校思想政治理论课实践教学资源既有人、财、物等有形的要素，又有教风、学风、校园环境、社会舆论等无形要素，这些要素之间的结构搭配是否合理，既反映了资源本身的质量，又直接影响和制约思想政治理论课实践教学的效果。即各种实践教学资源对思想政治理论课实施所起的作用不是简单的、直接的、机械的过程，而是一个有机的、综合的复杂过程。任何单个要素所起的作用都是十分有限的，只有将各种实践教学资源的力量联合起来实现资源共享，才能形成教育合力，达到资源综合利用的最佳效果，而这些只有通过对资源的充分整合才能实现。通过整合，可以将所需要的各种思想政治理论课实践教学资源按计划和要求进行调配和优化组合，使其相互联系、相互作用、相互影响，以提高资源的质量和利用效益，从而实现实践教学的既定目标。

3. 推进高校思想政治教育社会化的必然要求

高校思想政治教育社会化是指高校思想政治教育要适应社会发展的需要，贴近大学生的实际生活，以学校为中心，在全社会共同关心支持下，引导大学生适应社会、参与社会、服务社会，实现高校思想政治教育与社会教育相互渗透、相互作用的过程。高校思想政治教育的社会化从本质上来说就是为了促进大学生的社会化，它不仅是高校的任务，也与各级部门和社会各界有密切联系，因此，社会上的相关部门和相关群体都要关注和重视大学生思想政治教育，特别是要树立全员育人、全过程育人和全方位育人的大学生思想政治教育观念。随着新媒体的广泛运用，决定了高校思想政治教育资源整合方式的多样化，只有通过多样化的资源整合方式，才能达到高校思想政治教育资源利用率的最大化和效益的最优化，从而有力地促进高校思想政治教育社会化。

4. 对大学生进行立体教育和综合培养的必然要求

当前，新媒体的发展进程不断地改变大学生的思想、学习和生活状态，拜金主义、享乐主义和个人主义等社会思潮冲击着大学生的思想道德观念，高校思想政治教育工作者必须适应时代发展的要求，以党的教育方针为指导，在大学生思想政治教育实践中，将学校教育、家庭教育和社会教育相结合，形成合力，并将各种校内资源和校外资源进行合理整合，充分发挥高校思想政治教育资源的作用，以提高大学生思想政治教育的适应性和有效性。只有这样，才能对学生进行立体教育和综合培养，规范大学生的思想和行为，引导其走上符合当前社会主义教育事业发展要求的道路上来。

二、新媒体时代高校思想政治教育资源整合的可行性

（一）需求的交互性为高校思想政治教育资源整合打下基础

高校思想政治教育资源整合的指导思想在于“优势互补、相互促进”。各高校既是思想政治教育资源的供给者，又是需求者，这种交互作用使得资源整合成为可能。不同地区、不同类型的高校在思想政治教育资源方面存在着一定的差别，这种差别表现为三种情况：一是学校之间存在着思想政治教育资源的差异性。在大批的研究型院校中，思想政治教育资源优势主要体现在理论研究和学科建设方面。不足之处是教学与思想政治教育的实际工作相脱节的现象较为普遍，学校培养出来的博士大多又继而从事学科建设、理论研究，极少有人投身思想政治教学和实践工作，理论研究优势没有转化成教育实践优势。从长远看，虽然学科建设最终会大力推进思想政治教育的资源建设，但是，在客观上造成的现实是大批学者很少直接面对本科生开展思想政治教育工作，脱离思想政治教育工作第一线，思想政治教育资源“流失”。而以教学型为主的大批独立学院和高职高专院校恰恰弥补了这一缺陷，思想政治教育工作者（教师、行政、辅导员队伍）主要从事一线的思想政治教育工作，体验深刻。其优势在于教育观念开放、实践经验丰富以及思想政治教育信息资源密集。缺陷是队伍偏年轻化，理论归纳和总结能力有待提升。从整体发展来看，研究型高校与教学型高校实现思想政治资源的优势互补，既是促进我国高校思想政治教育资源均衡配置的必由之路，也是各高校提高思想政治教育实效性与创新性的现实要求。二是部分高校存在着思想政治教育资源闲置浪费的状况。一些重点院校和有思想政治教育学科设置的院校，其雄厚的师资力量和丰富的实践基地等资源并未得到充分利用，因此愿意以某种方式提供给其他学校使用。三是部分高校的思想政治教育资源不足，存在着共享的需要。以上三种情况使得思想政治教育资源整合存在可行性和合理性。各种类型

的高校通过资源整合实现双赢的同时，最终促进高校思想政治教育整体水平的提高。

（二）有利的政策环境为高校思想政治教育资源整合提供保障

要实现高校思想政治教育资源整合，除了对资源的分布进行分析外，还必须从资源整合的支持系统进行考察。事实上，高校思想政治教育资源能否实现整合，以及在什么情况下能够实现整合往往受环境条件的制约。从我国现有的支撑政策来看，非常重视青少年的思想政治教育工作，大力支持高校做好思想政治教育工作，连续出台了相关文件，并组织了多门思想政治理论课教材的编写，以及组织骨干教师培训和辅导员队伍培训。各级教育部门也实行思想政治理论课教师全员培训，推行了持证上岗制度。国家和行政主管部门的政策支持为高校思想政治教育资源整合提供了政策保障和便利条件。

（三）迅速发展的互联网技术为高校思想政治教育资源整合提供支持

二十世纪九十年代以来，信息网络技术得以迅猛发展，网络覆盖面越来越广。目前，全国高校建设的校园网、互联网已经成为校园生活中不可缺少的重要组成部分。

迅速发展的互联网为高校思想政治教育资源整合提供了技术支持，互联网具有信息量大、信息发布快、可异地传送以及不受时间、空间限制等优点，能够在一定程度上解决高校思想政治教育资源相对分散的问题。高校可利用网络技术来收集思想政治教育的资料，通过网络来丰富思想政治教育资源。目前，全国绝大部分高校都建立了思想政治教育网络或相关的校园网。从硬件设备角度看，当前开展网上思想政治教育在技术上已经成熟，我们只需要一些多媒体计算机，开通网络就可以参与高校思想政治教育资源的共建共享，充分发挥各类教育资源在高校思想政治教育中的作用。

总之，高校思想政治教育资源的整合与共享不仅是必要的，而且是可行的。它的必要性会随着高校的改革发展而愈显迫切，它的可行性会随着党建工作内容和技术的双重推进而与日俱增。

第二节　新媒体时代高校思想政治教育资源整合的理论支撑

新媒体时代高校思想政治教育资源整合需要理论支撑，不仅需要哲学、经济学和教育学等基础理论和最新形势政策的依据，还要充分吸收其他相关学科的理论知识，并密切关注其他学科的最新理论发展，唯有如此，才能使高校思想政治教育资源达到最佳整合，并充分发挥资源整合后的效应，更好地推进新媒体时代高校思想政治教育工作。

一、哲学支撑

（一）马克思主义关于社会存在与社会意识关系的原理

马克思主义从观察社会历史现象的“现实的前提”出发，详细地论述了社会意识从产生到发展的过程及其本质，马克思和恩格斯对社会现象的变化和历史发展与演进都做了全面的概括与分析，从这一前提出发，详细地阐述了有关社会意识的相关问题，主要包括社会意识是如何产生、怎样发展以及它的本质是什么，并且明确提出和系统阐述了“意识在任何时候都只能是被意识到了的存在，而人们的存在就是他们的现实生活过程”“不是意识决定生活，而是生活决定意识”的原理。马克思和恩格斯在历史唯物主义原理中所提的社会存在决定社会意识，指的是社会存在是社会意识的根源，是第一性的；社会意识是对社会存在的反映，是第二性的，社会存在决定社会意识的发展变化。

如果要全面正确地理解社会存在与社会意识的辩证关系，不但要认识到社会存在决定社会意识，还要特别重视社会意识的能动的反作用和其相对独立性。这就要求我们在高校思想政治教育实践中，不但要弄清社会存在与社会意识的关系，还必须正确理解社会意识尤其是先进意识对社会存在的能动的反作用。只有这样，才能充分发挥思想政治教育的巨大作用，从而对高校思想政治教育资源存在的必要性和可行性有全面的认识和高度的重视。

所以，只有加强对大学生物质生活状况及其变化发展规律的研究，探寻大学生产生思想问题的物质根源，才能较为全面地掌握大学生的思想面貌以及变化发展的趋势。在具体实践中，必须准确把握大学生的生活实际，积极争取社会中的有利力量，抵制和克服社会中的消极影响，从而深化高校思想政治教育资源配置的效率和水平，提高资源的利用率和使用质量，不断增强高校思想政治教育的针对性和实效性。这就为高校思想政治教育资源的有效整合提供了最基础的理论支撑。

（二）马克思主义关于人的本质的理论

马克思主义关于人的本质的论述，为我们科学地认识大学生及其思想提供了基本的理论依据。马克思和恩格斯对前人的观点做了系统的研究和批判，吸取了人类思想史上有价值的理论成果，批判地继承了黑格尔辩证法的合理内核和费尔巴哈唯物主义的基本思想，创立了辩证唯物主义和历史唯物主义。马克思和恩格斯结合自己的研究，在此基础之上，在人类历史上第一次科学准确地阐述了人的本质是什么。马克思在《关于费尔巴哈的提纲》中做出了对人的本质的科学论断："人的本质并不是单个人所固有的抽象物。在其现实性上，它是一切社会关系的总和。"这就是马克思主义关于人的本质问题的最经典表述，它不仅是对人的本质的科学论断，还为科学考察人的本质开辟了正确途径。

根据历史唯物主义的观点，马克思主义第一次提出了人的本质由社会关系决定的理论命题，这具有开创性的意义，自此以后，研究人的本质具有了科学的思维方法和准确的理论基础。社会关系作为一个整体性的系统，是十分庞大而且非常复杂的。从马克思主义关于人的本质理论看，人的思想的形成与发展变化无时无刻不是受到社会关系的制约，这就要求高校思想政治教育必须建立在社会关系的充分发展基础之上。

以上的论证成为高校思想政治教育资源配置的重要理论依据，为高校思想政治教育资源整合确定了科学合理的目标。这也要求在高校思想政治教育资源整合的过程中应该认识到以下几个问题：首先，高校思想政治教育的主体是人，并存在于一定的社会关系之中，思想政治教育资源是被人所利用的，也一定是蕴含在一切社会关系的总和之中的；其次，大学生的思想以及高校思想政治教育资源都应该具有一定的特点和差异，要对其做出准确的把握和判断，只有将其放在大学生所处的特定的社会关系中去理解才有意义；最后，大学生思想和高校思想政治教育资源的发展变化，必定与大学生所处的各种社会关系的发展变化紧密相关。只有这样，才能充分把握和利用高校思想政治教育资源，以增强高校思想政治教育的社会性和适应性。

二、经济学支撑

（一）供需均衡理论

供需均衡是一个经济学术语，它涉及两个概念（即供给和需求）和一种状态（供给—需求状态）。经济学中的产品生产是指厂商的行为，产品需求是指消费者的意愿行为。供需均衡理论，指的就是生产者提供的产品只有符合消费者的需求，市场的供求才会达到均衡。如果供给与需求不匹配，即供给者提供的不是消费者所需要的，那么，一方面生产者浪费了为生产其产品所耗费的人力、物力和财力；另一方面，消费者的需求得不到满足。所以，消费者所具有的现实和潜在的消费需求，应该成为生产者在生产过程中的目标基础，只有这样，才能生产出满足广大顾客需求的优质产品，否则，生产者的生产就具有盲目性，生产和消费的供需平衡就不能圆满实现。

高校思想政治教育资源作为一种特殊的商品，其生产者为“教育者”，即高校思想政治教育相关部门、教师；需求者为高校大学生，作为高校思想政治教育重要载体的思想政治教育资源在教育者和大学生之间存在着“供给—需求”关系。按照市场规则，如何配置资源、组织生产都取决于消费者的消费需求。

在高校思想政治教育过程中，大学生的需求状况是分析决策参考的一个最为重要的因素。新媒体时代，高校思想政治教育资源必须与大学生的学习、生活和思想实际紧密结合起来，从人本理念出发，切实做到大学生想之所想、急之所急，只有这样才能使传统思想政治教育过程中教育内容“入耳不入心”的被动局面得到良性转变，从而充分发挥高校思想政治教育的巨大效用，也就能够为高校和谐发展提供强有力的思想文化基础。

在经济生活中，需求和供给是相互独立而又相互依存的，一方面需求带动供给，另一方面供给也创造需求。然而，在高校思想政治教育中强调供求一致，并不是完全按照大学生的需要来提供思想政治教育资源，他们需要什么就生产什么，而是要对大学生的需求进行正面引导和层次提升，使思想政治教育产品的生产不仅遵循了供求规律，而且符合高校思想政治教育的切实需要。因此，我们提供给大学生的思想政治教育资源首先是能够符合大学生实际需求的，决不能是无原则地、只是随意迎合学生的任何需求，而是要求必须将大学生的个人需求与高校和社会的整体需求进行统一，从而能够最大限度地满足其个人需求。对于那些不符合高校和社会目标的思想政治教育资源，则是应当加以引导和纠正的。

（二）成本效益分析理论

成本效益分析是一种通过比较项目的全部成本和效益来评估项目价值的方法，成本效益分析是一种经济决策方法，就是将成本费用分析法运用于政府部门的计划决策之中，以寻求在投资决策上达到如何以最小的成本获得最大的效益。需要量化社会效益的公共事业项目价值就经常用这种分析方法来评估。

十九世纪法国著名的经济学家朱乐斯·帕帕特在其著作中首次提出了成本—效益分析方法的概念，并将其定义为“社会的改良”。随后，越来越多的专家和学者开始关注这一理论，并开始逐步应用于社会生活中，甚至开始渗透到政府活动中。随着现代社会经济的迅速发展，政府的职能逐渐多元化，政府投资项目也开始逐渐增多，在政府的实践应用和积极推动下，这一理论在经济运行过程中的作用也越来越明显。这促使广大人民也开始更加关注投资，重视投资项目支出的经济和社会效益。在此基础上，成本效益分析理论在实践方面也得到了迅速发展，如今这种能够比较成本与效益关系的分析方法已经被世界各国广泛采用并运用于各种领域。例如，成本效益分析法运用在高校思想政治教育领域，这种成本包括思想政治教育的实际成本和机会成本，其中实际成本也叫直接成本，指的是以货币支出的教育资源价值，机会成本也叫间接成本，指的是因资源用于教育所造成的价值损失。

效益是检验高校思想政治教育资源整合水平的唯一标准。从本质上讲，高校思想政治教育工作的效益是一种精神效益，是人的世界观、人生观、价值观以及知识量、信息量等主观世界的某些积极变化，各类高校思想政治教育资源在形式上有很大的差异性，在作用上也有很强的替代性，必须结合高校思想政治教育实际确定使用哪种资源、使用多少以及选择使用的时机和场合，这就是新媒体时代高校思想政治教育资源整合所需要解决的问题，它直接关系到高校思想政治教育的效果。高校思想政治教育资源整合是一个动态的过程，主要是组织和支配各类教育资源为大学生教育目标服务。在资源整合过程中应该遵照成本效益分析的方法，使教育资源能够得到有效配置，形成合力，达到事半功倍的效果。

三、教育学支撑——生活教育理论

生活教育理论是著名教育家陶行知教育思想的主线和重要基石，集中反映了他在教育目标、内容和方法等方面的观点主张。陶行知的“生活教育”理论从渊源上来讲是吸取和改造的杜威教育思想，主要包括生活即教育、社会即学校、教学做合一，这三个方面相互联系不可分割。这一理论最主要的特点就是主张教育要同实际生活相结合，反对传统教育中死读书的旧观念，更加注重儿童的创造性和独立工作能力的培养。

“生活即教育”是陶行知生活教育理论的核心。陶行知指出：“生活教育是生活原有，生活所自营，生活所必需的教育。教育的根本意义是生活之变化。生活无时不变，即生活无时不含有教育的意义。”陶行知认为，教育这个社会现象，起源于生活，生活是教育的中心，教育应为社会生活服务，在改造社会生活中发挥最大的作用。“社会即学校”是“生活即教育”思想在学校与社会关系问题上的具体化。陶行知认为自古以来，社会就是学校，因为所有的教育思想都来源于社会，所以社会应该是人民大众唯一的、共同拥有的大学校。“教学做合一”是“生活即教育”在教学方法问题上的具体化。生活教育理论要求学生在接受教育的过程中手脑并用，劳力与劳心同行，这就大大突破了传统教育上只重视学校教育而忽视社会教育、只重视书本学习而忽视生活实践、劳心与劳力相分离的限制，迸发出强烈的时代气息。

从生活教育理论阐发的观点来看，在新媒体时代尤其强调高校思想政治教育的实践活动必须打破传统教育观念，改变过去那种以学科、课堂、教师为中心的传统教育模式，而是要树立起源于生活、最终还要回归于生活的教育理念。我们要深入发掘现实生活中的高校思想政治教育资源，使现实社会生活中教育资源的作用得以充分发挥，对理论教学和现实生活中的思想政治教育资源进行优化整合，努力实现理论教学和现实生活的相互融合与统一。

第三节　新媒体时代高校思想政治教育资源整合的路径选择

一、转变思想观念，科学定位资源整合

新媒体时代，高校思想政治教育的环境发生了重大变化，思想政治教育资源整合必须首先从转变思想观念入手，树立整体、全面、开放、效益、发展的新思想政治教育资源观。为此，需要树立以下“四个资源观”。

（一）树立思想政治教育资源辩证观

确立高校思想政治教育资源辩证观，需要我们正确处理好三个重要的资源矛盾关系：一是思想政治教育资源的有限性与无限性问题。思想政治教育的人力资源、财力资源、物力资源、组织资源等就其物质性而言是有限的，但新媒体所提供的思想政治教育资源以及教育工作者利用资源的潜能是无限的。二是思想政治教育资源的有用性与有害性问题。新媒体所提供的资源海量、鱼龙混杂，既可以成为思想政治教育的有利资源，也可能对大学生造成不良的影响。三是思想政治教育资源量与质的问题。量与质的辩证关系要求我们在不断丰富高校思想政治教育资源的同时，也要不断提高资源的质量，提升资源的利用率。

（二）树立思想政治教育资源层次观

高校思想政治教育资源是可以纵横双向划分的矩阵系统。从横向来划分，思想政治教育资源可以分为人力资源、财物资源、信息资源、组织资源、制度资源和文化资源等。就文化资源而言，又可从纵向来划分为传统文化资源、国外文化资源与网络文化资源等。思想政治教育资源的层次观要求我们对各个层次的资源进行有效整合，让思想政治教育贴近大学生生活实际，改变过去对有些思想政治教育资源不客观、理想化过重、人为拔高的情况。

（三）树立思想政治教育资源整体观

新媒体时代高校思想政治教育资源是丰富多彩的，融传统与现代、虚拟与现实、国内与国外、整体与部分为一体。一般来说，教育者在思想政治教育中直接

碰到和运用的总是个别而具体的资源形态。然而，无论哪种资源形态都不是孤立的，而是同其他与之相关的资源形态结合在一起的。这就是资源的整体性质。要提高思想政治教育资源的利用效益，就必须树立教育资源的整体观，协调好思想政治教育工作者队伍内部以及思想政治教育工作者和非思想政治教育工作者之间的关系，既要看到具体的思想政治教育资源的特性，又要看到相关的各种资源的整体优势，避免资源的重复建设与浪费。

（四）树立思想政治教育资源发展观

新媒体时代，由于高校思想政治教育资源是同新媒体的发展和人的发展需要以及教育者的开发能力联系在一起的，因而便具有了历史性质，不仅其品类、数量、规模在不断的变化中，而且其功能也在不断地发展着。思想政治教育是精神文明建设的重要组成部分，客观上应与物质文明和政治文明同步发展。高校思想政治教育工作者应坚持资源化建设导向，主动充实网络思想政治教育资源；同时要善于将各类信息加以系统分类整理，变信息资源为网络思想政治教育资源。

二、坚持整合原则，规范资源整合

新媒体时代高校思想政治教育资源整合是依据一定的目的和需要而进行的信息加工活动，是涉及技术可行性、整合后的知识间的关系性以及高校教育功能、学生的满意度等多方面因素的复杂工作，所以在整合的过程中高校要制定出相关的原则、标准来对思想政治教育资源的整合过程予以约束、规范，只有这样才能充分发挥思想政治教育资源的强大功能和优势，更好地为大学生服务。归纳起来，高校思想政治教育信息资源整合有以下几种原则。

（一）开放性原则

开放性，是新媒体时代的重要特征。当今世界，全球化趋势日益加剧，只有推进思想政治教育资源供应体系和需求市场的共同开放，不同思想政治教育资源才能借助不断扩大的开放性发挥互补效应。任何一个实行闭关锁国、地方保护主义政策的国家和地区都不可能在开放的时代背景中领先。要保证思想政治教育资源开发成果辈出，必须以开放的眼界，放眼整个人类资源市场。具体而言就是要学会利用国际、国内两个资源市场，加强区域之间的思想政治教育资源整合，实现合理开发，有效使用。思想政治教育资源系统本身是一个开放的体系，它不断地同外界的其他不同系统之间发生着信息交流，实现不同地区之间资源的互补和动态交流。但同时也应当看到，新媒体技术的发展使得高校处于一个开放的信息环境之中，也使高校思想政治教育环境日趋复杂。因此，高校在构建思想政治教育环境时必须坚持社会主义的政治方向，开放高校校园媒体信息，在学生自由的选择接受和发布信息的同时，学校应给予积极的、主流的引导和约束。

（二）创新性原则

创新是一个民族的灵魂与生命力所在。创新就是要突破已有的、不合时宜的旧框架，建立起符合时代新需求的新方法、新体系。新媒体时代高校思想政治教育资源的整合也离不开创新，创新是思想政治教育资源整合应坚持的重要原则。人们总是希望能够看到新闻传媒中有新的东西出现，千篇一律的事物很容易让人产生审美疲劳，导致人们对校园媒体所传播的内容关注度下降，校园媒体的作用就随之减弱。因此，校园媒体思想政治教育资源在进行整合和利用的过程中，应该坚持创新的原则。

（三）系统性原则

高校思想政治教育资源整合是一项系统工程，按系统论基本原理，一方面高校思想政治教育资源整合系统自身的动态平衡，是维持该系统可持续存在的基础；另一方面各高校思想政治教育资源系统之间彼此释放的功能应互相契合、建立良性的互馈机制。在教育中，最忌讳的是各种教育因素的无系统性、不协调性所导致的各种教育影响的相互冲突，使教育的效果被抵消，甚至使被教育者产生思想混乱，导致负效应。因此，在系统整合高校思想政治教育资源过程中，应在充分开发和利用人力资源的基础上，使优秀的高校教师掌握和采用最有效的介体资源，创造最有利的环境资源，充分利用雄厚的网络资源、文献资源，有效协调高校教育系统内部各部门、各单位之间的关系，使高校思想政治教育系统的内部各要素的目标一致、紧密配合，实现高校的各种思想政治教育资源的最佳整合，以充分发挥高校思想政治教育系统的整体功能。坚持系统性原则，最优化是系统论的一个组织原则，可以理解为选择解决某种条件下各种任务的最好方案，使之在资源整合过程中尽量高效、合理、协调。总之，保证高校思想政治教育资源整合系统的功能契合，保持系统内部的动态平衡，是新媒体时代高校思想政治教育资源配置环境协调发展的最基本原则，应严格遵循。

（四）实效性原则

高校思想政治教育资源整合应以学生需求为出发点和落脚点，只有紧紧把握学生需求，以学生满意的方式提供给他们所需要的信息资源，提高信息资源整合的全面性、综合性、时效性和准确性，才能真正确立起在新媒体环境下经得住考验的思想政治教育资源体系。所以，在整合的过程中高校必须站在学生的角度去分析、设计和规划，尽可能地方便学生使用，增强思想政治教育资源检索系统的可操作性和实效性。

在整合高校思想政治教育资源过程中，还应兼顾到各种校园媒体的经济性和效率性之间的平衡。根据资源本身的属性特征，高校网络媒体思想政治教育资源的整合必须遵循经济性的原则，充分体现实效性。所谓经济性原则，就是指要追求资源整合能实现的最佳效益，能用最少的投入来追求德育资源价值的最大化，要尽可能用少的物质支出和精力支出，达到最理想的效果，具体包括开支的经济性、时间的经济性、空间的经济性。整合高校网络媒体思想政治教育资源要立足经济性，追求实效性，实现效益最大化。在经费上，要用最节约的开支取得最优化的效果。在人力资源上，要充分发挥学生个体及团体的力量，让学生积极主动、有质有量的参与到校园媒体的运作过程中来。

（五）科学性原则

在高校思想政治教育资源整合的过程中，高校要对信息资源的整合对象、整合内容、整合方式等进行科学的论证，运用一定的技术手段和方法，确定不同类型、不同层次的信息资源整合的范围、比例，并且制定出明确的计划，科学有效地开展整合工作。只有这样，才能使高校思想政治教育资源得到合理的组合，使整合后的思想政治教育资源取得最好的组织结构和功能，最大限度地发挥新媒体时代高校思想政治教育资源的总体效用。另外还要看到，由于思想政治教育资源本身以及学生需求都具有明显的层次性、差异性，所以高校思想政治教育资源整合过程中还要按不同类型、不同层次、不同方式进行多维的整合，切忌随意拼凑。

（六）超前性原则

思想政治教育的功能不仅在于处理人们已经表现出来的思想问题，纠正其行为偏差，而且更重要的是要善于预测人们的思想走势及对于可能出现的思想问题，防患于未然。同样，在新媒体环境下，整合高校思想政治教育资源，也必须以超前性原则为指导，根据当前社会的发展趋势和人们思想发展态势，前瞻性地开发未来思想政治教育所需要的资源，从而提前做准备，增强思想政治教育对受教育者的影响。例如，鉴于新媒体技术的发展和互联网用户激增的趋势，当前应该加强对网络技术资源的利用，率先将其引入到思想政治教育活动中，抢占思想政治教育网络阵地，让网络成为思想政治教育资源开发的重要内容。

（七）增效性原则

高校思想政治教育资源整合应切实体现以效益为主的原则，即高校思想政治教育资源整合要有利于重新合理地组合现有资源，使其发挥更大的合力作用，实现 1＋1＞2 的增效效应。经济活动讲效益，高校思想政治教育资源整合也要讲效益，任何设定目标的社会实践活动都必须讲求效益。只有重视效益，合理整合资源，避免造成资源浪费，才能达到比整合前增效、增量的目的，最大限度地避免各种资源浪费，提高思想政治教育资源的利用率。

（八）可持续性原则

随着人们对资源稀缺性特点的认识，可持续发展战略逐渐被各国作为国策加以贯彻实施。在思想政治教育资源整合系统中，思想政治教育自然资源、社会资源和人才资源开发都必须严格遵循可持续发展原则，贯穿始终。因此，贯彻可持续发展原则，就是要求思想政治教育资源的整合既要满足当代人进行思想政治教育的需要和愿望，培养有平等公正意识的、能与自然协调的、可持续发展的新人，又不至于违反思想政治教育规律和社会发展的规律，影响下一代人和未来社会的发展。

具体来讲，合理整合思想政治教育资源，就是要及时确保教育资源的补偿和再生，避免教育资源的缺乏和枯竭，从而保证思想政治教育的“再生产”和“扩大再生产”。在这一过程中，必须注重发展的持续性、稳定性、整体性和协调性等。此外，不仅要求节约利用，合理配置资源，而且要求对资源进行保护和更新建设，做到在整合中保护，在保护中整合。总之，不利于整合的保护是无价值的，不作保护的整合是不可持续的。

三、加强网站建设，充分发挥资源共享的功能

为适应新媒体时代的要求，要通过高校思想政治教育资源整合，突出抓好以下“五个网站”建设。

（一）思想政治教育主题网站建设

高校思想政治教育主题网站，常称校园“红网”或“德育网”（简称主题网站），它以大学生为主要服务对象，以中国特色社会主义理论为构建网络内容的理论支撑，以学生熟悉的网络软件和信息技术为手段，通过开辟喜闻乐见的栏目，补充现实思想政治教育手段的不足，有目的、有计划、有组织地全方位渗透马克思主义世界观、人生观、价值观，准确传达党的路线、方针、政策和政治主张，帮助学生排除干扰、辨别是非，提高政治思想素质，为实现伟大中国梦而勤奋学习科学文化知识。主题网站是高校思想政治教育的重要载体和集中表现形式，是高校传统思想政治教育的补充和延伸，是传播红色思想的平台、提供师生交流的平台、实现信息共享的平台、引导心理健康的平台、创新思维方式的舞台。从实施的情况看，不少高校建成了有特色的主题网站，网站栏目和网页设计较新颖，内容紧贴时事和学生生活，更新较及时，特别是新媒体技术的充分运用，使网页愈加生动，吸引力进一步增强，网站点击率高，学生受到先进文化潜移默化的感染和熏陶，产生润物无声的效果。这些成功经验值得总结推广。

(二)党校、团校网站建设

高校的党校是在校党委直接领导下培养党员、党员领导干部、教学理论骨干和入党积极分子的学校,是高校学习、研究、宣传马列主义、毛泽东思想、邓小平理论和“三个代表”重要思想、科学发展观、习近平新时代中国特色社会主义思想的主要阵地。高校团校是高校对团员骨干和学生干部的培训机构,是高校团组织的一种重要教育组织形式,是加强和改进大学生思想政治教育的重要阵地,对于加强共青团的思想建设、组织建设和能力建设起到了十分积极的作用。积极分子的党性教育,具有特殊的教育优势和不可替代的作用。新媒体时代,高校党、团校要充分发挥自身优势,通过开展政治理论的专题课堂教学、以时政热点为主题的研讨会、辩论会、知识竞赛等活动,在提升大学生的思想政治素质上发挥重要作用。一方面,高校的党校、团校是大学生进行理论学习的重要平台;另一方面,大学生参加党校、团校学习,还带有一定的学习任务性质,是促进大学生学习理论知识的重要途径,因此应大力加强党校、团校网站建设,尤其要不断丰富其内容,增强其吸引力和实效性。

(三)党委职能部门、学生事务管理服务部门网站建设

高校党委职能部门是按照《中国共产党普通高等学校基层组织工作条例》的规定开展工作的,即党的委员会根据工作需要,本着精干高效和有利于加强党的建设的原则,设立办公室、组织部、宣传部、统战部和学生工作部门等工作机构。各机构在履行其工作职责的过程中,其网页设置的基本栏目除了直接与工作相关以外,还应建有专栏,介绍党的基本知识。这些内容,构成了网络思想政治教育资源不可或缺的内容。高校的学生事务管理部门在教育、管理和服务学生的过程中,主要是在校园网上发布大量工作信息,特别是关于学生奖励、活动和违纪学生处分处理的信息,对学生的思想政治教育起着重要作用,构成高校网络思想政治教育资源的重要内容。

(四)内设教学、科研机构网站建设

高校内设教学、科研机构包括行政机构、科研机构和教学单位。现在高校校园网络的建设,除了专题性的网站外,多属于工作平台性质。在这样的架构下,高校内设行政、科研机构的网页建设,思想政治教育价值取向的内容设计不多,但在事实上,这些内设机构网页上的内容,作为一种隐性思想政治教育资源,也应从思想政治教育视角进行建设,使其充分发挥作用。高校的教学院系,作为教育教学的基层单位,其网页建设的学科专业特色较强,与学生所学专业关联度高,学生关注度高,实际浏览次数多。因此,教学院系网页中的党建栏目、学生工作栏目、团学活动栏目等,也应承载大量的思想政治教育资源,成为新媒体时

代高校思想政治教育资源的重要阵地。

（五）其他专题性网站建设

在高校开展党建和思想政治工作的过程中，总会结合一段时间的中心和重点工作建设专题性网站，如在“保持共产党员先进性学习教育”“学习实践科学发展观”“创先争优”“群众路线教育”等活动中，建设保持共产党员先进性教育活动专题网站、学生党员科学发展观学习实践活动专题网站等。在新媒体时代，这些专题网站建设，应特色鲜明、主题明确、学生集中关注度高，使其成为开展高校思想政治教育活动的重要载体和高校思想政治教育资源的重要补充。

四、优化资源整合，提高资源利用率

当前优化高校思想政治教育资源整合、提高资源利用率，可从以下几个方面入手。

（一）扩大整合主体范围，充分发挥微观资源和宏观资源的作用

1. 从微观资源方面分析

首先，马克思主义理论课教师应该成为新媒体时代高校思想政治教育资源的主要整合者。马克思主义理论课教师具有丰富的思想政治教育理论知识，具有一定的教学经验，熟悉本校及所属地区的思想政治教育资源分布情况，熟悉学生的思想状况，加之熟练掌握新媒体技术，他们是整合思想政治教育资源最合适的人选。同时，教师的言行、教学方式等都是重要的思想政治教育资源，教师本身是这种资源的拥有者，当然应该是这种资源的整合和利用的主体。其次，大学生应该成为开发的主体。现代社会的发展，使得新媒体成为大学生生活中不可缺少的一部分，新媒体在大学生之间的交流和学习中所起到的作用变得越来越重要，他们在相互交流的过程中既受到新媒体所传播的信息影响，也受到对方思想的影响，他们的思想、经历、生活经验等都成为思想政治教育资源，所以，大学生不仅是高校思想政治教育资源利用的主体，同时也应该成为整合的主体。

2. 从宏观资源方面分析

高校领导和教师（马克思主义理论课外的其他教师）应该转变各自为政的思想，尤其是学校领导的思想关系到整个学校及校外思想政治教育资源的整合，学校领导首先要重视新媒体时代高校思想政治教育，只有从思想上重视，才能谈资源的整合和利用。学校领导是思想政治教育决策系统的核心，只有重视思想政治教育，才会在制度、规范的制定上有所体现，才会在奖惩等方面进行合理分配，所以，学校领导是制度层面的静态资源的开发者，也是高校思想政治教育人力资源的整合利用主体。学校领导也是校内、校外资源整合的协调者。新媒体时代建

立学校、家庭、社会三位一体的思想政治教育网络，形成全员育人的新局面。

（二）创新整合模式，实践探索高校思想政治教育资源整合

从技术操作层面探索高校思想政治教育资源整合模式，有“三种整合模式”可供参考。

1. OPAC 整合模式

OPAC（Online Public Access Catalog，联机公共检索目录）是高校图书馆进行信息资源整合的最基本方式，值得高校思想政治教育资源整合借鉴。OPAC 书目系统资源整合包括馆内资源整合和馆际间的资源整合两种方式。馆内 OPAC 系统资源整合主要指 OPAC 书目住处与其电子全文图书、电子全文期刊、视听资料的对应链接以及书刊与其评论信息、来源信息的对应链接。学生检索到书目信息后，可以立即阅读书刊的全文，还能浏览与之相关的文字、音频、视频等资源。馆际间 OPAC 系统资源整合主要是通过执行 Z39.50 协议，聚合不同平台上的异构 OPAC 数据库，建立书目整合检索系统。整合后，学生只需通过一个 OPAC 系统界面即可检索到相关思想政治教育的 OPAC 资源。这里的“Z39.50”协议是一个对于整合数字信息资源有重要意义的计算机网络协议，它在信息资源的整合中发挥着越来越重要的作用。

2. 跨库检索的整合模式

由于不同的数据库有着不同的编码结构和表达方式，每个数据库使用的检索技术和数据存放格式不同，各数据库以不同的检索界面呈现给学生，学生要掌握这些检索系统的使用方式并非易事。因此，对不同的思想政治教育资源数据库的信息资源进行整合，构建同一个检索平台，实现多数库的跨库检索。跨库检索的实现机制，就是学生登录到检索界面提交用户名和密码，指定检索配置，包括提交检索词，选择要检索的数据库和站点、检索方式等，然后提交选择，系统调用每一个选定的数据库和站点，并把检索表达式转化成系统可识别的表达式，让每个数据库自主完成检索过程，数据库返回的是包含有相应记录信息的静态页面。同时，系统还要对各静态页面进行格式转化以及信息解析工作，提取所需要的信息，转化成统一的格式，最后再对检索的记录进行整合排序，把整合好的统一结构的记录提供到统一的检索界面。

3. 指引库建设的整合模式

在网络思想政治教育资源整合过程中，要把杂乱无序的信息资源整合成用户易于接收的形式提供给学生，就必须开发出具有二次信息检索功能的指引库。但指引库实际上只是采用超文本技术建立的虚拟数据库，从物理上并不存储各种实际的信息资源，但学生通过对其的访问却可以检索到有关思想政治教育的实际资

源，即它可以指引学生到特定的网址获取需要的信息。指引库的建立首先要搜索相关网站，这种搜索可以采取自动搜索技术、用户登录和手工查找等方式，然后集成相关站点的相关页面信息和数据库信息，确定检索体系以及所使用的检索语言，同时建立各种索引，例如关键词索引、分类索引等，最后建立便于用户使用的人机检索界面，可使用户直接点击或浏览所要查询的主题。

（三）有效运用资源，增强高校思想政治教育的效益

1. 适用人力资源

人力资源是从事高校思想政治教育的专兼职人员。整合新媒体所提供的高校思想政治教育资源，需要有专门的队伍进行研究和操作。要增强思想政治教育的效益，首要的还是必须充分发挥人力资源的优势。

2. 善用财物资源

财物资源是构成高校思想政治教育所需要的物力和财力的各种成分的总和。高校思想政治教育的网站建设和技术维护都要依赖于具体形态的物力资源，也离不开高校思想政治教育的经费投入与支持。物力资源与财力资源一起在高校思想政治教育过程中起着一种物质基础和支撑作用。因此，必须确保资源投入的总量与实际需要相适应。

3. 巧用组织资源

新媒体时代高校思想政治教育是高校党政工作的一个重要组成部分，加强和改善校党委的领导，是做好思想政治教育的关键。需要强调的是，大学生党员应以身作则，在思想、道德、作风上自觉成为其他同学的表率。思想政治教育只有在党委的统一领导下，党、政、工、团共同努力，齐抓共管，各部门密切协作，构建一个纵横交错的思想政治教育网络，群策群力，才能使大学生的思想政治教育有声有色。

4. 活用文化资源

新媒体时代高校思想政治教育内容是思想政治教育文化资源整合的结果，没有思想政治教育文化资源就没有思想政治教育内容，思想政治教育也就无从谈起。思想政治教育文化资源越丰富，思想政治教育内容的选择性也就越充实。因此，我们要善于借助新媒体技术，大力开发整合思想政治教育的文化资源，为其教育内容改革提供充足来源。

（四）以校内资源为中心，优化整合校际资源

各高校的思想政治教育资源各有所长，应该在整合利用本校资源的基础上，优化整合校际资源，促进资源共享。新媒体的发展为高校思想政治教育资源共享提供了可能。首先，加强校际合作，促进教师资源共享。教师资源共享形式多

样，可以互聘教师、交流思想政治教育经验、跨校选课、进行远程教育等。其次，加强校际资源共享，创造新的资源。各高校思想政治教育资源的整合主体具有各自的思想和智慧，在校际合作情况下，不仅可以整合利用本校资源，还可以利用外校资源，从而可能产生新的想法，形成新的资源。最后，建立以中央网站为中心的高校思想政治教育网络平台。可以建立以中央网站为枢纽、各高校思想政治教育网站为支撑的网络系统，共同组成网站网络，自己作为网络的子系统，可以共享其他网站的资源，这既体现了统一性，又体现了多样性。

五、建立健全管理体制，为资源整合提供保障

（一）要整合好传统媒体与新型媒体资源

高校校园媒体在高校文化建设，特别是高校思想政治教育中的作用是通过它的导向性和影响力来实现的，而这种导向性和影响力又要通过校园媒体的整合和延伸来实现。因此传统媒体承担校园宣传工作的首要因素当之无愧。在新媒体技术高速发展的今天，新媒体已经成为我们生活的主流媒体，它不仅对大学生的学习和生活产生重大影响，而且在高校思想政治教育中所起到的作用也越来越显著。无论是传统媒体还是新型媒体，每一个媒体都有对自己的定位，即对自身传播的性质、任务、传播对象的规定。如何充分利用各个媒体的资源，充分发挥各个媒体的传播优势，以达到最佳的思想政治教育效果，是高校媒体联动和整合的主要目标。因此，我们要整合好传统媒体与新型媒体资源，通过极强的视觉吸引力和声音感染力，充分发挥两者在高校思想政治教育中的作用。

（二）要实行管理模式的变革

高校的媒体管理工作多由学校党委宣传部或共青团组织、学生工作部门以及学生社团负责，这体现出高校媒体运作中的政治把关性和操作主体的学生化倾向，学生在校园媒体中的主动权在提升，这一趋势有其存在的必要性和合理性。但在新媒体时代，文化多元、信息激增、受众兴趣和选择方式日益多样化，如果一味固守现有管理模式，势必影响到高校思想政治教育资源的进一步优化整合。因此，高校校园媒体有必要实行管理模式的变革，实质性的变革措施就是依据校内各大媒体形态已经基本完备的现实状况，组建校内媒体的综合管理协调部门，统一负责全校各种媒体的有机配合和协调运转，从而形成校内新闻宣传的整体系统合力，打破以往高校报纸、校园广播、电视或校园网络分别由多个部门分散管理、各自为战的格局。只有这样，高校媒体才有可能获得一个有利、有序、有效的发展空间，并依托其中，扬各自优势，避各自不足。目前我国许多高校已在实践探索中组建起了能较好地实现上述功能的校园传媒统一管理机构“新闻中心”，

有了这个机构，党委宣传职能部门对媒体的管理相应转变为对媒体传播内容上的必要指导和要求，相关具体运作则交由新闻中心去实施，从而实现真正意义上的宏观舆论调控。这样，高校校园媒体传播就可以获得更多的、能遵循自身运作规律的发展空间。例如将各媒体的新闻资料综合起来由负责报纸的媒体编辑出版报纸，由负责网络的媒体发布网上新闻，由负责广播的媒体播出一些时事的新闻，由负责电视的媒体制作视频新闻。新闻中心负责新闻采写和平衡协调各媒体，新闻中心的采编人员在熟悉全面工作的前提下，具体负责某项工作，从而使媒体整合的广度和深度得以延伸。新闻中心的运作可以有效地解决稿件的综合处理、相互传递、技术手段、时间差等问题，统一策划和采访新闻、撰写通稿、编排版面、制作节目等相互配合、相互补益，使理论和实践更好地相结合。即是说，整合后，新闻中心的采、编、播、制作、管理、发行等工作融为一体，成为统一的信息集散地。

（三）要建立健全运行管理的相关制度

高校校园传媒主管部门要统一制定媒体运行、管理的一系列规章制度，保证校园传媒工作的制度化和规范化，以制度建设推动思想政治教育资源整合。首先，重视队伍建设，突出专业化，通过建立人才引进制度，规定校园传媒的用人标准和选拔程序，保证通过竞争选拔专业知识牢固、专业技能扎实的新闻传播人才。其次，建立一套完整的工作制度和纪律，制定校园传媒传播工作中的具体行为规范。次之，建立培训制度，定期和不定期举办业务培训班，以提高校园传媒工作队伍的实际工作能力。再次，建立绩效考评制度，定期对校园传媒工作者的工作进行考核，对在宣传工作中表现突出的，给予奖励和表彰。最后，强化网络监控，有效引导网络舆论等基本内容，从而为高校思想政治教育资源整合提供保障。

六、加大投入，为资源整合提供支撑

加大资金投入，增加高校思想政治教育资源的总供给量。如果没有相应的资金投入，是难以取得所需要的思想政治教育资源的。一些地方思想政治教育资源储备较为丰富，但整合利用不够，其原因常常是缺乏必要的资金投入。因此必须加大投入，以增加高校思想政治教育资源的现实供给量。随着经济的发展，国家应加大高校思想政治教育投入比例，并且要有计划地逐年增加；地方应结合本地经济发展状况和思想政治教育发展需要进行投入，制定切实可行的投入计划，保证投入到位；每个单位应根据自身思想政治教育活动开展情况来加大投入，进一步完善新媒体技术硬件建设，为高校思想政治教育资源的有效整合提供资金支撑。

第六章 新媒体环境下高校思想政治教育面临的机遇与挑战

在新媒体环境下，互联网络正以前所未有的速度向社会的各个领域延伸，而高校校园已成为我国互联网用户最密集的区域之一，网络所传递的信息对大学生政治思想、情感、品质、心理的影响日益深远。这种影响是极其复杂的，既有积极的正面影响，也有不可忽视的消极影响。相应地，网络的迅速发展既带来了大学生思想政治教育的新机遇，同时也给传统的思想政治教育方法及内容提出了严峻的新挑战。因此，我们要全面地分析新媒体环境对大学生思想政治教育的影响，积极探讨大学生思想政治教育的对策创新，抓住新媒体为大学生思想政治教育带来的机遇，积极应对它所带来的新挑战，努力提高大学生思想政治教育水平。

第一节 新媒体环境下高校思想政治教育的现状

从特定意义上来说，互联网时代最能体现新媒体时代的时代性与现代性特征。大学生是中国互联网最大的网民群体，网络日益成为他们学习、交流、生活的重要组成部分，互联网环境从学习活动、社会交往和文化生活等各个方面对大学生的行为模式、价值取向、政治态度、心理发展、道德观念等产生潜移默化的影响。根据2002年，华中科技大学的相关调查显示，校园网已逐渐成为大学生了解时事政治信息的一个重要窗口；2004年，清华大学的一项调查研究显示，70.3%的学生认为“校园网络媒介已经成为校园日常生活必不可少的工具”，55%的学生认为“校园网络媒介是大学生获取信息的主要来源”，52.7%的学生同意“校园网络文化对我的日常生活产生很大影响”这一观点。

报告与调查结果均显示，在新媒体环境下，大学生已经成为互联网使用的主力军，而校园网络媒介也已经是当今时代学生学习的一种重要工具，网络已经成为大学生学习、交流、生活以及成长的重要组成部分。

为此，中共中央、国务院《关于增强和改进新形势下高校思想政治工作意见》提出，高等学校“要加强互联网思想政治工作载体建设，加强学生互动社区、主题教育网站、专业学术网站和‘两微一端’建设，运用大学生喜欢的表达方式开展思想政治教育，以进一步扩大高校主流思想舆论，充分发挥新媒体在大学生思想政治教育中的作用”。因此，深入研究和把握信息网络条件下大学生思想政治教育的现状，主动分析形成这一现状的原因，是当前加强和改进大学生思想政治教育的一个重要方面。

一、新媒体环境下高校学生思想状况

新媒体环境下大学生的思想状况、思维方式以及行为举止等方面均深深地烙上了时代的印迹。一方面，互联网作为大学生社会交往、学习、生活的主要方式已是不容争辩的事实，由此而带来的积极的、消极的各种因素也在时刻影响着大学生的思想状况及行为举止；另一方面，在新媒体环境下，信息传播迅速，大学生接收信息的途径多种多样，而缺乏足够辨别是非能力、正确价值观体系尚未完全成熟的大学生极易受到当今社会上各类信息的影响，从而左右个人的思想和行为①。

（一）追求自由个性

现在的大学生是个性最为张扬的一代，也是自由意识最为突出的一代，而新媒体拥有海量信息，大学生可以不受时空限制，根据自我喜好自由选择想要的信息。一方面，大学生不仅是信息的输入者，而且是信息的输出者，在新媒体的虚拟平台上，他们自由参与信息的传播，收获了在现实世界中无法获得的言论自由表达机会，得到了在现实世界中所无法获得的所谓的“理解”与“信任”，这使得他们对新媒体的依赖程度逐渐加深，特别是随着网络聊天及移动互联网通讯的普及，新媒体或显性或隐性地影响着大学生自由个性的形成与发展已是一个显著的现实；另一方面，由于对新媒体的依赖逐渐转变为信任，这反而更加刺激了大学生对自己自由个性的认可与追求，最终造成了大学生追求自由个性的思想状况。这也是新媒体对大学生思想方面最为明显的影响。

（二）重视虚拟沟通

从概念上理解，新媒体跨越时空界限，已成为一个自成体系的虚拟媒体空间，因此，广大受众的生活中便存在着现实与虚拟这两种生存空间。QQ、微博、微信等新媒体形式为当前大学生的人际交往带来了更为便利、轻松的手段和途径。在新媒体的虚拟媒体空间中，多方的交流往往是匿名的，因此便有效减少了其他社会或个体的干扰，对个人言论自由及隐私的保护起到了一定作用，在一定程度上打消了人们的思想顾虑，从而也有利于更好地传递思想、交流情感。因此，网络成为大学生表达所思所想和倾诉自我心声的理想平台，他们渴望通过即

---

① 段艳兰. 信息全球化背景下的高校思想政治教育［M］. 长春：吉林大学出版社，2016.

时的交流来充分表达自己的意愿和想法，获得他人的认可和尊重，同时希望与思想政治教育者尤其是辅导员教师和学校管理层平等对话，解决自身面临的实际问题。因此，重视虚拟沟通已经是新媒体时代的一个现状。

（三）价值观念趋于多元化

新媒体诞生发展后，校园信息化在一定程度上处于一种时间、空间无屏障的状态，信息的发布和运用较之以往更加自由，存在较大的不确定性和不可控性，一些腐朽落后乃至违背社会公德的信息大肆传播①。由于大学生的价值观体系尚未完全成熟，缺乏理性判断能力，因此，一旦有来自外界消极信息的干扰乃至渗透，一部分大学生便容易出现主流价值观混乱、价值观主体自由化、理想信念倒退等问题，从而使得高校思想政治教育的前期效果无功而返。

大学时期正值人生观、价值观形成的关键时期，其思想的可塑性很强，新媒体信息来源的多元化，打破了传统媒体时代大多由教师、家长以及主导媒体的话语权威，形成了大学生价值选择的多元化特征。因此，在新媒体环境下，大学生价值观的形成较传统媒体条件下会更加复杂，这也给高校学生思想政治教育带来了困难与挑战。

二、新媒体环境下高校思想政治教育存在的问题与对策

世界观、人生观、价值观是人的素养核心，接受教育是人们提高素养的重要渠道。中共中央总书记习近平高度重视高等教育，特别是高校思想政治教育工作，在全国高校思想政治工作会议上，习近平强调，“高校思想政治教育工作关系高校培养什么样的人、如何培养人以及为谁培养人这一根本问题”，强调把立德树人作为中心，把思想政治教育贯穿全程。高等教育是大规模、高效率培养民族精英的最重要手段。当前我国的快速发展需要更大规模、更高质量的人才输送，因此高校毫无疑问成为我们民族复兴路上最重要的人才集散中心。

思想文化阵地，马克思主义、无产阶级思想不去占领，各种非马克思主义思想甚至是反马克思主义的思想就会去占领。基于此，高校思想政治教育在大学教育中应当摆在更加重要的地位。新形势下，思想政治工作者应当高度关注高校思想政治教育中存在的新老问题，对症下药，合理解决，才能推动思想政治工作向前迈进，培养有共产主义理想信念、有高尚道德情操的新一代大学生，为实现中华民族的伟大复兴贡献力量。但中国的高等教育仍处于快速发展的转型阶段，高等学校在创建世界一流学校和一流学科的进程中，思想政治教育工作出现了若干急需重视和解决的问题。只有明晰高校思想政治教育出现的问题以及产生的原

---

① 张媛聆．新媒体时代高校思想政治教育研究［M］．成都：四川大学出版社，2020．

因，才能有针对性地进行改进与完善，发挥高校思想政治教育的作用。

（一）高校思想政治教育存在的问题和原因分析

1. 高校思想政治资源错配

高校思想政治教育资源指的是高校思想政治教育者在实际工作中所能开发和利用的物质层面、信息层面、制度层面的各类资源的总称。在现实的高校思想政治教育资源配置过程中，出现了较为严重的资源错配问题。高校思想政治资源配置，实际上是对思想政治资源所涉及的人力、物力、财力等资源进行计划、组织、控制和协调，最终目标是实现高校思想政治教育系统的高效运行，资源的最优配置，实现提高大学生思想政治素养、文化素养、道德素质的目标。高校思想政治资源的错配将会降低思想政治教育的效率，弱化教育效果，最终可能无法实现教育的目的，这与高校思想政治教育的初衷是相悖的。思想政治教育资源错配可以从宏观和微观两个方面分析。

在宏观层面，新媒体环境下思想政治教育所供给的知识出现了落后、老化的现象，无法满足学生多样化的需求。这会造成大学生所掌握的知识与社会现实存在脱节现象，使得人力资本无法直接服务于社会生产，转化为直接生产力，最终导致教育资源的浪费。在微观层面，思想政治教育内部资源配置失衡。表现在高校思想政治教育队伍内部以及思想政治教育工作者和非思想政治教育工作者之间的“脱节”：专业教育与思想政治课堂教育、高校思想政治宣传部门的课外教育三者之间在实际工作中缺乏沟通，各自为政，教育重叠，存在思想政治教育资源的浪费现象，并且往往存在注重专业教育而忽视思想政治教育的现象。

2. 高校思想政治教育教学方法陈旧

从经济学的角度分析，有效需求是有效供给的前提。高校思想政治教育本质上是供给“思想政治教育”这种产品，如果没有有效需求，即未满足学生的某种需求，这种供给就是无效的。马克思主义的精髓是具体问题具体分析，一切从实际出发，实事求是。高校思想政治教育过程中最实际的问题，就是大学生的现实思想状况。在实际工作过程中，高校思想政治教育对新形势、新情况的适应程度调整不及时，导致思想政治教育与学生联系不紧。思想政治教育工作应当从当代大学生注重自我的全面发展、功利性倾向、情绪调整、个体差异等特点出发。关注并引导大学生的心理需求，发挥高校思想政治教育的导向性；因材施教，加强教育的针对性；拓展教育内容，加强就业、创业指导；注重心理疏导，提高思想政治教育的感染力。

高校思想政治教育存在问题的另外一个表现是课堂教育内容陈旧、教授形式传统，教学过程枯燥、乏味，学生兴致不高、教师意兴阑珊。追根究底，这种现象产生的原因在于高校教育工作者没有很好地了解学生喜好、把握学生需求，不仅导致思想政治教育工作无法提高学生思想水平，甚至可能让学生产生逆反心理。

（二）高校思想政治教育新要求

1. 优化高校思想政治教育资源配置

马克思在关于社会存在和社会意识的辩证关系中认为，社会存在决定社会意识，社会意识也会影响社会存在。因此，要实现优化高校思想政治教育资源配置的目标，首先需要树立新的思想政治教育资源配置的观念。资源配置方案的制定者必须认清原有资源配置方案存在的问题以及造成问题的原因；在此基础上，全面摸清现有的高校思想政治教育资源，统筹规划、合理配置，并在实践过程中不断对配置方案进行修改完善。

具体来说，高校思想政治教育资源错配的主要原因在于信息老化和资源配置的低效率，在涉及新方案过程中应当有效整合课堂和课外的人力资源、财务资源、信息资源、组织资源、制度资源和文化资源，合理分配传统与现代、历史与现实、校内与校外、整体与部分的教育资源，把握它们之间的区别与联系，合理组合，既要看到具体的思想政治教育资源的特性，又要注重各种资源的整体优势，提高思想政治教育资源的利用效益。

2. 把握高校思想政治教育的话语权

在网络化背景下，高校思想政治教育工作者必须充分了解网络，融入网络，利用网络，探索如何提高思想政治教育在网络中的话语权。在互联网世界中，人人平等，高校思想政治教育话语权兼具网络用语和意识形态的双重功能，决定了高校思想政治教育话语权形成具有特殊性。因此，高校思想政治教育工作者应当注重以下方面：培养一批具有较高政治素养、熟练运用互联网的新生代思想政治教育工作者。新生代教育工作者本身在互联网环境中成长，他们对互联网有着天生的亲近感，易于了解、融入网络群里，接受新的网络用语。经过培养使他们具备较高思想政治素质后，他们能将意识形态教育与互联网完美融合，发挥较好的思想引领作用。这些网络新生代思想政治教育工作者发挥合力，以大学生易于接受的方式，产生涵盖国家意志、社会主义核心价值观的信息流，掌握网络话语权。同时，应当增强高校思想政治教育的权威性。网络化背景下，大学生掌握着一定的网络话语权，形成了部分网络精英群体；另外，思想政治教育工作者在尊重学生的话语权的同时，要与大学生平等交流互动，增进了解，形成共同的情感基础，并引导大学生理性批判和表达，在交流和引导中确立高校思想政治的权威性。

3. 高校思想政治教育要以学生为本

高校思想政治教育既是一种自上而下的教育与引导，也是一种满足学生受教育、树立正确价值观、人生观、世界观需求的服务。因此，高校思想政治教育要以学生为本，紧密结合学生需求，根据当代学生的独特性，针对性的供给思想政治教育。具体来说，高校思想政治教育需要从学习、就业、思想疏导等诸多方面与学生进行平等交流，提供相对应的教育服务。针对部分学生学习动机缺乏、学习目的模糊、学习态度不端正等问题，思想政治教育工作者应当坚决拒绝“一刀切”，应当在平等交流、充分沟通的基础上，了解学生真实想法后因材施教，对症下药。同时要侧重将专业技能与就业技能培养相结合，为学生就业打下良好的基础。需求和现实之间永远存在着矛盾，大学生正处于思想逐渐成熟的关键时期，矛盾、迷茫需要正确引导。在思想政治教育过程中，需要充分运用情景创造情感氛围，倾听大学生的心理诉求，尊重、理解他们，教育和引导他们，化解他们的困惑和矛盾，明确未来发展方向，提高其心理素质和道德水平。

三、新媒体环境下思想政治教育现状原因分析

结合理论研究以及调研、分析实际情况可知，造成新媒体时代大学生思想政治教育现状的原因是多方面的。首先是新媒体时代的影响作用。其次是新媒体技术对原有信息载体技术的冲击。最后是新媒体环境对大学生思想政治教育的综合作用，包括对教育主体的影响、社会环境对思想政治教育的影响等方面。

（一）新媒体环境的影响

新媒体环境对大学生思想政治教育的冲击力很强。事实上，每一次大众传播媒介的深刻变革，都会给人们的社会生活带来巨大的影响，而新媒体对思想政治教育的影响也不例外。在各种新媒体包罗万象的信息影响下，人们也潜移默化地改变着自己的生活方式、思维方式和价值观念。新媒体以其独特的传播方式和丰富的传播内容，对人们的思想、学习和生活方式产生着深远影响。大学生思想活跃、思维敏捷、易于接受新生事物，是时尚的永远追随者。新媒体以其信息资源的丰富和交流的便捷，必然成为大学生获取和交流信息的重要渠道，受到大学生的广泛关注和喜爱，使他们成为接触和使用新媒体最早、最直接的群体之一。大学生思想政治教育工作者应充分关注网络新媒体的影响，主动、积极地利用新媒体为思想政治教育工作服务，不断丰富工作的新手段，开拓育人的新空间，从而影响现代教育的载体形式、影响教育主体的优势地位、影响新媒体时代的思想政治教育的内容。

（二）新媒体技术的冲击

新媒体作为一种新兴的传播媒介，正在经历着一个从起步到日趋成熟的阶段。而新媒体技术的快速发展则改变了人们的生活方式、思维方式以及获取信息的渠道，从而在一定程度上促成了新媒体时代的思想政治教育的现状。换句话

说，新媒体技术对大学生思想政治教育带来了强烈的冲击。媒体是教育进步、人类文化传播的必要手段，其进步与应用也不断地改变、影响思想政治教育的现状。而媒体技术本身也构成了一种新的教育内容、教育形式，它既是重要的社会惯例构成，也是工业体系的延伸，传媒加强人们新近形成的日常礼节和习俗，为人们重建认同感和记忆提供新的素材。

在全媒体时代，新的媒体技术一方面迅速刷新人们的传统认知结构；另一方面也在塑造一种崭新的文化形态。从现实来看，新媒体赋予人们话语权、生产效率、传播力，增强了公开性、透明度和创造性。教育内容与形式和信息的传播途径从来没有像今天这样丰富、多元、及时和生动；同时，新媒体也从来没有像今天这样被人们与社会所关注。这样导致的结果便是新媒体技术冲击着原有的教育载体，使当今大学生思想政治教育载体严重滞后，不能迅速适应于新媒体时代教育载体的需求。因此，新媒体技术的冲击在一定程度上影响了现代思想政治教育的现状。

（三）新媒体社会发展的刺激

新媒体发展到今天，和它所处的社会环境是密不可分的。新媒体环境是随着在信息技术日新月异变化的新形势下，互联网的互动、手机与互联网的互动以及互联网络、手机网络、电视网络三网融合等形成的。随着科学技术和经济、社会的发展，由网络与手机等形成的新媒体环境迅速实现了阅读、书写、运算和传播方式的重大改革，从而使教育从时间、空间和实践结果上也都引起了一场大革命，而这场革命同时也会为新媒体社会的发展带来一定的影响。同时，社会发展的刺激作用也十分明显，如它使现代教育主体的优势地位变得不那么明显——作为受教育者的大学生可能在互联网、微博等方面的知识比作为教育主体的教师还要多，直接导致学生对教师的尊敬程度下降，甚至怀疑教师的能力，教师在学生面前的优势出现了变化。

在目前这样一个充满多元化的利用新媒体技术传播信息的大市场上，大一统的受众群体则越来越被分割为众多小型的、社区化的、多方向的传播交流小群体。而数字化生存、信息资源的丰富性和传播手段的多样化，将是众多纸质媒体在网络时代转型的目标。由于技术革命与技术创新所推动的发展是不可抗拒的，技术落后和生产方式的陈旧而导致的被淘汰也是不可避免的。因此，新兴媒体的出现是对传统媒介权利的解构。一方面，新媒体会导致新的权利中心出现，从而在现存的主导性的威权内部引发日渐激化的紧张状态；另一方面，某些新媒体绕开已经建立起来的媒体传输机构，发布遭到禁止或限制的信息，通过这种方式扰乱社会秩序。然而，媒体被视为承担了广泛的社会利益的社会机构，其基本职能就是满足社会公众的各种精神文化需要，即“社会公器”的“公共利益”诉求。

为此，媒体的内容呈现也必须符合有形或无形的社会规范，其结构组成和社会活动必须受到一定程度的限制。从这个角度来理解，新媒体发展到今天，它对思想政治教育的刺激作用促进了高校教学改革创新。

综上所述，新媒体环境下大学生思想政治教育面临新的问题和挑战。一方面，大学生群体是互联网络使用的主力军，其思想、行为以及心理状况均受到互联网不同程度的影响；另一方面，受新媒体技术、新媒体环境以及社会环境等因素的综合影响，大学生思想政治教育本身在教育内容、教育载体、教育主体等方面出现一些新的问题，影响了大学生思想政治教育的实效性及其发展。为解决这些问题，对当前的大学生思想政治教育现状分析其成因，并根据原因实施针对性的创新策略，势在必行。

第二节　新媒体环境下高校思想政治教育面临的机遇

新媒体对经济社会发展和人们的日常生活产生广泛而深刻地影响，也给高校学生思想政治教育机制带来了机遇。这些机遇主要包括思想政治教育的时空维度、内容维度和效果维度三个方面。新媒体蕴藏着无限的能量，思想政治教育的方式与载体也获得了提升和创新，为思想政治教育的发展提供了前所未有的机遇。准确把握新媒体时代给高校学生思想政治教育机制带来的机遇，进一步拓展高校学生思想政治教育的时空，丰富其内容，提升其效果，推动高校思想政治教育在新媒体时代的发展和繁荣，开拓高校思想政治工作的新局面。

一、新媒体环境下高校思想政治教育的时空维度

（一）新媒体打破了高校思想政治教育的时间限制

新媒体技术的普遍应用不断打破时间与空间的限制，使得人与人之间的交流沟通更加便捷化。新媒体环境下高校学生思想政治教育机制的运行不仅仅局限于课堂教学时间，很多高校的思想政治理论课或者学生辅导员在学生课余时间、假期时间以及其他空闲时间利用微信、微博和QQ等信息交流工具和平台发布或转载与思想政治教育相关的内容。他们也可以通过新媒体技术手段随时与学生交流沟通，了解和把握高校学生的生活、学习和思想状况，更有针对性地进行思想政治教育。高校学生也可以通过新媒体技术手段随时搜索与思想政治教育相关的内容。就思想政治教育的时间维度而言，新媒体环境为高校学生思想政治教育机制提供了“全天候”的机遇。

（二）新媒体打破了思想政治教育的空间限制

网络是开放的、自由的，它不再有地域上的界限。无限延伸的网络，使人们

足不出户就可以尽览世界风云，世界变成了一个小小的“地球村”，真可谓“一网打尽天下”。网络结构的无边无际，极大地拓展了思想政治教育的空间，提高了宣传教育的覆盖面，使受众人数从传统的有限变成了无限，为我们在网络社会传播真理，宣传马克思列宁主义、毛泽东思想、邓小平理论、“三个代表”重要思想、科学发展观以及习近平新时代中国特色社会主义思想以及党的各项方针政策创造了前所未有的条件。如人们不必按传统方式在规定的时间到规定的场所接受教育，“聆听”教诲，而是可以在任何一个设有终端的地方随时获取所需要的知识，迅速了解国内外已经发生或正在发生的政治、经济、科技、教育、军事、社会生活等各个方面的信息。

交互式远程教育为思想政治教育提供了广泛的传播途径。学校“围墙”的概念将逐步消失，不同地点的学校学生，既可通过网络共享思想政治教育资源，又可在网上自由地向教师咨询问题，与其他同学开展思想交流和讨论。同时，网络使家庭与学校对学生的思想教育连为一体。通过网络，家长可以随时查询子女在学校的日常表现、学习生活等状况，学校也可随时与学生家长保持联系，做到家校结合，共同做好学生的思想政治工作。因此，交互式的远程教育使得原有相对狭小的教育空间变成了全社会的开放性、立体式教育空间，从而使思想政治教育的范围更加广阔。在高校，过去传统的大学思想政治教育往往局限于课堂教育，它对学生的影响占主导部分。网络的出现和发展，把学生带入一个更为广阔的天地，通过网络，学生了解到社会乃至世界上的各种社会形象、思想观点、文化思潮、学术流派，使得思想政治教育的社会化程度得以大大提高。过去，我们常常说，半年学校思想教育成果，一个假期就被冲垮了。网络拆掉了学校与社会之间的“围墙”，学生不再生活在“象牙塔”中。只要我们加以正确引导，思想政治教育的效果将更加坚实。因此，网络思想政治教育工作是大有可为的。

（三）新媒体促进了高校思想政治教育的互动

在网络交往中，交往对象的社会角色可以是虚拟的，交往对象之间不存在什么心理上的负担。角色虚拟使交往者能够保持相对平等的心态，无直接利害关系冲突的交往位置，有利于交流的双方建立宽松的人际关系。因此，在思想情感的传达上，交往者可以直抒胸臆，容易达到思想上的共鸣，并触及交流的较深层次。同时，网络上的角色也是可以变换的，在浏览网页、选择以及吸收各种思想政治教育信息时，参与者是以受教育者的身份出现的，而在参与网络上的各种信息的制作、发布等网络实践活动中，交流者将自己的思想、观点、看法以及信息传播出去的同时，参与者就又成为教育者。因此，依托以网络为主的新媒体在实施思想政治教育时，教育者与受教育者双方都能较好地发挥其主体性。这样便十分有利于教育的互动。

（四）新媒体促进了高校思想政治教育工作的现代化

网络等新媒体的快速发展及其特点，促使思想政治教育在内容、形式、方式方法、手段等诸多方面也将发生很大的变化。网络等新媒体所具有的开放性和民主性等特点，要求网上思想政治教育既要坚持宣传的主旋律，又要研究宣传形式的多样化问题，以适应网上思想政治教育的需要，改进方式方法，努力增强说服力、影响力和战斗力。从自上而下的单向灌输和被动接受，转变为双向、多向的直接交流的互动；从单调的指示、命令、说教，转变为图文并茂、多媒体并用、生动活泼的思想和情感的交流；从工作周期较长、效果反馈较慢，转变为跨越时空障碍，即时性较强，周期短，见效快。随着网络等新媒体的广泛应用，思想政治教育工作的科技含量、文化含量以及管理含量都明显增强，思想政治教育工作者的现代意识也得到了相应的提高。

二、新媒体环境下高校思想政治教育的内容维度

（一）新媒体丰富了高校思想政治教育的机制

新媒体环境在更大范围和更高层次上丰富了高校学生思想政治教育机制的内容。新媒体环境下高校学生思想政治教育工作者通过新媒体技术手段与高校学生更加便捷地交流，了解高校学生的真实需要，适时调整思想政治教育的内容，更有针对性地开展思想政治教育；高校思想政治理论课教师运用新媒体技术手段收集讲课资料，进一步丰富课堂教学内容，并通过新媒体技术手段更加生动、直观地展示与讲课内容相关的典型案例，增强思想政治理论课的吸引力，激发高校学生的学习兴趣。高校学生也可以运用新媒体技术手段获取更多与思想政治教育相关的知识信息、具有一定影响力的新观点和新思想以及著名高校的网络视频公开课等。

新媒体环境下高校学生思想政治教育机制还要关注我国现实社会和网络社会的发展变化的具体实际，做好高校学生网络舆论宣传与引导工作和网络意识形态工作等。通过新媒体技术手段更加系统、生动地向高校学生积极宣传我国在社会各领域取得的突出成就，教育引导高校学生明确自身所承担的历史责任，为中华民族伟大复兴中国梦的实现而不懈奋斗；在网络社会中要正确规范自身的言谈举止，增强网络法治意识，提高明辨是非的能力，坚决同网络社会中错误的思想观点作斗争，积极维护清朗的网络空间。这也是新媒体时代赋予高校学生思想政治教育机制的新内容与新使命。

（二）新媒体拓展了高校思想政治教育的形式

长期以来，高校开展大学生思想政治教育的基本形式是以课堂教学为主，辅

之以座谈、讨论、谈心、社会实践等，这在时空上存在着很大的局限性与限制性。在新媒体环境下，思想政治教育可以不受以往的那些局限性和限制性，而是突破了这些不足，通过专门的网络资源，如网站和网页、视频或信息报道等链接到互联网上，这样，教育者就可以方便快捷地提供大学生上网浏览、阅读大量的信息。为了帮助大学生形成正确的思想意识，可以在网上尽量多地发布正面信息，感染、鼓励大学生，进而达到正确引导的目的。通过网络还能便捷地交流，及时掌握大学生的思想状况，便于调查和统计。信息的集成性和双向性，信息的可选择性和便捷性是网络所特有的，高校思想政治教育工作与之相结合，就为大学生的思想政治教育提供了一个极具特色的环境；手机的及时快捷也为教育提供了更多的形式和方法，从而让传统的教育形式变得更为多样化、更为合理性、更为快捷性。因此，借助新媒体技术，必将有力地丰富大学生思想政治教育的形式，增强大学生思想政治教育的实效性。

（三）新媒体丰富了高校思想政治教育的内容

以网络为代表的新媒体是当代大学生思想政治教育的一种新的载体形式，丰富了思想政治教育的内容，拓宽了思想政治教育的途径，使传统的大学生思想政治教育内容的定义发生了改变。首先，网络是信息量大、覆盖面广的新媒体，既使思想政治教育的内容更丰富多彩，也使教育者和受教育者都有了更多的选择性。通过一根网线、一个电脑终端，就能达到不出门而知天下事的理想效果，更能通过形象的、直观的、生动的动态信息调动并激发学生的好奇心和强烈的求知欲，达到更好地信息收集、传达和吸收的效果。其次，教育者也是互联网、手机、多媒体技术等的受益者，教育者可以根据自己的不同需求，通过新媒体来检索大量信息，从而利用相关手机或电脑软件对检索到的信息进行快速分析和再利用，使教学工作高效开展。思想政治教育网站能够提供全新的、更具有针对性的关于大学生思想政治教育方面的信息，对思想政治教育者和受教育者均具有十分强烈的吸引力，不论在内容上，还是在形式上，新媒体都能使传统的思想政治教育内容更加丰富。

（四）新媒体丰富了高校思想政治教育的资源

网络上汇集了人类文明的精华，内容广泛而又丰富，并且图文并茂，网络受众可以根据自己的兴趣和需要有选择地尽情浏览，从容地吸纳和传播。人们可以坐在“网”前周游世界，“进入”图书馆、博物馆查找资料、搜索信息、阅读报刊。通过网络可以随时地了解国内外已经发生或正在发生的政治、经济、科技、教育、军事、文化、娱乐等各个方面的信息。网络的发展，为人们拓宽视野，更好地了解世界，在世界范围内吸纳优秀的文化遗产，以宽广的眼界看待中国和世界的发展，提供了极大的便利，为人们自觉学习新知识，培养科学的思维方式，提高自身素质，提供了更大的空间，从而有利于人们思想品德的形成发展。可见，网络等新媒体的发展使思想政治教育的资源更加丰富。

（五）新媒体拓展了高校思想政治教育的方式

传统的思想教育，大多采用读报纸、作报告、课堂讲课等形式，思想政治教育者要花大量的时间、人力、精力去查找资料、撰写讲稿，受教育者则是被动地在一个封闭的空间接受“灌输”。网络等新媒体的运用及普及，大大提高了思想政治教育信息的传播效率。网络等新媒体传播信息容量大、范畴广、速度快、功能多、浏览方便，是传统媒体无法比拟的，便于思想政治教育工作者获取从事思想调查和分析所需的数据、资料，便于形成整合研究，形成教育合力。多媒体技术使网民的多种感官同时感知学习的效果，明显优于单一感官感知的学习效果。特别是虚拟现实技术的应用，为网民提供了色彩艳丽的图片、悦耳的音响、活泼的三维动画及其他多媒体仿真画面，使人犹如身临其境，其效果是传统思想教育方法所无法比拟的。因此，思想政治教育工作者如果能充分利用这些现代科技成果和先进传播手段，必将促进观念的转变、载体的更新、方法的改进，从而大大提高工作效率。

三、新媒体环境下高校思想政治教育的效果维度

（一）新媒体丰富了高校思想政治教育的教学模式

新媒体环境下高校学生思想政治教育机制改变了过去单纯以课堂教学为主、以第二课堂和社会实践为辅的高校学生思想政治教育模式，其更加关注高校学生的个性需要，充分尊重高校学生的独立性和自主性，注重运用新媒体技术，为思想政治教育工作者和高校学生建立更加民主、自由、平等的沟通机制。高校思想政治教育工作者通过这种沟通机制与高校学生进行有效的沟通交流，及时掌握高校学生的思想变化和心理健康状况，发现和解决高校学生的心理问题，消除高校学生群体中存在的不稳定因素，提升思想政治教育工作的实效性，建设和谐文明校园。

新媒体技术为高校思想政治教育机制创造了新的传播载体，改变了传统的“一张嘴和一支笔”单调乏味的思想政治理论课教学方式。新媒体环境下高校学生视野开阔、思维活跃，乐于接受新鲜事物，对新媒体技术充满兴趣并能够灵活运用新媒体技术进行沟通交流，处理学习和生活中遇到的问题。新媒体环境下高校思想政治理论课教师综合运用图片、视频等高校学生喜闻乐见的方式全方位展现思想政治教育的丰富内容，满足高校学生多方面的需要，切实增强高校思想政

治理论课的吸引力和感染力。

（二）新媒体提高了高校思想政治教育的效率

传统的媒体信息传递的速度较慢，思想政治教育的内容不能及时有效地传送给受教育者，导致教育的效率不高。而新媒体比如网络、手机 APP 等形式在信息传播方面就显得十分迅速，使用者可以在任何时间，甚至任何地点内接受、浏览以及查看任何关于思想政治教育的有益信息，而教育者同样可以以此方式及时地把思想政治教育的内容传送到每一位受教育者的手中。例如可以把大学生思想政治教育理论课的课件、讲义、案例分析、讨论题等发布到校园网上、班级 QQ 群里，让教师与学生们展开讨论，从而使思想政治教育课程的思想、内容从课堂上延伸到网络内，从课内延伸到课外，调动学生学习思想政治理论的积极性，增强教学效果。此外，大学生思想政治教育的专门网站还能够实现信息内容在组织上的超文本链接功能，在阅读电子化的理论著作中，任何一个概念、一个事件、一个人物、一部著作等都可以通过超文本链接而及时找到与之相对的非常详细的资料，供学生参考，满足学生在学习过程中查阅资料的需要。这不仅极大地提高了大学生思想政治教育理论学习的效率，而且还增强了思想政治教育理论学习的全面性、综合性以及现代性。

（三）新媒体提高了高校思想政治教育的实效

互联网使地球上任何一个地方的人们可同时在网络等新媒体应用终端上“面对面”地交流，每个人既是信息的传播者，又是信息的接收者。这种交互式沟通，可吸引人们将传统的被动式接受“灌输”教育变为主动参与思想交流，在思想碰撞的火花中选择接受正确的思想观点。在网络世界里，教育者与受教育者是平等的。同时，由于网络的匿名性和隐秘性，使大多数人在网上流露的思想往往是最真实的，特别是一些受到普遍关注的社会热点、难点问题，网民们都会在网上发表各自的观点、意见，进行交流、讨论，这些都是网民真实思想的流露。通过网络等新媒体，教育者能够更真实地了解人们的思想情绪和他们所关心的热点问题，通过收集、整理、分析，找出对策并进行有针对性地解答和引导，从而实现思想政治教育由传统的单向传播向双向交流拓展，大大提高教育的传播实际效果。因此，依托网络等新媒体开展思想政治教育具有更强的针对性。

（四）新媒体提高了高校思想政治教育的时效

网络时效性的优势，是信息网络的重要特征。信息高速公路所架设的四通八达的方便快捷的网络，使舆论信息、思想教育信息与其他网络信息一样，通过网络能在瞬间生成、瞬间传播，具有实时互动、高度共享、多路传递、随时随地获取和传播的特性。网络信息的迅速传播，使人类确实感到了“天涯若比邻”。只要在鼠标上轻轻一点，世界另一端的信息就立刻以极快的速度，通过光纤、电缆或卫星显现在你面前。在互联网上“即时新闻”已成现实，并且正以小时乃至分钟为周期更新信息。人们通过网络，可以随时了解世界各地正在发生的政治、经济、文化等各方面的大事。可见，借助网络迅速、准确的传播方式，有利于及时传播健康、科学、文明、正确的思想教育信息，提高思想政治教育的时效。因此，一方面，我们可以通过网络等新媒体及时了解舆论信息，把握广大网民思想舆论动态；另一方面，还可以利用新媒体开设网络思想舆论阵地，进行广泛、及时的宣传教育，提高思想政治教育的时效，扩大思想政治教育的影响力。

（五）新媒体提升了高校思想政治教育的吸引力

以网络为代表的新媒体是一种极具感染力的信息传播工具，它将文本、图画、图形、声音等信息集成于一体，可在屏幕上创造一种轻松、愉悦的受教育情境，使受众在图文并茂、声情融汇的语境中感知教育信息，从而达到“随风潜入夜，润物细无声”的效果，其影响力度远远大于过去任何一种曾经使用过的传播手段。运用虚拟现实技术，可通过计算机创造一种“真实”的教育环境。当受教育者戴上带有微电视屏幕的头盔和数字手套时，三维的图像、虚拟的声音和触觉的体验可让受众进入一种虚拟世界，产生身临其境的感觉，从而使思想政治教育更具感染力。人们拥有一台联网电脑，便可尽情地听、说、读、写、看，既可方便地获取大量信息，又可以与外界自由地进行思想交流，从而极大地激发网民的求知欲和想象力，最大限度地调动网民获取信息的主体性、自主性和参与性。因此，充分利用网络的这些特点于思想政治教育活动之中，使其手段、方法多种多样，生动活泼，将会大大提高思想政治教育的辐射力、吸引力和感染力。

从新媒体信息容量大、资源丰富、传播迅速、交互性强、覆盖面广、形式多元等优势来看，新媒体为促进思想政治教育实现内在效果提供了机遇。这种机遇主要反映在：新媒体丰富的共享资源，为高校思想政治教育工作者开展工作提供了充足的资源；新媒体的快捷性，为高校思想教育工作者大规模地、主动地、快速地传播正确的思想、理论和政策提供了方便，避免了信息传递过程中的衰减和失真；新媒体主体的平等性，促进大学生主动参与对话交流，实现了教育者与学生双方的随时互动交流，使教育者和学生之间的互动更广泛、更深入；新媒体传输的超媒体性，扩大了思想政治教育的覆盖面，将思想政治教育的课堂延伸到学生学习、生活的各个场所，促进了思想政治教育的社会化，使思想政治教育的实效性得到了大大增强。

第三节　新媒体环境下高校思想政治教育面临的挑战

在新媒体飞速发展的崭新时代，高校学生思想政治教育面临的机遇与挑战并重，新媒体在给高校思想政治教育机制带来全新的发展机遇的同时，也给其带来了诸多挑战。就新媒体环境下高校学生思想政治教育机制的构成要素而言，新媒体环境主要给主体要素、媒介要素和环境要素都带来了挑战。大学生思想政治教育工作是一项复杂的系统性工作，其中的任何一个环节如果发生大的改变，都必然会引发整个系统的协调性问题。在我们享受新媒体巨大力量和方便快捷的同时，也引发了诸多社会问题。要准确把握并积极应对新媒体环境给高校学生思想政治教育机制带来的挑战，推动新媒体环境下高校学生思想政治教育机制的良性运行，实现思想政治教育的目标。

一、新媒体给主体要素带来的挑战

（一）教育主体对新媒体技术所带来的积极影响认识不深

新媒体技术的迅猛发展使得信息的传播速度更快、受众面更广，人们可以更加便捷地从互联网中获取信息、与他人进行信息交流、实现信息共享。在新媒体环境下高校学生运用新媒体技术从互联网中获取更多的信息资源，但是部分思想政治教育工作者在课堂教学和日常工作中使用的教育教学资料陈旧，学生已经掌握了这些教育资料甚至有的学生掌握的资料远远超过思想政治教育工作者；有的学生在日常的生活和学习中使用一些思想政治教育工作者所不了解的网络词汇来表达自己的观点。这就导致高校思想政治教育机制的主体要素逐渐丧失在信息资源上的优势。同时，高校学生根据自身需要从互联网上获取与思想政治教育相关的信息，并结合自己的独立思考做出筛选，并非被动地接受高校思想教育工作者传达的信息，这也使得高校思想政治教育机制的主体要素的权威受到挑战。

还有一些高校学生思想政治教育的主体要素没有适应新媒体环境，没有树立互联网思维，不能积极融入思想政治教育的新环境；他们在日常工作中不能根据时代的变化和高校学生的实际需要有效调整教育教学内容，创新教育方法，而是仍然固守传统的、落后的教育教学模式等。这对高校学生思想政治教育主体要素的教育教学观念和工作方式提出了挑战。还有部分高校思想政治教育工作者使用新媒体技术手段的能力以及信息素养还有待于进一步的提高，他们对待新媒体技术发展的态度消极被动，只是片面地看到了新媒体技术的弊端，而没有正确地认识新媒体技术在高校学生思想政治教育机制中的重要作用。这也使得高校学生思想政治教育的主体要素学习和运用新媒体技术的能力受到挑战。

（二）新媒体容易引发大学生人际信任危机

手机短信、互联网、移动电视、数字广播等新媒体形式都带有很强的互动性与虚拟性，在新媒体的平台上，大学生以“隐姓埋名”的方式进行交流，角色的虚拟性与交流的间接性使他们卸下责任感的负担，因而他们的言论也就无所禁忌，也无须为自己言论的真实性负责。虚拟世界的这种人际信任危机可能直接导致大学生在现实生活中的人际交往偏差，忽视自身真诚性，对他人真诚性产生怀疑，从而阻滞其社会人际关系的良性发展。

（三）大学生思想政治教育者的媒体素养不高

新媒体是大学校园的信息化平台，大学生思想政治教育者不仅应对其熟悉掌握，还需懂得如何创新运用，因为这将直接关系到大学生在接受思想政治教育过程中，对新媒体的了解、使用和发展。新媒体环境下的大学生对新生事物往往有着强烈的好奇心和天然的认同感，这使他们成为新媒体首批接收者、使用者及推广者，而思想政治教育者则相对处于信息天平的另一端，在过去传统教学环境下，他们活动的范围有限，视野、思维难免局限于自己的教学经验。就当前的情况而言，他们对新鲜事物的敏锐性不够，缺乏新媒体技术意识，网络技术水平不足，观念更新略滞后于学生发展的需要，甚至部分教师对网络等的熟悉程度还不如学生。因此，高校需要努力建设一支思想水平高、网络业务能力强、熟悉学生特点的网络教育者专业队伍。换言之，新媒体环境对思想政治教育者的媒体素养提出了全新要求，提高新媒体素养将是提升大学生思想政治教育水平的关键要义。

（四）新媒体会影响大学生的价值选择和判断

处于生理和心理成熟期的大学生，自由地参与到无中心状态的交流之中，成为话语主体并作为信息方式中的主体。新媒体的迅猛发展，使得信息传播的路径和形态发生了根本性的变化，出现了“去中心化”的显著特点。无法回避的现实问题是，处于商业利益考虑的网络媒体为了追求“眼球经济”，暴露出“经纪人”的逐利本性，出现极个别背弃社会责任、突破道德底线事件。同时，境内外反动势力也不失时机的借助新媒体载体，到处散布谣言、颠倒是非、混淆视听、鼓吹西化，企图达到攻击政府、煽动暴乱、颠覆我国政权的不可告人目的，这些都严重影响着青年大学生的价值选择和判断。作为年轻人，青年大学生总是喜欢新鲜事物、追求时尚和刺激，但是他们分辨是非、真假和评判善恶、美丑的正确认知和分辨能力还不强，因而容易将人为制造的误导视为标准和乐趣而盲目追随，这就给高校学生思想政治教育工作提出了新的挑战。

（五）新媒体使思想政治教育工作者的主导性话语权削弱

新媒体的“平民化”与“草根性”特点，注定了其使用者具有“反权威性”的心理。这不仅是因为人人都可以通过新媒体手段轻而易举地获取相应的信息，而且是因为青年大学生更趋向于相信自己的独立判断，他们的思想活动和思维模式不再拘泥于传统，常常通过新媒体来表达自己的想法与观点。同时，在新媒体环境下，大学生们以娱乐化和碎片化的阅读方式，解读各种复杂而深刻的社会问题，传统教育所强调的思想深刻性、逻辑条理性、内容全面性则被置之边缘化。受教育者从习惯性“问教师”，转变成习惯性“搜百度”；从对教师传播的“主流价值观”的深信不疑，转变成“将信将疑”甚至信仰危机；从对学术权威的敬畏与仰视，转变成无所顾忌乃至不屑一顾。在这种情况下，思想政治教育工作者依靠不对称性信息途径获得专业知识、社会阅历、实践经验等比较优势的主导性话语权正在逐渐被削弱。

二、新媒体给媒介要素带来的挑战

（一）新媒体对高校思想政治教育的方法及内容带来了挑战

新媒体给高校学生思想政治教育机制的媒介要素带来挑战，主要是给高校思想政治教育的教育方法和教育内容带来的挑战。传统媒体时代高校学生思想政治教育主要通过思想政治理论课教学、主题班会、私下谈话以及第二课堂等方法教育、引导高校学生，方法较为单一、缺乏新鲜感，难以吸引高校学生的兴趣和注意力，所以高校学生思想政治教育的效果并不明显。新媒体环境下高校学生充满活力，富有朝气，思维活跃，乐于接受新鲜事物，能够灵活使用新媒体技术手段获取信息，进行网络学习和沟通交流，充分有效发挥新媒体技术手段在高校学生思想政治教育中的优势。

新媒体环境在给高校学生思想政治教育的教育方法带来挑战的同时，也给高校学生思想政治教育的内容带来挑战。传统思想政治教育内容主要是以思想政治理论课教材为主，进行马克思主义理论教育、意识形态教育以及道德和法律基础知识教育等。而新媒体环境下高校学生思想政治教育在讲授传统思想政治教育内容的基础上，还要关注新媒体环境对高校学生的思想和行为产生的双重影响，教育引导高校学生树立正确的网络法治观教育和网络道德观等，在现实社会和网络社会中都要遵守相关的道德和法律，学会运用互联网思维解决学习和生活中遇到的问题，这也为高校学生思想政治教育机制增添了新内容，提出了新的时代命题。

（二）不良的传媒带来了消极的影响

市场化进程中的不良倾向弱化了大学生思想政治教育的影响，而这种影响正被互联网日益放大。在我国推进经济市场化的进程中，部分传媒媒介和个人为了一己私利，为了争取更多受众，大多采用迎合受众的方式推销自己的观念。难以全方位有效监管的互联网上充斥着庸俗、猎奇和虚假内容的信息，这些都严重影响了大学生受众的身心健康，削弱了大学生思想政治教育的影响力。

（三）现有的高校思想政治教育显示出了滞后性

大学生思想政治教育面临着崭新的新媒体技术背景，新媒体信息技术的迅猛发展，模糊了真实社会与虚拟社会的界限，过于直接的认知方式从根本上改变了人们的认知体系，大学生的独立性认知在不知不觉中被弱化，他们被动地接受了“虚拟时空”形式的存在。面对新媒体的这种挑战，现有大学生思想政治教育的发展速度却远远跟不上新媒体技术发展的步伐，由于相关理论实践研究缺乏前瞻性，大学生思想政治教育的教育环境、教育制度、教育理念、教育形式等维度已严重滞后，从而导致当代高校现有的思想政治教育形式受到严峻的挑战。

（四）新媒体携带的外来思想造成新的冲击

外来文化与日俱增对大学生思想政治教育造成了强烈的冲击。新媒体本身是在全球化的背景下形成的，其具有超越地域、民族、语言、国籍的障碍，更易为受众接受的特点。这种文化融合对促进民族进步有着积极影响的同时，其负面作用也是显而易见的；某些外国传媒刻意夸大我国的阴暗面，甚至无中生有，造谣惑众。因此，必须采取积极有效的措施保护中华民族文化，确保我国的文化安全，同时针对信息社会的特点改进思想政治教育工作，特别是要加强对年轻的“网上一代”的教育。

三、新媒体给环境要素带来的挑战

（一）新媒体的网络环境给大学生思想政治教育带来负面影响

新媒体深刻改变着高校学生思想政治教育机制的环境，也使得其环境更加复杂化。改革开放以来，我国在经济社会各领域均取得了举世瞩目的成就，人民群众的生活水平日益提高，“我国社会主要矛盾已经转化为人民日益增长的美好生活需要和不平衡、不充分的发展之间的矛盾”，人民群众利益诉求的范围不断扩大、层次不断提高，人们的价值观也更加多元化。现实环境的这些变化也会在不同程度上影响高校学生的思想和行为，这会给高校学生思想政治教育机制优化提出新的时代要求，也带来新挑战。

新媒体环境下高校学生思想政治教育机制不仅要关注现实环境的深刻变化，而且更要积极应对来自网络环境的挑战。高校学生能够灵活运用新媒体技术进行网络信息交流、网络消费和网络学习等，潜移默化地接受网络社会环境的影响。在网络社会环境中，一些不健康的、虚假的网络信息恶意传播，网络诈骗、网络个人信息泄露和网络犯罪等现象出现，严重影响了网络社会生态环境，也或多或少地对高校学生产生负面影响，给高校学生思想政治教育带来了更大的挑战。

（二）新媒体的网络传播给大学生思想政治教育带来负面影响

大学生思想政治教育的内容包括世界观、人生观、价值观以及政治、道德与法制观念的教育。而新媒体环境下，校园信息传播失去了时间、空间的屏障，信息使用发布的自由化程度加深，给当前大学生思想政治教育带来了许多严峻的新挑战。透过新媒体传播的消极信息复杂多变，可控性较弱，极易对大学生的道德认知及理想观念形成渗透，并由此令高校思想政治教育的许多前期工作劳而无功。新媒体信息传播的负面影响的滋生，不仅提升了思想政治教育引导工作的难度，同时也抵消了传统思想政治教育的部分效果，从而给高校思想政治教育者鸣响了警笛。

（三）新媒体的海量信息给大学生思想政治教育造成选择干扰

信息量剧增和信息污染对大学生思想政治教育尤其是正确的价值选择产生干扰。新媒体使海量的信息涌入受众的视野，这种日益膨胀的信息开阔了人们的眼界，同时也为信息的分辨和筛选带来了难度。信息量太多太滥，往往会让人无所适从；信息控制和过滤技术相对滞后，使得许多腐朽的思想混杂在正常的信息流中。这些信息污染严重影响了有用信息的清晰度和效用度，不利于大学生对知识的吸收。尤其是对思想觉悟和识别能力、抵抗能力还不成熟的大学生来说，这种信息污染更为危险，对大学生思想政治教育形成了不容忽视的挑战。

新媒体的传播方式带有虚拟特征，新媒体的使用者具有较强的隐匿性，造成现实生活世界和网络虚拟世界截然不同的精神体验。人们在现实世界里许多不敢说的话、不能做的事都很容易在虚拟世界找到发泄的场所。在如同大染缸的虚拟世界里汇集了无以计数的良莠不齐的海量信息，受网络群体非理性和需求刺激、冒险猎奇心理的影响，使人更容易摆脱社会道德约束，突破社会伦理底线。特别是青年大学生正处于心理从不成熟到趋于成熟、人格从未定型到趋向定型的关键时期，他们的世界观、人生观、价值观更容易被具有情绪化、煽动性的信息所动摇和挟持，再加上相关法律法规尚未完善，网络监管困难重重，网络的“超现实性”大大弱化了思想政治教育工作对大学生的道德约束功能，使青年大学生极易沦为传播不良信息的主体，这无疑给大学生思想政治教育工作增添了极大的障碍与阻力。

综上所述，在新媒体环境下，互联网已经成为思想文化信息的“集散地”及社会舆论的“放大器”。新媒体对大学生思想政治教育的影响是一把“双刃剑”：一方面在丰富资源、增强自主性、提高效率和增强效果方面为大学生思想政治教育创造了良好的机遇；另一方面给大学生思想政治教育的控制力、辨别力、引导力和主导力提出了新的挑战。为此，全面分析新媒体环境对大学生思想政治教育的影响，积极探讨大学生思想政治教育的对策创新，将有助于提升当代大学生思想政治教育的整体水平，增强大学生思想政治教育的实效性。

第四节　加强和改进高校思想政治教育的意义

一、新媒体环境下创新高校思想政治教育价值理念

新媒体环境下大学生思想政治教育面临着许多新的问题，这些问题的存在客观上要求我们必须认真思考大学生思想政治教育价值理念的创新。

（一）新媒体环境下大学生群体的价值心理有明显变化

新媒体的影响力在当今大学生群体中表现得尤为明显。如今的在校大学生，独特的成长发展环境塑成了他们一些较为特殊的心理价值倾向，其群体性格在现实生活中往往表现为鲜明的个性化——重视自我或彰显自我，追求个性解放和自我价值实现，对传统容易表现出一定的逆反性心理倾向等。

当大学生“遇上”新媒体后，特别是在虚拟网络空间中，他们因剥离了社会身份和附加属性，交流变得更为隐蔽和自由，言论和表达也会异常活跃和流畅，话题价值基调、是非观念取向总体正向且积极，但因大学生的心理特征和喜好偏向，也往往会以一种非常态化、调侃自嘲的形式呈现。

高校思想政治教育工作者在新媒体环境下也面临新的机遇和挑战，必须保持思想政治教育工作稳步推进，要致力于创新新媒体环境下大学生思想政治教育工作的价值理念，奠定新媒体时代思想政治教育工作的价值基础。

（二）新媒体环境下大学生思想政治教育模式应当与时俱进

1. 大学生思想政治教育必须充分发挥新媒体的特色和优势

近年来，高校思想政治教育研究不断深入，十九大报告也为我们探寻利用新

的思想政治教育载体提供了方向。在相当长的时期里，高校思想政治教育是以传授理论知识为主，按照主题来设计理论板块，如爱国主义、集体主义、社会主义教育以及理想、道德、纪律、法制、国防和民族团结等。如果按照主题进行纯粹的理论知识传授难免会枯燥、乏味、单调，也会与大学生实际需求、社会现实问题以及社会实践环节脱节，背离了需求是产生行为的原始推动力这一原则。通常情况下，高校思想政治教育工作者在载体使用上主要以黑板、粉笔等传统的教学工具为主，即便增加了多媒体教学环节也只是一种点缀，从总体上看缺乏新鲜感和吸引力，无法将学生从手机小屏幕吸引到课堂中来。高校思想政治教育工作者应该把握时代的脉搏，从大学生实际需求出发，充分发挥新媒体的独特品格和作用。

在传统的思想政治教育模式中，教育主体身份具有确定性，而新媒体条件下思想政治教育交往主体具有模糊性和不确定性；在传统思想政治教育中，教育主体往往处于主导、权威者的位置，新媒体条件下思想政治教育在主客体关系上则更多地强调主客体之间的互动和平等交流。基于此，在新媒体条件下，大学生思想政治教育模式应该充分体现出立体性、动态性和超时空性，改变仅仅以“熟人关系”模式来传授知识和进行价值引导的模式。

2. 新媒体环境下大学生思想政治教育应当体现内容与形式的完美融合

新媒体作为一种教育载体，具有不可替代的形式或工具意义，但是绝不能让形式遮蔽或掩盖思想政治教育的目的或内涵。我们必须明确，思想政治教育一以贯之的价值理念是新媒体条件下开展思想政治教育的前提和基础。如果缺乏这些思想政治教育的价值内涵支撑，新媒体条件下的思想政治教育只会流于形式，不仅会走向现实思想政治教育的反面，而且还不利于社会，特别是青年学生群体道德水平的提高。

此外，新媒体化思想政治教育是传统思想政治教育在新媒体上的延伸和发展。传统思想政治教育作为基础性工程，必须占据主导和支配地位，对高校学生思想政治教育起着决定性作用。新媒体环境下在虚拟的实践条件和环境中形成的判断和观念，必须经过现实社会实践的考察和检验才能最终被认可、接受和推广。正是因为新媒体在思想政治教育领域的介入，促进了教育手段的现代化，更促进了教育观念的现代化。在新媒体环境下，创新思想政治教育应以传统思想政治教育为基础，以新媒体化思想政治教育为拓展，建立新媒体化思想政治教育与传统思想政治教育相结合的有效模式，实现两者的互通与融合。

二、新媒体环境下创新高校思想政治教育工作

面对新媒体环境下大学生思想政治教育工作环境的新变化、新特点以及由此带来的新挑战和新机遇，任何裹足不前、畏首畏尾的思想行为都是不可取的，都无益于大学生思想政治教育工作的有效开展。我们唯一正确的选择，是坚持解放思想、实事求是、与时俱进和求真务实，通过不断创新大学生思想政治教育工作来解决面临的新问题与新挑战。

（一）引入“议程设置”

网络等新媒体传播的日益多样性使中国社会的“文化生态”呈现多元化特征，为各种错误思潮的泛滥提供了市场和温床，对大学生的价值观产生影响。面对层出不穷的新媒体技术形态，高校思想政治教育工作者必须明确“如何传播是手段，传播什么才是根本”，因为新媒体只是思想传播、价值引导的工具和载体，无论是面对新媒体、“自媒体”还是“超媒体”，思想政治教育工作者都应该坚持“内容为王”的思路。在新媒体环境下，开展大学生思想政治教育工作应引入传媒学的“议程设置”理论。对高校思想政治教育工作者来说，通过议程设置，熟悉把握新媒体发展的规律和特点，这样才能有的放矢，增强思想政治教育的针对性。具体而言，一方面，我们应按照党的十九大报告中所强调的，要加强和改进网络内容建设，唱响网上主旋律；加强网络社会管理，推进网络依法规范有序运行。也就是说，我们要通过争夺话语权，建立新媒体思想宣传阵地，抢占网络舆情导向制高点，旗帜鲜明地宣传中华民族优秀传统文化和社会主义核心价值观，弘扬时代主旋律，强化主流声音；另一方面，我们在新媒体传播内容的话题选择时，既要吸引学生参与，又应做到以我为主，主导话语的选择、进程与结果，从而达到正确引导的目的。新媒体环境下高校思想政治教育的议程设置与商业媒体所追求的目的不同，不以经济利益或吸引眼球为目的，而是以追求社会主流价值为目的，这在于如何引导大学生正确看待网络和社会中的种种现象、问题、观念，培养积极向上的世界观、人生观、价值观。

（二）应用柔性管理

柔性管理是与刚性管理相对立的一种现代管理方式。刚性管理本质上是一种“以事为中心”，即依靠成文的规章制度和组织规范，以外界约束力为主的专制式管理，其核心目标是提高生产和工作效率。而柔性管理则是“以人为中心”，依据共同价值观和文化、精神氛围进行人性化管理。柔性管理的出发点在于以人为核心，管理方式上是非强制的，对人的影响是潜在的、持久的，而非表面的、短

暂的。在新媒体环境下，思想政治教育工作者天然的优势被大大缩小，在新媒体编织的网格中，他们是和大学生一样平等的节点。应用柔性管理首先要树立“以学生为本”的教育理念，完成大学生群体从传统媒体下的“教育客体”到新媒体下的“应用主体”的观念转换，主动“潜入”校园网络、学生QQ群和学生微博来了解同学们的言行表现，利益诉求和思想倾向，及时捕捉发现青年大学生关注的焦点、热议的话题，正确开展网络舆情引导。其次要营造纵向民主氛围，实施隐性引导，要允许和接受大学生发出“不同的声音”和“非主流的观点”，不能只是一味地“堵”，而是要善于“疏”与“导”。思想政治教育工作者通过公开自己的微博、QQ、微信等联系方式，与学生展开真诚的对话与交流，加强师生间的了解与信任，借助新媒体开放、平等、自治的“点对点”互动，进而实现隐蔽性的思想引领。最后应启用校园手机报，及时传递最新最快的教育信息。当前，手机已经成为校园内普及率最高的新媒体终端设备，把握和利用好这个端口，就能顺利实现教育信息输出对大学生群体的全覆盖，为大学生思想政治教育工作的顺利开展、取得实效提供了有力保障。

（三）提升能力素质

新媒体技术的快速发展，对大学生思想政治教育工作者的能力素质提出了更高的要求，不仅要有扎实的理论功底，还要树立敏锐的信息意识、掌握先进的技术手段，而且要熟悉流行的网络语言，只有这样才能与大学生进行对话、寻求共鸣，进而实现启迪思想、价值引导的目标。一方面，面对层出不穷的新媒体，教师与学生都处于摸索和学习阶段，这就要求广大思想政治教育工作者要放低姿态，全面学习和系统掌握大众传播技术知识。同时，高校也应有组织、有计划地对思想政治教育工作者进行新媒体技术的培训和辅导，使之全面系统地掌握新媒体技术，能够创造性地运用新媒体手段开展工作，跨过成为网络“意见领袖”的技术门槛，确保每一个思想政治教育工作者成为应用新媒体的行家里手；另一方面，虚拟空间的海量信息和新媒体的时效性特点，大大削弱了思想政治教育工作者的信息优势，思想政治教育工作者如果还停留在对问题事件“知其然”的层面以及口号式的简单说教，显然无法实现对大学生群体的思想引领与舆情导向。这就要求我们努力提高理论水平、政治水平，增强自身理论积累的“深度”与“厚度”，运用扎实的理论功底和丰富的分析视角来深入解读各类社会问题和社会事件。唯有如此，才能在开展大学生思想政治教育工作中做到游刃有余，不断提升思想引领的效率与效果。

（四）加强媒介素养教育

要积极开展对大学生群体的媒介素养教育，引导他们建立对信息批判的反应模式，辨别媒体真实和社会真实，使他们掌握运用和传播信息的技巧，要让他们了解新媒体信息对自己的意义，学会选择媒体，利用媒体发展自己。新媒体使用教育应“进宿舍、进教室、进课堂”，使“三进”成为大学生接受媒介素养教育的主阵地、主渠道。在新媒体环境中，思想政治教育工作者应注重引导大学生对自身媒介素养的培养，培养的内容包括：正确认识新媒体、建立对信息批判的反应模式、提高对负面信息的免疫能力、学会有效地利用新媒体帮助自身成长与进步等。这些无疑会对大学生自身吸收有效信息、过滤信息污染，提高思想高度起着积极作用，为做好新媒体时代大学生思想政治教育工作奠定广泛和扎实的基础。

总之，在新媒体环境下，大学生思想政治教育工作既面临严峻的挑战，也迎来了良好的机遇，我们应善于利用新媒体的积极作用，防范其消极影响，积极运用“互联网＋”思维，努力建立政府、高校、家庭、学生个体“四位一体”的育人体系，整合全社会的力量，进一步扩大思想政治教育工作的影响力，为培养社会主义事业可靠的接班人和优秀的建设者做出应有的贡献。

三、高校思想政治教育进网络具有紧迫性与重要性

信息网络技术的发展和普及，对社会生活的各个领域和人自身的发展，已经产生并将继续产生广泛而深刻地影响。网络技术的飞速发展和普及带来了思想政治教育的形式、内容、范围与效果的全新变化。互联网已成为重要的思想舆论阵地和国际舆论斗争的新领域。近年来，党中央多次强调：要高度重视和充分运用信息网络技术开展思想政治工作；提高实效性，扩大覆盖面，增强影响力；要使广大师生在享受互联网传播信息便利、快捷的同时，增强政治敏锐性和政治鉴别力，提高抵御错误思潮和腐朽生活方式影响的能力。我们一定要认真领会中央精神，高度重视思想政治教育进网络工作。

（一）高校思想政治教育进网络的紧迫性

网络技术的发展和普及给思想政治工作带来了新的问题，提出了新的挑战：一是对防御西方意识形态渗透的能力提出了挑战；二是对控制舆论导向的能力提出了挑战。在国际传媒领域，西方媒体尤其是美国媒体始终占据垄断地位。因此，如何用正确、积极、健康的思想文化信息占领网络阵地，如何减少和避免消极、颓废、反动的信息对大学生思想的侵蚀和影响，已经成为高校思想政治工作

重要而又紧迫的课题。

（二）高校思想政治教育进网络的重要性

加强思想政治教育进网络工作，是新形势下思想政治教育工作创新和改进的需要。网络就是思想政治工作的一种新渠道、新手段，网络思想政治工作就是创新。通过网络可以快捷、准确地了解师生思想情感和他们关心的热点问题，进行互相沟通，可以及时获取大量有价值的信息，丰富思想政治教育的资源和视野。利用网络开放性、交互性、及时性等特点，可以开展形式多样、生动活泼的思想政治教育活动。思想政治工作要创新，关键的就是学习和应用以互联网为代表的信息技术，增强思想政治工作的时代意识、知识含量和技术理性，真正发挥网络在思想政治教育中的作用。

思想政治教育进网络是一项长期而又艰巨的任务，需要进一步努力。针对网上出现的问题，被动防范较多，而主动出击、正确引导不够。此外，一些学校有影响力的网站不多，点击率不高。要切实把这项工作列入学校工作的重要议程，抓紧抓好，努力使互联网成为广大师生获取信息的新窗口和接受思想政治教育的新途径。只有我们认真分析新形势下思想政治教育工作的新情况、新特点，深入研究以互联网为代表的信息技术新趋势，高校思想政治教育进网络工作才能提高到一个新水平。高校教师必须明确自己所肩负的责任，抓住时机，以高度的政治责任感，承担起党和人民赋予的光荣使命，团结一心，开拓前进，为发展我国教育事业，为培养一批又一批合格的跨世纪的社会主义建设者做出更大的贡献。

第七章　新媒体环境下高校思想政治教育的实践探索

第一节　新媒体环境下高校思想政治教育的实践经验

在互联网一统“天下”的新媒体环境下，加快思想政治教育传统方式向现代方式转变，成为思想政治教育内在的需要和趋势，也成为大学生思想政治教育创新发展的新航向。正是在这种背景与趋势驱动下，思想政治教育迈进了网络思想政治教育的新阶段。

网络思想政治教育的诞生，从某种意义上可以说是互联网发展与思想政治教育“联姻”的产物，是新媒体环境下思想政治教育实现网络化的一个进步标志。就我国而言，从1994年我国正式接入国际互联网开始，我们思想政治教育网络化的序幕就由此正式拉开，经历了从无到有、从萌芽到不断成长和成熟的历程。

根据思想政治教育网络化发展的各个时期的不同特点，下面将网络思想政治教育的发展历程概括为四个阶段，并进行分析，以期探求其中的发展规律和趋势，为推进和完善大学生网络思想政治教育提供借鉴和参考。

一、初步探索时期（1994—1999年）

从1994年接入国际互联网开始，我国进入了网络时代。在网络时代背景下，我国思想政治教育同时面临发展机遇和严峻挑战。思想政治教育工作者适应网络化的需要，进行了一系列网络环境下的思想政治教育工作实践和探索，为网络思想政治教育的诞生积累了重要经验和前期基础。这一时期，信息网络硬件建设快速发展，尤其是中国教育和科研计算机网建成投入使用，促使教育软环境初步形成；高等院校校园网建设也快速发展，大学生对互联网的使用走在全社会前列，诞生了高校BBS论坛（如高校最早的BBS是创立于1995年的水木清华BBS)；思想政治教育的传统方式在网络环境中显现出了自身的弱势，一种全新的思想政治教育的现代方式——网络思想政治教育在与网络负面影响的矛盾斗争中探索前进，经历数年的酝酿之后初露端倪，呼之欲出。到了1998年末，处于应用互联网前沿的部分高等院校在实施思想政治教育进网络的工作中，实际上已经完成了网络思想政治教育由酝酿向萌芽的过渡。从总体上看，1994－1999年，我国网络思想政治教育尚处于酝酿和萌芽时期，其主要特点是：在实践方面，思想政治教育与网络处于离散状态，分属两个不大相干的系统，在网络环境下的思想政治教育实践显得较为被动，辐射范围窄小，主要限于高等院校；思想政治教育工作者所能采取的措施也较为单调，主要是“防”（即监控网络信息和行为，防止网络越轨行为和网络危害）、“堵”（即建立入网信息审查制度，监控网络信息的内容，并运用技术手段阻止不良信息进入校园网，堵住有害信息的传播）、“管”（即加强学生的思想教育和行为管理，开展正面的宣传教育）；在理论研究方面，研究工作滞后于教育实践，尽管当时在实践上已经出现了网络思想政治教育的萌芽，学术界也意识到互联网对传统思想政治教育的机遇和挑战，但还是没能及时提出网络思想政治教育的概论及相关理论。

二、主动建设时期（2000—2002年）

2000年2月，我国网民由1999年初的400万跃升到890万，居世界第八；2001年，网民达到2000万人，跃居世界第二；2002年6月30日，我国上网用户人数为4580万，半年增加了1210万，增长35.9%，与1997年10月首次调查的62万网民相比，5年之内网民人数增长了73倍。网民数量的迅猛增长在一定程度上催生了网络思想政治教育，并为其提供了广阔的“用武之地”。

2000年，中央思想政治工作会议强调，要重视和充分运用信息网络技术，使思想政治工作提高时效性，扩大覆盖面，增强影响力。随后，教育部下发《关于加强高等学校思想政治教育进网络工作的若干意见》，吹响了高等院校思想政治教育向网络进军的“冲锋号”，网络思想政治教育迎来了第一个主动建设的高潮，进入了快速成长阶段。

这一时期，信息网络硬件建设加速发展，教育软环境进一步改善，以校园BBS（如北大未名BBS创立于2000年）、学生网站为主要形式的校园网络媒介和各类思想政治教育网站如雨后春笋般涌现，一些大型公益性专题思想政治教育网站也相继开通，如“民族魂”“血铸中华”等，为思想政治教育抢占了一片网络阵地，深化了网络思想政治教育的实践探索。

从总体上看，2000—2002年是我国网络思想政治教育快速成长阶段，其主要特点是：在教育实践方面，思想政治教育与网络逐步走向融合，各类思想政治教育网站不断涌现，但多数还处于把传统思想政治教育“复制”到网络的粗放层次；在理论研究方面，学术界已经正式提出网络思想政治教育的概念，探讨网络思想政治教育内容、形式、机制等问题的论文大量涌现，但也仍存在一定的理论与实践相脱节、缺位和错位的问题。这一阶段出版了两部有代表性的研究著作：

一是2000年由谢海光主编的《互联网与思想政治工作概论》。该书主要探索了基于互联网创新思想政治工作内容、形式、方法、手段和机制的途径，提出了相应的政策建构、制度设计和操作范式等建议，并介绍了创办思想政治工作特色网站的基本思路、方法、过程和管理模式。二是2002年由曾令辉、邓军等编著的《网络思想政治教育概论》。该书主要从理论上探索了网络思想政治教育的主体、客体的基本特征、理论基础及相关学科知识、原则与方法及内容构建等，在应用上重点介绍了如何在互联网上开展政治教育、法制教育、心理教育及伦理教育等内容。

三、深入发展时期（2003—2009年）

2003年以来，网络思想政治教育在理论研究和教育实践互动中继续深入发展，网络思想政治教育的理论与实践体系日趋完善，我国网络思想政治教育进入了逐渐成熟阶段。在这一阶段，思想政治教育网站在数量和质量上都有较大的发展，各行业、各单位充分利用自身的网络基础设施，开设行业性、部门性的思想政治教育网站；高等院校在网络思想政治教育研究与应用方面继续走在前列，许多高等院校充分利用校园网络平台，开辟网上思想政治教育阵地，并逐步探索形成网上教育与网下教育相互结合、联动协调的教育模式。

这一阶段的主要特点是：在硬件及技术方面，随着移动通信技术的日新月异，智能手机、平板电脑迅速普及，我国进入以3G为代表的Web2.0移动互联时代，使得新媒体异军突起，日益成为网络思想政治教育的重要载体和实施平台；在教育实践方面，思想政治教育主题网站建设的整体水平不断提升，内容更加丰富多彩和富有针对性、时效性，教育资源得到进一步整合，出现了更多的多部门联合创办网站共同推进网络思想政治教育的局面；在运行机制方面，网络思想政治教育管理逐步规范化，内部运行、保障、协调等机制也得到了不同程度的完善；在理论研究方面，研究工作与教育实践更加紧密结合，研究方法由单学科领域的研究发展到多学科的综合研究，由局部研究发展到系统研究，研究成果进一步深化，网络思想政治教育理论体系初步形成。这一阶段有代表性的成果首推新华出版社2005年8月出版的韦吉锋博士专著——《网络思想政治教育研究》。该书作者在收集、整理国内外网络资料和网络思想政治教育研究成果的基础上，结合我国实际情况，用辩证的、系统的方法对网络思想政治教育所面临的一系列前沿性问题，诸如网络思想政治教育的形成和发展，网络思想政治教育的本质和特点，网络思想政治教育的功能和价值，网络思想政治教育的管理和开发等，进行了概括和阐释，初步建构了网络思想政治教育研究的理论体系。

四、新媒体广泛应用时期（2009 年至今）

2009 年以来，随着我国网络基础设施进一步升级完善和智能手机制造技术的飞跃发展，我们逐步迈入了 Web3.0 的移动互联时代。在这一时期，我国网民人数继续保持高速增长，并随着以 4G 为代表的无线网络实现全面覆盖，广大网民对新媒体的广泛应用达到了前所未有的程度。截至 2021 年 6 月，我国网民人数达到了 10.11 亿，网民中使用手机上网人数达到了 10.07 亿，占比为 99.6%。在 4000 多万在校大学生中，人手一部手机（平板）或一台电脑，成为上网或玩微博、微信等新媒体最普遍的群体。

在这一时期，从“Web World”到“Mobile World”，从伸长脖子看显示屏到低下头来玩手机，互联网服务模式的转变在逐渐改变大众的生活方式，也更深入地改变了当代大学生的学习及生活方式。这一因素在挤压传统思想政治教育的空间的同时，也推动着网络思想政治教育继续创新发展，尤其是云计算、大数据等新技术不断发展和普及应用，更是形成了对大学生网络思想政治教育不断创新的倒逼机制。面对移动互联时代的新媒体广泛应用和大学生群体思维碎片化、地点碎片化、时间碎片化、需求碎片化等新特点、新情况，一些高校和部分思想政治教育工作者主动适应这种新常态，开始探索以新媒体为平台不断拓展大学生网络思想政治教育的广度和深度。有些高校已经在探索除了继续做好校园思想政治主题网站建设外，更注重以新媒体平台为依托，创立官方微博、官方微信，同时引导和推进建设以院系、班级、团体、小组等为单位的微“网站”、QQ 群、微信“朋友圈”等，开展更接地气的“微”党课、“微”讨论、“微”教育，汇成了这一阶段大学生网络思想政治教育创新的一道百花齐放的亮丽风景线[①]。

第二节　新媒体与思想政治教育相结合的实践探索

一、新媒体环境下大学生网络舆情引导的依据和途径

在信息大爆炸、新媒体称雄的信息时代，“互联网＋”新媒体平台日益成为社会舆情的敏感区和发源地，其重要性、影响力和渗透力已经远远超越了传统媒体。网络舆情深刻改变和重塑社会舆论生态，对当代大学生的思想、行为和生活产生直接作用和广泛影响，给青年大学生的健康成长和实现党在新形势下的大学生思想政治教育工作目标造成了不容忽视的冲击。

---

① 高媛，微变革．微创新微博与大学生思想政治教育［M］．哈尔滨：哈尔滨工程大学出版社，2014.

（一）网络舆情改变和重塑社会舆论生态

1. 网络颠覆了传统的信息传播方式

在信息社会到来和网络时代崛起之前，人们之间的信息传播主要依靠人与人之间的口耳相传、文字交流和纸质媒介等方式，呈现出点对点、单向度、被动性、线性的特征。公众掌握和接收的信息有限，个人发表意见、发布信息、传播思想的渠道和平台狭窄，也决定了信息传播速度、传播范围和影响力的局限性与效度。社会舆论基本处于官方掌控和主导的范围，对一些不利于社会安定团结和有悖国家治理的信息，政府有关部门可以轻而易举地进行防范、删除、封堵。然而，网络技术以其层级扁平性、多向互动性和交流开放性等特点，使信息传播和交流实现了自由顺畅、高度共享、即时交互的目标。

事实上，智能手机的出现，已经将我们带入另一个世界。在这个世界，信息不再是稀缺物，很难再成为垄断资源。网络消除了参与者身份、地位、阶层等个体性的差异，人人都可以自由、简易、快速地在网络上发布信息，也可以根据自己的兴趣、爱好和关注话题发表观点、搜索信息，并与其他用户就共同关心的话题进行广泛讨论、深入交流。这种无障碍的信息传播模式完全改变了传统信息传播的主客体关系，模糊了信息创造者、发布者、传播者以及接收者之间的界限，传统的“我说你听”传播模式被大家都是“言说者”的传播方式所取代，权力主导的话语权力体系也被解构。网络技术发展和网络工具的普及，改写了信息传播的规则，带来了信息传播方式的彻底变革，颠覆了传统的信息传播模式，解除了政府部门对信息的垄断权和控制权，使得公众信息以由此形成的及社会舆论大面积形成、大范围传播与产生巨大社会影响成为可能。

2. 网络具有很强的舆论放大效益

在网络上，每个人都可以作为信息的制造者、传播者和接收者，并且可以同时兼具三种身份、扮演多种角色。特别是随着自媒体时代的到来，“随手拍”成为常态，“微博直播”日益普及，公民记者大量涌现，标志着整个社会舆论环境已经从“大喇叭”时代转型升级为“麦克风”时代。在“麦克风”时代，无形无色的网络力量无孔不入地渗透到经济社会的各个领域和人们生活的各个方面。在网络上，一则消息、一句评论或一张图片都有可能引爆网络舆情，只言片语、点滴涟漪也可以在刹那间波及全球、辐射全世界，引发网络社会甚至是现实社会的轩然大波和广泛反响。正是凭借着便捷性、平民化、普泛化、自主化和快速性等压倒性优势，网络的强大互动功能推动着信息传播朝着社会的广度和深度扩散与渗透。网络舆论以其跨越时空的强大生命力、渗透力演绎了社会舆论世界和现实生活中的“蝴蝶效应”。

3. 网络日益成为社会舆论的“发酵器”和主推手

随着我国网民队伍的日益壮大，网站、网页的成倍增长，互联网已经成为人们生活中不可缺少的重要部分。人们在网上或“指点江山”，或“激扬文字”，或“隔网喊话”……在这样多元而复杂的网络舆论生态下，许多与公众切身利益相关的社会热点难点问题，尤其是社会关注、百姓关切的消息一经“上网”，就会立刻被无所不在、无时不在的网民迅速“围观”“转载”和“追踪”。网络上关于某一现象或特定问题所给予的关注、所形成的讨论也随之向现实社会渗透、扩散和影响。很多社会舆论事件往往发端于网络信息，许多现实生活中的集体行动或群体性事件最初都是在网络中酝酿和发酵。可以毫不夸张地说，“自媒体时代，是每一个人只要有简单的条件（有电脑或手机，能上网，会发帖、跟帖，会发微博等）就拥有了个人能够使用和控制的媒体，就可以随意向外界披露信息和发表意见，就相当于手中有了‘麦克风’”。而网民中有关较大影响力或极大影响力的“意见领袖”，甚至掌握着“核按钮”，产生舆论聚变和裂变，最后酿成舆论海啸。网络对社会公共生活与社会舆论生态的影响随着时间的推移而更加明显、日益深刻。网络不仅完全改变了信息传播的方式和形态，而且彻底颠覆了社会舆论的生成机制和演变格局，一跃成为社会舆论的“发酵器”和推手。

（二）网络舆情的新特点及其对当代青年的影响

由于网络打破信息传播主体的一元化和垄断性地位，网民既不是传统意义上的“受众”，更不是人云亦云、毫无主见的“应声虫”，而是集信息的挖掘者、发送者、接收者、加工者、使用者于一体。每个网民对网络事件的围观、点赞、转载或评论，都有可能直接影响网络舆情的发展方向，甚至是对现实社会的影响。网络舆情表现出与传统社会舆情大相径庭的新特点。

1．网络舆情内容丰富但复杂化

网络的开放性为求知欲极强的当代青年打开了知识宝库的大门，网络海量的信息和形式多样的服务功能给当代青年带来了极大便利的同时，也面临着许多问题和挑战。一方面，由于网络公共理性发育不足，尚未形成规范有效的网络参与秩序。网民对网络信息的关注往往止于表面，通常按照自己既有的思维去认识、了解，容易忽略甚至不愿相信事件背后的真相；另一方面，当前正处于社会利益结构重大调整的转型时期，各种社会问题层出不穷，各种社会情绪此起彼伏。得意者、得益者、得利者可以在网上尽情潇洒，失意者、失败者、失利者也可以在网络上找到属于自己的“领地”。在网络这个对任何人、任何事几乎都可以畅所欲言的缥缈空间里，既有积极健康向上的意见，又有消极偏激虚假的蜚语，既有理性审慎、科学严谨的态度，又有无理取闹、无中生有的“奇葩”，网络虚假信息防不胜防，这些都导致网络秩序呈现出无秩序的混沌状态。由于大多数青年学生尚处于世界观、人生观、价值观从幼稚到成熟转型的关键阶段，极易受到外界思想观念的影响。良莠不齐、鱼龙混杂的网络信息，在使网络舆情趋于复杂化的同时，也深刻影响着青年的价值判断和价值选择。

2. 网络舆情传播迅速，难控性强

当碰到新奇的情况或热点事件时，网民可以在第一时间于微信“朋友圈”、微博、QQ群、社交网站等网络平台发表看法、高谈阔论，尽情享受、挥霍网络赐予的言论自由，使其形成网民关注的焦点，使得个体零散的意见快速聚合，不同见解或意识形态的舆论剑拔弩张，就在这种汹涌澎湃的舆论“拉锯”中，迅速形成初具规模的舆情声势。在主流媒体介入后，网络舆情对事件的影响力度将以指数级倍增，影响范围将呈波浪状向外扩散、放大，很快就形成了“滚雪球式”的传播效果。缺乏理性和价值观的引导，个别的、局部的甚至是不真实的问题，经由网络传播，可以轻而易举地演变为全局性、社会性的问题。但问题并未仅限于此，网络舆情形成后，与现实社会中的舆情交替传播，相互影响，对社会生活中的各个方面产生深远影响。特别是对公共决策、民主政治、社会伦理道德和文化安全等方面产生正面或负面影响。与其他舆情形态相比，网络舆情具有突发性、多元性、交互性、扩散性和偏差性等特点，个人主观判断、情感直觉和情绪化意味浓厚，因此极为容易出现非理性和群体极化的倾向。这对网络舆情的可控性提出了挑战，也使青年网络舆情引导增加了难度。

（三）大学生网络舆情引导的基本策略和实现途径

大学生群体处在一个世界观、人生观、价值观趋于成熟的关键阶段，但尚未最终定型，极其容易受到外界因素的影响和干扰，波动性极大。思想文化对大学生思想观念、理想信念和价值取向的影响不可小觑。要实现中华民族伟大复兴中国梦，保证中国特色社会主义现代化建设事业后继有人，就要准确把握社会信息化、网络生活化对青年思想和行为的深刻影响，扎实有效做好大学生网络舆情引导工作，使网络舆情引导成为当代大学生成长、成才、成功的重要武器。

1. 抢占网络舆论阵地，牢牢把握网络舆情引导权

当前，社会意识形态领域的竞争、斗争和博弈日趋复杂，各种思想文化交流交融交锋此起彼伏。网络舆情对青年大学生的思想、思维、性格、道德和日常行为的影响与日俱增。从这个意义上讲，互联网已然成为宣传思想战线和意识形态领域争夺人心、争夺大学生的主战场。要赢得未来，必须赢得大学生，而只有贴近网络，方可赢得大学生。对此，高校各级党委、各个部门和思想政治教育工作者必须牢固树立阵地意识，及时跟上互联网发展的步伐，做好官方网站、官方微博的建设和应用，积极促进传统媒体和新兴媒体融合发展，通过创建校务微信、思想政治专家微博、公众微信平台等方式，全面进军新媒体舆论场，主动抢占网络舆论阵地、网络舆论空间，做到平时“润物细无声”、重大问题不缺位、焦点问题不迟钝、关键时刻不失语，牢牢把握网络舆情引导权、主动权。

2. 加强预警机制建设，正确引导网络舆情走向

由于网络信息鱼龙混杂、良莠不齐，因而在网络世界里，既能“乱花渐欲迷人眼”，又如“黑马激起万里尘”。网络在给人们带来便利的同时，也对网络谣言、网络暴力的产生蔓延起到推波助澜的作用。网络谣言扭曲事实真相、颠倒是非黑白、混淆舆论视听，而网络暴力则会破坏社会正常秩序、颠倒社会主流价值。由于大学生网民年龄偏小、认知受限、经验不足，缺乏鉴别网络谣言、抵制网络暴力的定力，容易被网络谣言所误导、被网络暴力所俘获。这些“网络病毒”毒性极强、危害极大，并且具有隐蔽性和传染性，一旦“中毒”即被毒害思想、侵蚀灵魂、腐蚀情操，导致大学生道德崩溃、精神颓废、信仰缺失、心灵物化、物欲横行，进而侵蚀社会的主流价值观和道德观，最终掏空国家和民族长远发展的精神根基。因此，做好大学生网络舆情引导工作意义非凡，关键是要建立一套反应灵敏、响应快速、运转顺畅、应对有力的网络舆情预警机制，建设完善网络舆情收集、分析、研判、应对工作机制。通过经常性、不间断获取网络舆情信息，全面分析、科学甄别，合理研判网络舆情中苗头性、倾向性问题。宣传思想战线和青年工作者要增强政治鉴别力、政治敏锐度，对涉及政治立场、社会思潮、重大问题等网络舆情，要及时迅速捕捉热点焦点，掌握全面、准确、详细的信息，做到率先发声、权威发声、引导发声，努力抢占舆论先机、舆情制高点，通过主动回应社会关切、满足大学生网民关注心理，引导网民在互动参与、真诚对话和理性讨论中发现事实真相、辨明是非曲直，消除公众的疑虑和不安，稳定和安抚网民情绪，杜绝网络谣言的产生和扩散，引导网络舆情从无序、混沌的状态朝着正常、有序、可控和建设性的方向发展。

3. 掌握基本规律和方法艺术，提升对大学生的网络舆情引导力

在复杂多变的网络舆论生态中，“舆论导向正确的刚性要求，与讲求良好的传播效果和引导效果的柔性做法，力求实现和谐统一”。而要达成这种统一，必须要熟悉网络舆情形成特点、传播规律和掌握驾驭网络舆论的方法，提高防范和化解网络舆情危机的能力与水平。一是要深入研究大学生网民的网络心理、行为习惯、网络偏好以及大学生网络沟通、联络、交流和聚集方式，通过主动设置议题、利用舆论领袖、增强人性化关怀等手段，巧妙、灵活地引导网络舆情，做到网络舆情引导有方、有术、有力、有效。二是要贯彻尊重包容、平等互动的原则。广大思想政治教育工作者与大学生网民进行对话、交流，要坚持理性的精神和谦卑的态度，用真诚、坦诚、热诚赢得大学生网民的认可、信任和支持，建立起与大学生网民有效沟通和良性互动的长效机制，努力实现对大学生的引导、吸引和凝聚。三是要善于用新媒体环境下高校思想政治教育的实践探索大学生的语言、思维逻辑以及大学生乐于接受的方式与大学生网民进行交流，准确掌握大学

生普遍关心、高度关注的现实问题，对接大学生网民多样性、多元化的网络需求、心理问题、思想困惑，广泛运用微博、微信、手机媒体等新媒体工具，认真做好解释说明、分析论证和网络舆情引导工作，引导广大学生树立网络文明意识，帮助大学生培育积极向上的价值观。

4. 激发网络正能量，进一步强化社会主义核心价值观对网络舆情的引导功能

做好大学生网络舆情引导工作，必须要高扬社会主义核心价值观的旗帜，传播“好声音”，激发正能量。一方面，要依托网络技术和网络平台，在网络上设论坛、定主题、立专栏，讴歌真、善、美，传递向上、向善的价值观，引导大学生树立和实践正确的利益观、权利观、道德观，增强道德判断力和道德荣誉感，向往和追求讲诚信、尊道德、守戒律的生活；另一方面，要根据当代大学生的特点、兴趣和爱好等，把文学、影视、音乐、艺术乃至生活，赋予网络的表达形式和展现途径，把社会主义核心价值观的内涵和要求活灵活现、淋漓尽致地充分镌刻在网络作品之中，做到春风化雨、润物无声，最大限度地增强广大青年对社会主义核心价值观的价值认同、情感认同和理论认同度，不断提升社会主义核心价值观在网络舆情中的影响力、渗透力和主导力。

二、新媒体环境下创新高校校园文化建设的原则与对策

高校校园文化是高校在长期的办学实践和发展过程中逐步创造、不断积淀而形成的具有自身特色的一种特殊类型的社会文化形态，它是高校办学思想、育人理念、理想追求、教学实践、管理机制、行为规范的总和，是高校发展进步的精神基石、动力源泉和核心竞争力。新媒体的广泛应用和日益普及对高校校园文化建设产生新的影响，赋予了高校校园文化新的内涵、特征和发展趋势，通过新媒体传播大量互联网信息等正在逐渐影响着师生的学习和生活，对高校校园文化的建设既带来了新的机遇也迎来了新的挑战，研究和加强新媒体视域下高校校园文化建设意义深远、势在必行[①]。

（一）新媒体对高校校园文化的影响

1. 新媒体对高校校园精神文化的影响

新媒体具有音乐、收音、录音、照相、摄像、上网浏览和信息交流等众多功能，随着移动互联网时代的到来，新媒体环境下的高校校园生活更容易在网络的海量信息中搜索到自己需要的学习资料和生活信息，真正做到了“足不出户，尽知天下事”，极大地方便了师生的学习生活，大大拓展了他们的视野。在当前中

① 郭世华．新时期高校思想政治教学新面貌［M］．昆明：云南科技出版社，2020．

国特色社会主义事业蓬勃发展的新时期，新媒体的广泛发展有利于社会主义主流思想的传播和正能量的传递，能很好地帮助学校开展德育教育，帮助学生树立正确的世界观、人生观和价值观，直接或间接地促进中华民族伟大复兴中国梦的实现。但是，由于整个世界意识形态及思想环境的多样化和复杂化，使人们对个人利益的要求成了社会生活的基本动力，久而久之便大大地削弱了社会主义核心价值观的主导地位，导致了部分教师和学生缺乏爱国主义、集体主义、责任心、奉献精神等；另外，由于大多数的学生都处于一个思想尚未完全成熟的阶段，认知体系比较片面，没能拥有一个辩证全面看待问题的态度，导致负面的思想弥漫校园，影响了校园主流文化发展。

2. 新媒体对高校校园行为文化的影响

大学作为人们心中的“象牙塔”，是培养高层次人才的摇篮，学习是大学生的第一要务，课堂是教师传递知识的主阵地。以往师生的课堂都只局限在三尺讲台上的黑板和粉笔，但随着新媒体应用日益普遍，促使高校的教学方式和学习方式等多种校园行为文化发生了深刻地变化。多媒体、视频、图片等技术在课堂上得到广泛应用，课余时间同学们也可以在网络上查阅下载学习资料，甚至通过网上寻找答案排疑解难，极大地方便了师生的学习和生活，大大提高了学习的效率，彻底改变了传统单一枯燥的学习方式。此外，新媒体环境下校园网络的日益发展和新媒体技术的迅速普及，突破了不同国家、地域、民族之间的制度、观念、语言和风俗等传统束缚，把整个世界连成一个小小的“地球村”，世界的时空界限变得日益模糊，几乎消除了人际交往的“社会藩篱”。在大学校园，人与人之间的交往非常频繁，各种活动的组织和交际的拓宽都离不开新媒体技术传播，以往人与人之间单纯的书信和面谈已经不能满足现代人交流的需要，特别是随着智能手机的出现和普及，还有QQ和微信的出现，使人与人之间的交往打破了时空的限制，提高了沟通的效率，降低了沟通的成本。但同时也让人与人之间的交往增添了许多的陌生和疏离感，交往中缺乏真情实感的流露，变得敷衍甚至虚伪。

3. 新媒体对高校校园制度文化的影响

新媒体在校园新闻中的广泛应用和迅速发展，使在传统媒体意义上建立的校报、广播站等逐渐退出了校园文化的中心地位，取而代之的是跟新媒体技术息息相关的一些新兴机构，如校园网、官方微信、官方微博、网络电视台等，这些管理机构正在出现并发展壮大，已经成为校园生活及新闻宣传不可或缺的文化重要平台。这些平台的产生一方面是为了更好地服务学校的教学工作，打破传统的教学模式，丰富教学手段和形式，拓展教育渠道和途径；另一方面是为了保证社会主义核心价值体系得到正确的传播，加强正能量的输送，更好地帮助师生树立正确的“三观”。在这些平台产生的同时，相应的管理制度也要应运而生，逐步形成和丰富适应新媒体环境的制度文化。加强对这些平台的监督和引导以及对新媒体制度文化的建设，才能保证校园文化的主流思想得到发展，保证学校成为社会主义人才培养的基地。

（二）新媒体环境下创新高校校园文化建设的原则

随着新媒体发展步伐的不断加快，加强对新媒体环境下高校校园文化建设是不容忽视的重大问题。新媒体确实给师生带来了很多的方便，改变了传统的教学模式，提高了学习和交往的效率，但是也带来了很多负面的影响，如果我们不能很好地引导和规范新媒体技术的应用，不仅影响青年大学生的健康成长，而且还关系到我国高等教育事业的科学发展。移动互联网和媒介融合时代，繁荣发展高校校园文化需要牢牢把握以下几项原则。

1. 坚持传承和发展相统一

高校校园文化是高校在长期办学实践的过程中，经过历史积淀而逐步形成的一种特殊的社会文化形态，这种积淀的过程既是传承的过程，也是发展的过程。新媒体的快速发展和普及应用，开辟了高校校园文化建设的新领域：一方面，高校作为创造知识、培育人才的重要摇篮，是传承优秀传统文化的重要平台。高校校园主体可以结合各自学科的不同理念、专业特点、办学特色和历史传统等，运用新媒体手段积极传播中华文化的历史价值、优良传统和知识体系，充分展现高校校园文化的独特魅力和发挥其引领社会风尚的功能；另一方面，新媒体的出现使得发展高校校园文化比任何时候都显得更为重要和迫切。高校应按照校园文化的独特价值和发展规律，充分发挥高校师生的思想文化创造活力，广泛运用新媒体打造更多的校园文化精品，推动高校校园文化在传承中创新、在创新中发展，使高校校园文化成为我国社会主义文化“百花园”中的一朵艳丽奇葩。

2. 坚持开放与融合相统一

高校校园文化是一种依托于社会文化又区别于社会文化和其他亚文化的相对独立的文化体系，它随着社会文化的发展而变化。媒介融合的加速，新媒体的应用普及，促使高校对外联系互动的渠道、方式和形式变得日渐丰富且推陈出新，对外开放的广度越广、深度越深，变得越来越便捷、快速而富有效率，构筑出一种全新的文化交流和传播方式，赋予了高校校园文化建设新的内涵和发展方向。高校校园文化与社会文化之间的融合程度、趋同性、互动性日臻明显。例如，高校学者在微博上发布对某个社会问题或事件的看法和意见，可以在瞬间把信息传达到其“粉丝”和其他用户手中，广播、电视、报纸等传统媒体纷纷跟进，就会在现实生活和网络社会之间掀起对这一问题或事件的轩然大波，进而影响社会管理和政府决策。因此，在移动互联网和媒介融合的时代，高校校园文化建设应该坚持开放性和融合性相统一，努力借助新媒体的强大力量，积极汲取和借鉴一切社会优秀文明成果，古为今用、洋为中用，让高校校园文化绽放绚丽光彩。此外，新媒体对经济社会发展和人们生产生活的影响已经远远超越了纯技术或某一学科的研究范式，必然要求对人才培养和科学研究的理念与模式进行调整，这是社会生活网络化、信息化在高等教育领域中的新确证和新影响。高校应适时调整学科设置和专业结构，敢于打破学科间的壁垒，更加注重不同学科之间的融合与渗透，增设新媒体应用、管理和对经济社会发展影响方面的课程，积极搭建产学研一体化、跨学科融合研究等各类平台。

3．坚持多元化与主导性相统一

高校校园文化对青年大学生的成长成才具有潜移默化的熏陶作用，对社会主义文化发展进步及社会风尚具有明显的导向和引领作用。在移动互联网和媒介融合的时代，高校师生不仅可以随时随地利用各种终端在网络上发微博、玩微信、聊 QQ，参与各种讨论，进行信息交流，还可以在网络上开展各种商业活动，铸就了一种全新网络社会文化。这种文化作为高校校园文化的重要组成部分，致使高校校园文化更加多元化：一方面来自于高校不同学科、专业和办学理念的差异和历史传统的不同，形成形态各异、种类万千的文化风格和品位；另一方面也来源于媒介融合造就网络文化的多样性。尽管高校校园文化具有多元化的特征，但是，我国高等教育的性质、根本任务和社会主义办学方向，决定了高校校园文化建设必须坚持主导性，即必须坚持马克思主义指导思想在高校校园文化建设中的主导地位，用社会主义核心价值体系引领高校校园文化繁荣发展，善于占领网络信息传播和网络舆论的制高点，毫不动摇地坚持用社会主义荣辱观引领网络舆情，引导青年大学生知荣耻、明是非、识美丑、辨善恶，坚决抵制庸俗、低俗、媚俗之风，积极营造文明和谐、健康向上的高校校园文化环境，使网络成为宣传党的主张、弘扬社会正气、创造先进文化的主阵地。因此，坚持多元化与主导性相统一，是新媒体视域下高校校园文化建设必不可少的一个重要原则。

（三）新媒体环境下创新高校校园文化建设的对策

今天，我们正处于移动互联网和媒介融合时代，媒介融合是以计算机技术、移动通信技术和互联网技术等多种技术相融合为基础，众多传播媒介汇集一体发挥多种功能的媒介传播形态。随着媒介技术、媒介业务的融合程度不断加深，新媒体获得迅猛发展，这对校园文化产生巨大的影响。为了更好地营造积极向上的校园文化氛围，在坚持“三统一”的原则上打破传统思维，根据新媒体发展的规律和校园文化建设的特点寻找新的对策。

1．完善新媒体应用管理制度，营造积极向上的校园文化环境

首先，新媒体在大学校园的广泛应用是社会进步的体现，是高等学校发展的

需要，但是新媒体带来的各种思想广泛传播对健康校园文化的塑造带来了很大的冲击，这需要我们在思想上重视新媒体这把“双刃剑”，使之在校园中更好地服务我们的学习和生活。此外，需要我们警惕新媒体带来的负面思想冲击校园健康生活，加强对新媒体应用管理制度的完善，使风险得到有效管控，积极营造高雅和谐的校园文化。

其次，新媒体环境下西方资本主义国家宣扬的各种拜金主义、享乐主义和个人主义思想迅速传播，削弱了学校开展德育教育的积极影响，学生的健康思想受到了侵蚀，这需要对信息源头进行监管，阻止、隔离腐朽的落后文化。同时，建立师生互动的公共平台，并且做到身份公开、信息交流真实，及时发现和过滤各种庸俗、反动和低级的信息，尤其是西方敌对势力进行渗透活动而发布的有害信息，建立起校园网络文化的安全“防火墙”，必要时候运用技术、行政和法律手段及时制止。

最后，在学校层面要加强对新媒体管理人员的教育培养，完善新媒体管理人员的选拔、管理和考核制度，使之成为一名校园文化主流思想的传播者，同时相应新媒体平台例如校园新闻网站、官方微博、官方微信等需要在相关教师指导下开展工作，规范他们的日常管理制度，把好新闻报道的出口关，提高他们对事情的认知能力，阻止负面思想的传播，保证整个校园文化积极向上。

2. 加强媒介素养教育，增强文化自信

媒介素养教育就是指导公众正确理解、建设性地享用大众传媒资源的教育。为了更好地运用新媒体技术，使之成为我们学习和生活的好帮手，必须要加强师生的媒介素养教育，也就是增强师生对网络媒介的认知能力、对网络信息的解读和评估能力、创造和传播能力、利用网络媒介信息发展和完善自我的能力。只有增强了媒介素养教育，才能保证校园主流文化得到发展，保证青少年学生的身心不受西方腐朽思想的影响，保证学校的各项教学工作沿着社会主义方向进行。在提高师生的媒介素养教育中必须坚持“引进来”和“走出去”相结合战略。“引进来”即引进一些新媒体教育的专家和学者通过学术论坛、交流会、报告会等各种形式教会学生如何提高自己对信息的辨别能力，如何抵制腐朽思想的影响，做到更好地运用新媒体技术服务我们的生活和学习；“走出去”即通过引导学生走出校园，走入社会，用心去了解新媒体技术的发展对社会带来的利弊。只有坚持“引进来”和“走出去”相结合的战略，才能真正提高师生的媒介素养能力，才能帮助学生树立正确的“三观”，才能真正了解中华民族五千年的灿烂文化，从而增强对社会主义文化建设的自信心。

3. 传播社会主义核心价值观，维护社会的正能量

网络具有开放性、自由性和无边界性的特点，在给人们带来方便和快乐的同

时，也为各种谣言和错误思潮的传播“插上了翅膀”，是一把锐利无比的“双刃剑”。面对世界范围思想文化交流交融交锋形势下价值观较量的新态势，面对改革开放和发展社会主义市场经济条件下思想意识多元、多样、多变的新特点，积极培育和践行社会主义核心价值观，对巩固马克思主义在意识形态领域的指导地位、巩固全党全国人民团结奋斗的共同思想基础，对促进人的全面发展、引领社会全面进步，对集聚全面建成小康社会、实现中华民族伟大复兴中国梦的强大正能量具有重要现实意义和深远历史意义。由于现在的青年学生处于一个思想尚未成熟的阶段，再加上对网络媒介的认知能力、对网络信息的解读和评估能力、创造和传播能力、利用网络媒介信息发展和完善自我的能力都较为薄弱，往往容易被社会上的一些负能量思想侵蚀，对问题的了解停留在表面，缺乏对新媒体商业属性和政治属性的分析，进而导致主流思想传播受到阻碍，负能量在校园粉墨登场。

社会主义核心价值观是社会主义核心价值体系的内核，体现社会主义核心价值体系的根本性质和基本特征，反映社会主义核心价值体系的丰富内涵和实践要求，是社会主义核心价值体系的高度凝练和集中表达。党的十九大以来，中央高度重视培育和践行社会主义核心价值观。习近平总书记多次做出重要论述，提出明确要求。所以新媒体环境下的校园文化建设一定要坚持社会主义核心价值观，维护社会正能量，教会学生从历史和现实的角度去批判西方腐朽文化，教会学生懂得如何抵制负能量的传播，教会学生如何掌握中华文化的优秀成果，要让学生懂得今天西方国家利用新媒体技术在极力推行文化殖民主义，实行文化霸权主义，必须加强对西方国家腐朽思想的警惕，坚定共产主义的理想信念，保证整个社会正能量的传递。

在新媒体环境下，各种网络信息充斥整个校园文化，影响社会主义建设者和接班人的教育，这不仅迫切需要高校尽快打造一支具有良好媒介素养和新媒体技能的校园文化建设者队伍，更需要校园文化建设者能够进一步统一思想、形成合力，坚持“三统一”原则，完善校园文化管理制度，加强媒介素养教育，保证社会主义核心价值观成为高校文化建设的主流思想，只有这样，大学校园文化才能更好地迎合移动互联网和媒介融合时代，并呈现出勃勃生机，社会主义现代化的建设才能拥有可靠的保证。

三、新媒体环境下开展大学生马克思主义意识形态教育的依据与要求

（一）新媒体环境下开展大学生马克思主义意识形态教育的主要依据

1. 新媒体环境下意识形态问题更加突出

新媒体环境下我国高校面临的挑战是在全球正越演越烈的人才争夺战。二十

一世纪以来，由科技革命和全球化、网络化所催生的知识经济得到了充分发展，日渐成为二十一世纪的主导型经济形态，知识经济时代已经向我们蹒跚而来。在知识经济时代，知识就是财富，人才作为掌握和创造知识的主体，尤其是高素质、高层次人才，成了最为宝贵的全球性稀缺资源，成为各国“争夺”的焦点。以美国为首的西方国家早就意识到了这一点，因此，在二十一世纪到来之初，他们对社会主义国家的意识形态渗透的重点就已经转移到争夺高层次、高素质人才上来。在这个不见硝烟的意识形态战场上，我国高校无可避免地成为在意识形态领域里反和平演变和人才争夺战的重要前沿阵地。

人才流失有多方面原因，既有个人层面（价值取向等）的，也有国家层面（机制体制等）的；既有物质待遇层面的，也有精神需求层面的。如一些准备考托福的大学生圈子里，他们当中有一部分人选择留学美国就是追逐所谓的“美国梦”。与当前人才大量外流形成鲜明对比的是，在中华人民共和国成立之初，尽管那时我们百废待兴，生活和创业条件远不如外国优越，但仍然有成千上万留洋海外的学子和科学家冲破重重阻挠和困难回归祖国，为中华人民共和国建设和社会主义现代化事业做出了不可磨灭的贡献，“两弹一星”元勋钱三强、钱学森、王淦昌、郭永怀、邓稼先等就是其中杰出的代表。可见，当前我国优秀大学生人才的“流失”，固然与物质待遇有一定关系，但究其根源，更多的还是与这个时代大学生的意识形态及社会风气有关。这是高校意识形态建设面临的又一重大现实挑战。从某种意义上来说，这场没有硝烟的人才战争背后，是国与国之间的利益博弈，同时也是国与国之间意识形态的较量，是在信仰上争夺优秀人才的较量，这个问题很值得我们高度重视和认真研究。

应该说，加强和改进大学生思想政治教育，发挥社会主义主流意识形态的功能，提高大学生的思想政治素质，把他们培养成中国特色社会主义事业的建设者和接班人，是我国高校的神圣使命，更是广大思想政治教育工作者义不容辞的重要职责。所有这些问题，不仅值得作为培养社会主义可靠接班人和合格建设者的高校深刻思考，也值得承担着对大学生思想政治教育发挥主渠道作用的思想政治理论课教师认真思考，还值得最靠近学生圈子、最贴近学生生活、最亲近学生思想的高校辅导员反复思考。

2. 对大学生进行马克思主义意识形态教育的主要依据

（1）时代背景：在当前经济全球化、信息网络化不断深入发展和我国改革开放向纵深推进的背景下，我国社会进入了加速转型的新阶段。社会经济成分、组织形式、就业方式、利益关系和分配方式日益多样化，人们思想活动的独立性、选择性、多变性和差异性日益增强。在这种复杂的时代背景下，我国大学生难以置身事外，正面临着全球化、网络化和社会转型等多种因素的挑战与冲击。在意识形态领域，各种意识形态涌向校园，涌向网络，冲撞涤荡。意识形态领域产生的问题，就需要用意识形态的方式来解决。因此，用开展马克思主义意识形态教育的方式解决高校学生意识形态方面的问题，成为时代的呼声，更是应对时代变革的策略。

(2) 本质规定。从理论的角度来看，意识形态性是思想政治教育的本质属性，意识形态功能是思想政治教育的主导功能。因此，开展马克思主义意识形态教育是思想政治教育的本质规定。脱离意识形态教育的思想政治教育，因为缺乏核心，注定会显得苍白无力；而脱离思想政治教育的意识形态教育，因为漫无边际，也注定难有作为。因此，将大学生思想政治教育与意识形态教育有机结合起来，在思想政治教育视域下着力开展马克思主义意识形态教育，是马克思主义理论品质的应有之义，也是在新媒体环境下推进大学生思想政治教育工作创新的有益探索。

(3) 育人要求。从实践的角度来看，开展马克思主义意识形态教育，是执政党赢得青年、赢得未来的需要。信仰，涉及党的指导思想、社会制度、干部队伍建设等诸多重大问题，它绝不是无关紧要的，相反，它是具有提纲挈领意义的关键性问题。对一个民族而言，一个民族的年轻一代人要是缺失了信仰，那就是这个民族的大不幸。缺失信仰，民族就会失去凝聚力，就会变成一盘散沙，将会变成一个难有作为、没有希望的民族；对个人而言，缺失信仰，这个人就像折断了精神的脊梁，失去不断进取的内在动力，成为一个难以挺立起高贵头颅、自信面对人生的人。同样，对大学生、对大学生群体而言，信仰是不可或缺的精神动力和精神支柱。因此，着眼于培养具有马克思主义信仰的社会主义合格建设者和可靠接班人，开展马克思主义意识形态教育理应成为当代大学生提高素质坚定信仰的必修课。

(二) 新媒体环境下开展大学生马克思主义意识形态教育的基本要求

在新媒体环境下，针对大学生不太喜欢高大上的纯理论课，而是更喜欢灵活的、接地气的精品美文等特点，采取网上协同育人的教育模式，有针对性地开展马克思主义意识形态教育，不失为一个有效的策略。不管采取何种教育策略或方式，在教育过程中，都必须坚定不移地坚持马克思主义在大学生意识形态教育中的主导地位，培育和践行社会主义核心价值观，这是马克思主义意识形态教育的基本要求。

1. 坚持马克思主义在大学生意识形态教育中的主导地位

在新媒体环境下，互联网上信息的海量性、思想的多元化和选择的多样化，极容易冲击马克思主义在意识形态中的主导地位。因此，在新媒体环境下，坚持和巩固马克思主义在意识形态领域中的主导地位显得十分重要和紧迫。对教育者而言，坚持马克思主义在意识形态中的主导地位，首先体现在坚持马克思主义在大学生意识形态教育中的主导地位，也就是说，大学生意识形态教育要以马克思主义为主导，聚焦到马克思主义意识形态教育上来，通过马克思主义意识形态教育引导大学生树立坚定的马克思主义信仰和社会主义信念，引导大学生相信人民群众的力量和信任共产党的领导。这显然是由我国的社会主义国家属性和社会主义大学培养人才的根本任务所决定的，同时也是应对新媒体环境下互联网对主流意识形态冲击与挑战的策略选择，更是马克思主义自身本质的内在要求。从马克思主义本身来看，我们坚持马克思主义在大学生意识形态教育中的主导地位，主要基于以下三个方面的原因。

（1）马克思主义是颠扑不破的真理。我们选择马克思主义，最根本的原因就在于它是关于人类历史发展规律的伟大真理，是指导人们认识世界和改造世界的强大思想武器。在它诞生以来的170多年里，不论是社会主义国家还是资本主义国家，不论是发达国家还是发展中国家，不论是取得成功还是遭受失败的经验，都从中印证和丰富了马克思主义的科学性——唯物辩证法和唯物史观。马克思主义作为迄今为止关于人类历史发展规律最科学、最严整、最有生命力的思想理论体系，它包括三大部分：一是马克思主义哲学，即辩证唯物主义和历史唯物主义；二是马克思主义政治经济学；三是科学社会主义。三者相辅相成，揭示人类社会由原始社会向奴隶社会、封建社会、资本主义社会、社会主义社会递进的发展规律。马克思主义哲学是共产党人的世界观，马克思主义关于通过社会主义走向共产主义的科学预见，是共产党人为之奋斗的最高社会理想。因此，我们从这个意义上可以说，科学社会主义是整个马克思主义的核心。我们选择马克思主义，信仰马克思主义，就是选择和信仰其整个理论体系，而不是工具性地抽取其中的个别论断或固守和照搬其个别结论。

（2）马克思主义是崇高的科学信仰。马克思主义不仅仅是一种科学的世界观，更是一种无产阶级的价值观，是一种将科学的世界观方法论、彻底的唯物主义、无产阶级的党性原则、全心全意为人民服务的精神融为一体的崇高信仰。坚持科学与价值的统一、理想与现实的统一、理论与实践的统一，这是它有灵有肉的精髓彰显；有真理、有正义、有精神、有人性关怀，这是它超凡脱俗的品质体现；符合客观规律，顺应人类良知，追求公平正义，这是它与众不同的信仰追求。正因如此，信仰马克思主义，能给人以睿智和坚毅、高尚和文明，使它的信仰者脱胎换骨，成为脱离了低级趣味的人，成为顶天立地的人。这正是我们开展马克思主义意识形态教育，引导大学生树立马克思主义信仰的根本目的所在。

（3）马克思主义是社会主义中国的立党之本、强国之魂。马克思主义在中国传播，并在中国共产党的引领下实现与中国国情的结合，这是二十世纪初以来我国最伟大的历史事件之一。中国人民历史地选择了马克思主义，这有其内在的必然性。而马克思主义来到中国之后，就与中国人民的先锋队——中国共产党如影随形，难以割离。马克思主义从一开始就被确立为党的根本指导思想，它是缔造我们党的灵魂。我们党正是在它的指导下，战胜了一系列艰难险阻，不仅建立了中华人民共和国，建立了社会主义制度，实现了人民民主，而且在伟大的革命与建设实践中进一步发展了马克思主义。中国化的马克思主义是马克思主义与中国具体国情紧密结合的产物，是我们的立党之本、强国之魂。我们开展马克思主义意识形态教育，正是为了更好地运用马克思主义，尤其是马克思主义中国化最新理论成果武装我们的大学生，确保他们成为具有马克思主义信仰的社会主义建设者和接班人。

2. 新媒体环境下开展马克思主义意识形态教育的基本取向

马克思主义意识形态教育的内容十分广泛丰富，因此，我们在开展马克思主义意识形态教育时，把意识形态教育放到大学生思想政治教育视域中，以问题为导向，针对部分大学生信仰危机等严峻现实和问题，把马克思主义意识形态教育集中聚焦到马克思主义信仰教育、社会主义信念教育、共产党信心教育之上，并作为马克思主义意识形态教育的核心加以实施，从而形成大学生马克思主义意识形态教育的三个基本取向。

(1) 坚持用中国化的马克思主义来武装大学生头脑。用中国化的马克思主义武装广大学生的头脑，引导他们树立坚定的马克思主义信仰，这是马克思主义意识形态教育的首要任务，而马克思主义只有与具体国情相结合，才具有强大的生命力。因而，我们开展马克思主义意识形态教育，重中之重是用马克思主义中国化的最新理论成果来武装大学生的头脑，进而达到引导他们树立马克思主义信仰的目的。通过开展马克思主义意识形态教育，用中国化的马克思主义武装大学生头脑，这既顺应了我国历史潮流，顺应了人民根本利益的需要，也是培养社会主义合格建设者和可靠接班人的必然选择。实践已经证明，树立了马克思主义崇高信仰的大学生，能够经受包括互联网以及其他各类新媒体上的不当言论及诱惑的影响和冲击，成为新媒体环境下健康成才和励志成才的示范者、成功者。

(2) 坚持引导大学生牢固树立坚持中国特色社会主义道路自信。引导大学生树立坚持社会主义道路信念，是马克思主义意识形态教育的目的之一，也是马克思主义信仰教育的一个指针。用马克思主义武装大学生不仅是为了让大学生用这一思想武器来认识世界，更重要的是用它来改造世界——建设社会主义现代化强国。马克思主义的核心是科学社会主义，因此，开展马克思主义意识形态教育，就必然要落实到引导大学生相信社会主义一定能战胜资本主义，即有社会主义必胜的信念。总之，思想政治教育工作者应深刻地研究和正确地把握社会主义的本质及其本质特征，从根本上解除大学生的疑惑，从而助力和引导他们确立对社会主义必胜的信念。高校从事马克思主义研究的学者，具有深入开展社会主义理论研究得天独厚的优势，这无疑为我们开展马克思主义意识形态线上和线下教育，引导大学生树立马克思主义信仰、坚定社会主义信念提供了很好的理论基础和得天独厚的条件。

（3）坚持引导大学生相信人民群众的力量和信任中国共产党的领导。办好中国的事情，必须紧密依靠人民群众的力量和党的正确领导，两者缺一不可。因此，开展马克思主义意识形态教育的一个重要任务和取向便是教育和引导好当代大学生相信人民群众的力量和信任中国共产党的领导。通过学习教育，让大学生从唯物主义的高度认识人民群众是历史的创造者的论断；通过学习教育，让大学生从历史的脉络中了解中国共产党领导地位的确立，是人民的选择，也是历史的选择。自从1949年新中国成立以来，中国共产党带领人民，以一往无前的进取精神和波澜壮阔的创新实践，不断探索和回答什么是社会主义、怎样建设社会主义，建设什么样的党、怎样建设党，实现什么样的发展、怎样发展等重大理论和实践问题，逐渐走出了一条具有中国特色的强国之路，谱写了中华民族自强不息、顽强奋进的壮丽史诗。今天，一个面向现代化、面向世界、面向未来的社会主义中国巍然屹立在世界东方。梳理这条强国之路，回顾中国共产党执政兴国的历程，可以帮助广大学生重温中国人民、社会主义中国和中国共产党面貌发生历史性变化的点点滴滴，可以使他们更加自信地高举中国特色社会主义伟大旗帜，更加自觉地坚持中国特色社会主义道路和理论体系，更加发自内心地相信人民群众的力量和坚信中国共产党的领导。

总之，通过学习教育，让大学生真正明白：在中国，如果没有中国共产党的坚强领导，全国就如同一盘散沙，对内难以实现自强和崛起，对外难以抵御外来势力掠夺与侵略。没有中国共产党，就没有中华人民共和国，更不可能有中国特色社会主义伟大事业的实现。我们要建设富强、民主、文明的社会主义现代化国家和实现中华民族伟大复兴的中国梦，必须紧密依靠人民群众的力量和党的正确领导，两者缺一不可。

第三节　新媒体环境下高校思想政治理论课教学探索

新媒体时代的到来对青年学生而言开阔了视野，拓展了知识面，丰富了交流方式，增强了自主性，但同时也对传统思想政治教育造成了一定的冲击，对思想政治理论课教学提出了新要求。所以，加强新媒体环境下的思想政治教学的研究并进行创新显得尤为重要。

一、新媒体时代加强思想政治理论课教学的重要意义

在高校普遍开设思想政治理论课，这是由我国社会主义制度的性质所决定的，高校是全面贯彻党的教育方针，培养大学生树立科学的世界观、人生观和价值观的主渠道。因此，正确认识高校思想政治理论课的作用及意义十分重要。

（一）大学思想政治课的定位

这门课的性质是什么？或者说，这门课应归于哪一类课程？该如何定位？比如，从事这门课程教学的教师，当他走上讲台时，可能会认为这是政治课；而下面听课的学生可能会认为这是政治宣传课、政治说教课、政治灌输课；一些校级领导会认为这是上级部门布置下来的硬课程，动摇不得；其他专业课的教师会认为，这种课我也会上，没必要占用这么多课时，还不如让出一些课时给我的专业课；家长会认为这种课应该为那些思想品德不好的学生开设，自己的孩子思想品德没问题，这类课应该免修……

高校思想政治理论课是社会主义大学课程设置的本质特征，课程内容涉及上层建筑的意识形态领域，属于政治课，这是毋庸置疑的。但是高校政治理论课的教师不是承担一般的传道、解惑和授业职责，他传播的是执政党的指导思想，高扬的是马克思主义的伟大旗帜。在这面旗帜下，每个人都是平等的。教师丝毫不具有天生的马克思主义面孔，或者是一副绝对真理在握的样子。师生之间应当进行平等的对话，教师不仅要做到以理服人、以情感人，还要以自身丰富的知识和社会阅历、以扎实的理论功底和理性的思辨能力去获得学生的共识。

（二）大学思想政治课的作用

思想政治理论课究竟起到怎样的作用？作用有多大？它关系到大学生的世界观形成、人生价值的选择、高素质人才的培养。提高大学生的政治素质是一项系统工程，思想政治理论课只是其中的一个重要环节，其实学校的众多社团活动如暑期实践、党团组织，辅导员工作等，都对大学生的世界观、人生观和价值观的转变起到了积极作用。那么思想政治理论课起到什么作用呢？笔者认为包括以下四个方面。

1．感悟的启迪

“三字经”的首句是：“人之初，性本善。”鲁迅说，即使是一个天才，他的第一声啼哭也不会是一首好诗。一个人的成长过程，也是不断感悟的启迪过程。这里的家长、各级学校、社会环境，甚至一段生活阅历都会起到积极作用。大学生时代是即将走上社会的最后学习时期，但给予积极的感悟并没有结束。思想政治理论课教师应该以自己的人格魅力、品德修养、社会阅历去启迪人生。

2．知识的传授

感悟毕竟是经验的，经验必须要有理论作为支撑。目前大学生所学的四门必

修课，各自有自身的理论特点，尤其是“原理”课，是从整体上概括了马克思主义的基本原理，是科学的世界观和方法论。原理本身虽然比较抽象，但它由一系列的知识点、概念和范畴组成，具有内在的、严密的逻辑性，认真教授这方面的知识是十分重要的。这就要求教师具有深厚的理论根基、较强的科研能力，还要有高超的授课艺术，这三者是统一的。

3. 信念的确立

大学生是具有激情、富有理想、朝气蓬勃的群体。但他们没有走入社会，人生经历不丰富，一方面对有些事情容易陷入理想化；另一方面又会感到不理解和困惑。尤其是当今社会上一些负面的价值观念和理想判断，经常影响学生们的日常学习和生活。信念的确立有助于大学生毕业后走上工作岗位时，能够积极面对各方面的挑战。在大学时代，通过教师的一系列教学活动，让学生们在比较中选择，在困惑中认清，逐步确立各自的理想信念很重要。

4. 行动的引导

无论是怎样层次的理想信念，最终都可以落实在行动中得到体现，大学生的日常行为也反映了其整体的思想素质。例如校园社团活动，既有高层次的专家讲座，也有陶冶艺术情操的各类文化活动，更有社会流行的大众娱乐文化，如那些影视明星、歌星的粉丝，在大学生的群体中也大量存在。作为思想政治理论课的教师，有责任引导大学生积极参与校园文化活动，这对提高大学生身心健康是十分重要的。

加强和改进大学生思想政治教育，是当前全社会共同关注的一个时代课题。党和国家领导人高度重视高校学生思想教育工作，中共中央、国务院《关于进一步加强和改进大学生思想政治教育的意见》指出，“高等学校思想政治理论课是大学生思想政治教育的主渠道”，应“大力推进多媒体和网络技术的广泛应用，实现教学手段现代化”。

总之，大学生是国家宝贵的人才资源，是民族的希望、祖国的未来。要使大学生成长为中国特色社会主义事业的合格建设者和可靠接班人，不仅要大力提高他们的科学文化素质，更要大力提高他们的思想政治素质，形成健全人格。只有真正把这项工作做好了，才能确保党和人民的事业代代相传、长治久安。

二、新媒体环境下思想政治理论课教学方法的运用和创新

在新媒体环境下，应对混杂在纷繁信息中的负面不良信息挑战，维护马克思主义意识形态的核心地位和社会的和谐稳定，巩固党的领导地位，思想政治理论课教学必须顺应时代潮流，深化教学改革，积极运用新媒体手段，大力提高教学

效果，努力提高大学生思想政治素质，服务于大学生健康成长和顺利成才[①]。

（一）目前思想政治教学存在的问题

目前，一些高校政治理论课的美誉度偏低，处于“三不满意”状态：领导不满意、学生不满意、教师自己也不满意。大学生的思想政治理论课程学习效果令人担忧：一是多数学生觉得当前思想政治理论课的理论知识过多，内容枯燥，难以激发兴趣；二是思想政治类课程缺乏有效的教学方式，大多是纯理论课，造成台上教师捧着教材照本宣科，台下学生打瞌睡、玩手机、看课外书等不良的课堂状态。

（二）积极应对新媒体对思想政治教学的挑战

在新媒体环境下，信息传播自由、获取快捷、内容不可控等特性不仅给人们获取信息带来便捷，而且作为一种有效的潜移默化的思想政治教育形式，对大学生思想政治意识、价值尺度、道德观念的形成有着重要的影响。思想政治理论课作为大学生思想政治教育工作的主要渠道，必须主动适应新媒体环境下的新要求，采取新对策，唯有如此，才能增强大学生思想政治教育的实效性。

1. 与时俱进革新理念

新媒体环境对高校思想政治理论课教学理念的影响主要体现在两个方面：第一，现代技术本身的特点对教学理念的影响。以互联网为例，互联网自诞生之日起，就以其时间的无限性与空间的延伸性彰显一种开放、自由以及平等的创新精神和技术理念，这种理念必然延伸到高校思想政治理论课的教学之中。第二，新媒体的广泛使用对大学生思维特点、价值观念以及行为方式产生巨大影响，这种影响进一步对高校思想政治理论课教学理念的创新发挥巨大作用。因此，大学生思想政治理论课理念创新应体现在以下几个方面。

（1）虚实互补理念。虚拟社会的形成与发展不断丰富人类自身的发展内涵，使人类虚拟发展成为人类本质的必然组成部分。因此，正确处理好虚拟社会与现实社会的关系成为重大的理论课题。虚拟社会与现实社会是人类生存与发展的必然组成部分，这两大社会的和谐发展促进人类本质的实现。我们“不能因为人的基本生存和需要离不开现实社会，就以现实社会取代和压制，甚至决绝虚拟社会，因为虚拟社会已经不可置疑地成为一个客观存在的社会场域。同时，我们也不能以虚拟社会取代和消解现实社会，更不能远离现实社会，因为人的物质需要、情感、亲情等需要在现实社会中完成，再加上虚拟社会只有在现实社会基础上才能健康有序地发展，那种离开现实社会追求在虚拟社会生活的人，不仅不能发展自己，反而限制自己的发展，导致自己畸形地发展”。高校思想政治理论课

① 曹顺仙，郭兆红．高校思想政治理论课教学的实践与探索［M］．合肥：合肥工业大学出版社，2010．

教师在利用新媒体技术与手段时必须正确把握虚拟与现实的关系，将虚拟与现实的和谐互补作为高校思想政治理论课教学的首要理念贯穿高校思想政治理论课教学的各环节。

（2）平等交互理念。新媒体使教师的权威地位开始动摇，传统教学中教师与学生的不平等地位以及单向灌输式教学理念受到极大挑战。这种挑战主要基于两方面依据：第一，现代信息技术的发展突破时间与空间的限制，使大学生的思维能力、创新能力得以提升。大学生通过网络等载体可以自由获取大量科学文化知识以及其他各种信息，这导致在某些情况下教师与学生观念的冲突甚至教师的信息量不及学生。第二，新媒体上的资源作为一种公共资源具有共享性，任何人都有在新媒体平台上进行构建和创新的机会。面对这一挑战，高校思想政治理论课教学工作者必须与时俱进，树立平等交互理念。

（3）双主体理念。双主体理念是在现代建构主义教学观与现代信息技术相结合的基础上提出的一种高校思想政治理论课教学理念。现代建构主义强调学习的主动性、社会性和情境性。现代建构主义教学观强调，教师不单是知识传授的载体，不是知识权威的象征；教师应该以学生学习为中心，重视学生对各种现象的不同理解和看法，并以此为依据对学生的看法进行调整，这时教师便由知识灌输者变为学生学习的组织者与指导者。这种建构主义教学观使学生的主动性、积极性和创造性得以充分发挥。新媒体技术为现代建构主义教学理论的落实搭建了良好平台，其中最典型的就是网络教学。它游离于传统教学的物质空间之外，减少了传统教学对学生的肉体与精神的束缚，增加了更多的虚拟因素。它强调以学生为主体，通过丰富多样的媒体呈现真实的环境创设、不受时空限制的沟通交流，正在改变着传统教学中教师和学生之间的关系，使学生能够真正成为知识信息的主动建构者，从而呈现出常规教学所没有的优势。教师在现代建构主义的指导下，利用现代信息技术的巨大优势，可以科学合理地进行课堂教学内容、方式的创设与选择，从而有利于学生的自我学习。

（4）个性创新理念。高校思想政治理论课教学个性创新理念的提出是基于新媒体技术对大学生产生的影响的积极回应。现代信息技术为大学生创新意识的激发和培养提供了肥沃的土壤。“有时仅仅是一个想法，或仅仅是两种或几种新媒体因素的创意组合，便能掀起一股新的应用潮流，甚至获得风险投资者的垂青。”高校思想政治理论课教师要积极响应这一趋势，树立个性创新的理念：第一，高校思想政治理论课教师必须尊重大学生的个性意识与创新精神，努力激发他们内心深处的思想火花。第二，高校思想政治理论课教师须对大学生的个性意识与创新精神进行积极正面的引导。第三，高校思想政治理论课教师必须积极探索适应新时期大学生个性特点的教学内容和教学方法，使教学内容具有选择化，学习方式具有多样化以及学习形态具有多维化。

2. 巧思妙想制订方案

（1）方案制订过程更趋便捷化。高校思想政治理论课方案的制订过程是资料的获取、选择和重组的过程；是高校思想政治理论课教师把握学生思想动态和思想疑惑的过程；是教师根据所占有的资料和学生的思想问题进行目标确定和方法选择的过程。新媒体技术的应用在很大程度上克服了传统的教学方案制订过程中的时空限制、经费不足、图书资料有限以及资料陈旧等问题。教师可以利用电脑的易操作性去实行网上备课，可以利用网络信息资源以及网络图书馆花较少时间和精力去获取最新信息，还可以通过手机、QQ、微信、微博等新型交流工具及时了解学生思想动态，从而大大提高了教学方案制订的效率，使教学方案制订更趋便捷。

（2）方案涵盖内容更趋合理化。高校思想政治理论课教师在选择方案的内容时应该要更加的合理化。要想合理化，就必须达到以下要求：第一“全”，即教师所选取的内容不能零散、残缺不全，而应该是围绕既定目标形成体系。第二“准”，即方案的内容必须具备客观性，既符合高校思想政治理论课教学的规律和特点，又符合社会和大学生发展的客观需要。第三“精”，即方案所涉及的内容抓住主要矛盾，突出重点，具有针对性。第四“快”，即所选内容必须及时有效。现代信息技术的应用，为高校教师达到以上要求提供了便捷。教师可以利用网络搜索相关的网络书籍和资料，尤其是前沿性的知识；可以获取社会热点问题以及学生所关心的诸多焦点问题；可以及时了解学生的认知结构与认知需求，从而使自己的教学更具突出性；现代信息技术的反馈功能也使教师及时根据反馈信息去调整、丰富自己的教学内容。

3. 灵活运用实施模式

将现代信息技术的交互性、灵活性、开放性、共享性以及协作性与高校思想政治理论课方案实施相结合，从而可以产生更具时效性的方案实施模式，主要有以下几种。

（1）基于多媒体教室的课件型教学实施模式。这种教学实施模式是以教师为主导、以课件为前提的演示型教学实施模式，也是当前被教师普遍采用的一种教学实施模式。教师在教学之前利用丰富便捷的网络技术，通过 Flash A PowerPoint 等多种网络软件把思想政治理论课的教材内容制作成教学课件。课件的内容与传统的备课一样必须包括教学目标、教学内容、教学难点和重点、教学案例分析、教学阅读书目以及教学课后思考题等。同时，这种课件要求集图、文、声、影于一体。在具体的课堂教学中，教师利用计算机和学生进行交互，多媒体与教学内容的结合给学生呈现出一幅生动活泼的画面，有利于激发学生的参与意识和学习意识。

（2）基于传统媒介与现代媒介有机结合的混合型教学实施模式。在传统的思想政治理论课教学中，教师利用板书向学生传递教育信息。为达到较好的教学效果，教师必须具有真实的情感投入，必须通过板书、仪表、手势、语言、声音等艺术去活跃和丰富课堂教学。但是在传统教学中信息传递量小，而且教师也不可能时刻想出新花样去吸引学生的眼球。新媒体的应用，可以在很大程度上克服这一弊端。现代媒体通过图、文、声、影的合理配合，不仅为学生创设了一个图文并茂、声像并举、能动会变、形象直观的教学情境，而且可以根据学生的喜好和课堂教学的需要及时调整多媒体的呈现方式，把学生的积极性和主动性充分地调动起来。网络教学并不是没有弊端，网络教学使学生和教师、学生和学生之间的隔离成为可能，这样就缺少了人与人之间的情感投入、情感互动以及情感交流。因此，传统媒体教学和网络媒体教学是非替代性的关系，必须使两种教学密切结合，有效整合传统教学模式和网络化教学模式的优长，建构一种混合型教学模式。

（3）虚拟课堂型教学实施模式。在虚拟课堂型教学模式中，师生无须面对面，教师和学生人手一台电脑，通过网络介质进行知识的传授和讲解，学生可随时根据自己的观点去向教师提问并就相关问题和教师进行探讨。同时，学生可以在接受这一教师的教学时接受其他课程的教育和学习。以 QQ 教学为例，教师通过创建一个 QQ 群把选修这门课程的学生添加为成员。教师通过语音、视频以及发送文字的形式去讲授这门课程，学生可以在 QQ 群里发表问题和看法，也可以通过 QQ 与教师进行一对一的交流互动而不打扰其他同学的学习和思考。教师通过 QQ 邮箱把思考题以及考试考核重点群发到各个学生邮箱中，学生则在规定的时间内把教师规定的作业发到教师的邮箱。这种教学使教师和学生都处在平等的地位，教师成为教学的主导者，学生成为教学过程的主体者，从而使双方的参与意识相对提高，教学效果得以充分的体现。

（4）基于新媒体通信工具的个别辅导教学实施模式。新媒体技术的发展和普及，为高校思想政治理论课个别辅导教学模式的建立和实施提供了契机。比如，现在有很多大学通过 QQ 进行个别辅导教学，教师通过 QQ 就可以深入了解每个学生的学习情况和学习问题。教师可以以“朋友”的姿态在 QQ 上和学生进行一对一交流，了解学生的家庭情况、生活学习以及面临的种种困惑，从而使问题的解决更具针对性。教师还可以就国内外大事或国家政策和学生进行探讨，对学生进行积极引导，这比单纯地灌输教师的观点更具时效性。同时，教师和学生可以通过 E－mail 发送节日贺卡；通过微博相互关心关注；通过微信进行全方位沟通交流，为进一步的思想政治理论课教学的实施打下了良好的情感基础。

三、构建新媒体环境下的思想政治理论课教学考评体系

（一）教学考评概念

教学考评是教学效果评价的一系列方法制度的统称，主要由考核内容与方法、考试命题与评分、成绩评价与统计反馈等环节构成。高校思想政治理论课的教学考评关系到“培养什么人”“如何培养人”的问题，既可以衡量大学生马克思主义理论素养和道德品质，也能够反映教学理念和教学水平。

（二）高校思想政治理论课考评弊端

当前，各高校思想政治理论课教学效果的考评方式各不相同，总体上仍以期末考试为主、平时为辅，这种传统考核方法存在考试内容与教育教学内容脱节的弊端，采用标准化试题，题型固定、内容稳定的闭卷考试，这样的考试形式不利于学生创新意识的培养和学风建设。此外，还存在重视知识点考核，轻视实践行为的考核等弊端。改革和创新学生成绩考评体系，是高校思想政治理论课的内在要求和提高教学实效性的重要手段以及培养合格人才的重大课题。

（三）高校思想政治理论课考评方式改革与创新

结合新媒体环境下信息传播方式的改变以及大学思想政治课堂的变革，我们应思考构建一种全新的、适合时代要求的大学思想政治教育考评理念和方式。

1. 转变考评理念

高校思想政治理论课兼具理论教育和知识教育功能，政治性、思想性和实践性都很强，特别是在新媒体环境下，更强调对受教育者高尚品质的培育、创新思维的训练和实践能力的开发。因此，今后我们要改变以往淡化、弱化“创新型”人才培养的考试方式，实现教学考评由“理论型”“知识型”向“创新型”的转变；由重理论概念考核向重应用能力考核转变；由重书本知识考核向重社会实践考核转变；由重考核结果向重学习过程转变。着眼于提高学生对实际问题的理论思考能力，对理论知识的实践运用能力；着眼于提高学生的精神境界和道德理想来确立考评标准。

2. 扩大考评体系外延

结合大学生的个性特点，把学生在思想政治理论课教学过程中的参与程度、能力表现等纳入考评范围。对学生参与专题讨论、上台演讲等活动进行评定，将成绩考评和能力的培养融为一体，完善相应的激励和竞争机制，使学生自信、自强、自立等自主性品格在教学中得到充分尊重与完善，不断提升学生分析问题、解决问题的能力及创新的品质和能力。

3. 健全灵活多样的教学考评方法

评价方法的确立与评价者、评价对象、评价目的甚至评价程序等密切相关，

是一个复杂的过程。高校思想政治理论课教学评价作为一个动态的过程，涉及诸多环节和方面，任何一种评价方法都不可能面面俱到，只有健全灵活多样的评价方法并交互使用，才能确保评价结果的客观性、真实性和准确性。尤其是在新媒体条件下，灵活富有实效的考评方法更容易为大学生所接受和配合，可以采取以下几种方式进行教学考评。

（1）笔试考核与实践考核结合法。笔试考核具有形式统一、题型多样、覆盖面广等优点，能够有效地检测学生对相关知识的掌握程度。实践考核更直接、更真实，能让学生通过完成实际任务和真实情景来表现其学习成效，既能反映学生的知识和能力，又能揭示出学生的态度、责任心、合作精神等，应加大对实践活动的考察力度，包括调查、参观、看电影、课堂辩论赛、办展览等。

（2）平时作业与期末测验结合法。这种方法需要增加平时作业在评价中的地位和权重，且平时作业可采取机动灵活、形式多样的方式，如课程论文、读书体会或者是教学录像的观后感等。在对平时作业的评分上，可分为优秀、良好、一般和较差四个等次，按一定权重进行换算后与期末测验成绩相加。

（3）理论认知与日常行为结合法。在高校思想政治理论课教学中，偶尔会出现理论认知与日常行为之间相脱节的情况，理论考核高分并未及时转化为思想道德行为的良好表现。因此，高校思想政治理论课教学要把能否做到“知行统一”作为考核评价的重要标准。

（4）课内表现与课外实践结合法。我们不仅应该重视学生的课堂表现，还应把学生的课内表现与课外实践有机结合起来。课内表现主要由任课教师进行记录和考评，课外实践则由班主任、班干部和学生代表等共同评价。在学期末把每个学生课内表现和课外实践的总成绩按一定权重换算后将其作为学生总评成绩的重要组成部分。

总之，随着新媒体时代的到来，思想政治理论课的教学应顺应时代变化，善于运用微博等新网络媒体，采用线上教育与线下教育相结合的方式，通过各种途径激发学生的学习兴趣，提升教学的质量，为构建社会主义核心价值体系，培养优秀的社会主义建设者服务。

参考文献

[1] 马克思恩格斯选集（第1卷）[M]. 北京：人民出版社，1995.

[2] 郭彬. 新时代高校思政课实践教学改革研究 [M]. 北京：中国民族文化出版社，2020.

[3] 郭世华. 新时期高校思政教学新面貌 [M]. 昆明：云南科技出版社，2020.

[4] 高玲. 大学生主题教育体系的路径创新 [M]. 西安：西北工业大学出版社，2020.

[5] 贾灵充，周卫娟，赵艳娟. 当代大学生核心素养与思想政治教育研究 [M]. 北京：新华出版社，2018.

[6] 钱关昕. 大学生国学道德素质基础 [M]. 哈尔滨：哈尔滨工程大学出版社，2017.

[7] 邱其荣. 社会主义核心价值观引领大学生思想政治教育研究 [M]. 北京：中国商务出版社，2018.

[8] 滕飞. 思行致新——高校思政育人工作的探索与实践 [M]. 北京：中国经济出版社，2018.

[9] 文学禹，韩玉玲著. 新时代高校课程思想政治教学创新研究 [M]. 长春：吉林大学出版社，2020.

[10] 王渊. 基于科技伦理视角的大学生网络道德教育研究 [M]. 武汉：中国地质大学出版社，2017.

[11] 王长民. 铸就信仰：高校思政课教学创新 [M]. 南京：南京师范大学出版社，2017.

[12] 易志军. 大学生思想政治教育教程 [M]. 北京：团结出版社，2020.

[13] 赵晓春. 互联网时代高校思政课翻转课堂的理论与实践 [M]. 南京：南京师范大学出版社，2020.

[14] 朱喆. 高校思想政治课教师素养“六要”论 [M]. 北京：社会科学文献出版社，2020.

[15] 张媛聆. 新媒体时代高校思政教育研究 [M]. 成都：四川大学出版社，2020.

[16] 张姝. 高校大学生素养与思想政治教育工作创新研究 [M]. 北京：中国华侨出版社，2021.

参考文献

[1] 马克思恩格斯选集（第1卷）[M]. 北京：人民出版社，1995.

[2] 郭[illegible]. 新时代高校思政教学改革研究[M]. 北京：中国民族文化出版社，2020.

[3] [illegible]. 新时期高校思政教学与革新[M]. 昆明：云南科技出版社，2020.

[4] 高[illegible]. 大学生主题教育体系的路径创新[M]. 西安：西北工业大学出版社，2020.

[5] [illegible]. 新时代大学生职业素养与思想政治教育研究[M]. 北京：[illegible]出版社，2018.

[6] 魏文[illegible]. 大学生网络道德教育基础[M]. 哈尔滨：哈尔滨工程大学出版社，2017.

[7] [illegible]. 社会主义核心价值观引领大学生思想政治教育研究[M]. 北京：中国商务出版社，2015.

[8] [illegible]. 高校思政教育人文关怀的探索与实践[M]. 北京：中国纺织出版社，2018.

[9] [illegible]. 新时代高校课程思政教学创新研究[M]. 长春：吉林大学出版社，2020.

[10] [illegible]. 基于网络环境的大学生网络道德教育研究[M]. 武汉：中国地质大学出版社，2017.

[11] [illegible]. 高校思政课教学创新[M]. 南京：南京师范大学出版社，2017.

[12] [illegible]. 大学生思想政治教育研究[M]. 北京：研究出版社，2020.

[13] [illegible]. 互联网时代高校思政课程建设的理论与实践[M]. 南京：南京师范大学出版社，2020.

[14] [illegible]. 高校思想政治课教师素养[illegible][M]. 北京：社会科学文献出版社，2020.

[15] [illegible]. 新媒体时代高校思政教育研究[M]. 成都：四川大学出版社，2020.

[16] [illegible]. 高校大学生素养与思想政治教育工作创新研究[M]. 北京：中国华侨出版社，2021.